Karl Heinz Ritschel

Legende Venedig

Porträt einer Stadt

OTTO MÜLLER VERLAG

2. Auflage

ISBN 3-7013-1066-1

Satz: Fotosatz Rizner, Salzburg
Umschlaggestaltung: Leo Fellinger, Salzburg
Vorsatz: Kupferstich von 1521, Doge und Dogaressa
Nachsatz: Stich „Bucintoro“, von Antonius Caradini, 1727
Druck und Bindung: Druckerei Theiss GmbH, A-9431 St. Stefan

La Duchesse du Venise
Hertzogin zu Venedig

Karl Heinz Ritschel

Legende Venedig

Porträt einer Stadt

Für Gina

Inhaltsverzeichnis

Bildnachweis:

Venezia – Azienda di promozione turistica (A.T.P.): 49, 50, 70, 101, 104, 121, 154, 206, 207

Commune di Venezia, Uffizio Stampo: 17, 64, 231

Berengo fine arts, Gallery & Glass furnace: 155, 156

Leo Fellinger, Salzburg: 51, 52, 103

Karl Heinz Ritschel, Salzburg: Vorsatz, Nachsatz, 85, 102, 103, 153, 205, 208, 218

Jeder Schritt führt in ein Abenteuer

DIE STADT

> Diese Gondel vergleich ich der Wiege, sie
> schaukelt gefällig,
> Und das Kästchen darauf scheint ein
> geräumiger Sarg.
> Recht so! Zwischen der Wiege und dem Sarg
> wir schaukeln und schweben
> Auf dem grossen Kanal sorglos durchs Leben
> dahin.
>
> *Goethe, Venezianische Epigramme*

Es war Juli, und es war zwei Uhr nachts. Oder morgens, je nachdem, wie man die Zeit betrachtet. Für mich war es nachts, denn ich war noch auf dem Heimweg. Auf dem Weg vom Markusplatz in mein Hotel. Eine schwüle Nacht. Hitze lag über den Laguneninseln, nicht die leiseste Brise wehte vom Meer herein. Der Heimweg hatte sich, wie an allen Tagen, die ich in Venedig verbringen konnte, verzögert. Allzu lebhaft ist die Stadt zu nächtlicher Stunde, zu viele Menschen sind unterwegs; gleichsam wie Motten vom Licht angezogen werden, so tauchen sie auf. Und die kleinen Bars waren stets Zwischenstationen für mich, wo ich gewiß sein konnte, Nacht für Nacht dieselben Menschen zu treffen. Ich hatte zwei Methoden, meinen Heimweg anzutreten: Die eine führte dieselben Gassen entlang, treppauf, treppab über die kleinen Brücken, die die Kanäle überwinden, durch Höfe und unter Bögen hinweg und durch Gassen, die schließlich immer enger werden, so daß der Passant mit seinen Schultern den Hausverputz abscheuern müßte, gäbe es so etwas überhaupt noch. Die andere Methode barg das größere Abenteuer in sich: Es war der Versuch, ungefähr die Richtung zu erraten und nach dem Stadtplan zu marschieren. Der Wanderer ist erstaunt, denn er gerät in ein Labyrinth, kommt zu den verschiedensten Winkeln, nur niemals geradewegs zu dem Ziel, das er angepeilt hat. Das geht aber, wie ich mir glaubhaft versichern ließ, dem Venezianer genauso. Auch er verläuft sich unentwegt, wenn er ein ihm nur ungefähr bekanntes Ziel anstrebt. Das mag dazu beitragen, daß das venezianische Volk gehfaul ist. Obwohl die Stadt ja doch verhältnismäßig klein ist, sitzt „man" in immer denselben Lokalen, man bleibt in seinem Sestiere, im Stadtbezirk. Man stammt aus einem der insgesamt sechs Stadtbezirke, San Marco, Cannaregio, Castello, Dorsoduro, Santa Croce oder San Polo, und dann erst aus Venezia. Wer diesen Unterschied nicht begreift, dem bleibt Venedig fremd.

Höflich und freundlich wird der Venezianer stets Auskunft geben – dem Fremden, dem Ausländer oder auch dem Mitbürger eines anderen Stadtteiles. Fast immer aber wird diese Auskunft in dem einen Satz bestehen: „Lei vada sempre dritto!" Gehen Sie immer geradeaus. In neun von zehn Fällen würden Sie vermutlich in einem Kanal landen. Denn dieses „geradeaus" ist nicht wörtlich zu nehmen, sondern heißt, den breiten Geschäftsstraßen zu folgen – wobei breit ein wirklich nur relativ gemeinter Begriff ist –, die sich durch das Häusergewirr schlängeln. So heißt also das Geradeausgehen nichts anderes als: Folgen Sie den meist begangenen Gassen. Die Gerade ist in Venedig eine Kurve. Das ist kein Wunder in einer Stadt, die überhaupt keinen Sinn für Symmetrie hat.

Nun, ich ging also an diesem Abend auf direktem Weg nach Hause, von Bar zu Bar, überall den üblichen Plausch haltend, denn auch das ist eben eine Besonderheit: Sehr schnell ist der Fremde eingegliedert in die heimatliche Gasse, wird zwar nicht für voll genommen, aber in einer beispiellosen Selbstverständlichkeit als dazugehörig betrachtet. Die letzte Station war eine winzige Bar unweit meines Hotels. Mario, der Besitzer, klein und blaß, stets übernächtig und zugleich überaus geschäftig, raunte mir zu, heute müsse ich ein Bild kaufen. Heute wäre die Gelegenheit günstig, denn der Meister sei guter Laune. Zu Marios Stammkunden zählen, wie in so vielen venezianischen Lokalen, eine Reihe von Malern. Mit einem davon war ich schon Tage vorher ins Gespräch gekommen, einem auffallend großen, fast weißhaarigen, salopp gekleideten Mann, der stets in diesem Gassengewirr zu finden war. Er schien sich niemals weit von seiner Stammkneipe zu entfernen. Ihm genügen die vorhandenen Motive. Und das erscheint verständlich, denn wohin der Blick auch fällt, er fällt unweigerlich auf ein Motiv. Mir war die Weltverachtung dieses Mannes aufgefallen und die Verbissenheit, mit der er malte. Jeden Tag ein Bild. Mehr nicht. So sagte er selbst und wollte wohl vor sich verdecken, daß er künstlerische Konfektion fabriziert. Besonders in den Vereinigten Staaten von Amerika aber werden seine Bilder gern gekauft. Als ich mich nun zu ihm setzte, hatte er sichtlich schon zuviel Alkohol in sich hineingeschüttet. Er starrte schweigend vor sich hin, um aber plötzlich in einen nicht enden wollenden Wortschwall auszubrechen. Eine Gruppe angeheiterter Amerikaner, die gerade vorbeizog, hatte ihn aus seiner Lethargie gerissen. Er ballte die Fäuste: „Diese Fremden! Sie kommen, um die Tauben zu füttern und mit der Gondel zu fahren! Das ist alles, was sie von Venedig wissen ..." So ging es geraume Zeit weiter, das Klagelied eines Mannes, der einer schönen Geliebten nachtrauert und ihr nun vorwirft, sie sei zur Prostituierten geworden.

Mario stellte eine neue Lage Whisky auf den Tisch. Und in dieser Nacht brach der Maler in einen Hymnus auf das Vergangene aus, da Venedig schon dem Untergang geweiht war, in diesem Niedergang aber den ewig währenden Karneval sah, der seine Bewunderer aus ganz Europa in die Serenissima, die Durchlauchtigste, wie der Venezianer selbst seine Stadt nannte, zog. „Die Farben, die Farben!" so jubilierte der Maler. „Ganz Venedig war ein Fest. Heute schauern die Fremden, wenn sie die Seufzerbrücke sehen, doch die Seufzerkammer jener Zeit war der Ridotto, das Spielkasino. In den Bleikammern waren im ganzen Jahrhundert nur sieben oder acht Gefangene. Auf der Piazzetta, unter den Arkaden, vor den Läden, am Canal Grande, in den Cafés, überall gab es Menschen in prunkvollen Gewändern von leuchtender Farbe, in Masken. Es war die Zeit der Schauspielerinnen und Kurtisanen, der Dichter und Schmarotzer und all jener, die vom Vergnügen lebten. Die Nacht war zum Schwärmen da."

Plötzlich wandte sich der Maler mir mit der Frage zu: „Kennen Sie Philippe Monnier?" Ich verneinte, und der Künstler versicherte mir, dies sei der Mann, der das 18. Jahrhundert am besten nachempfunden habe. Monnier habe in Worten die Bilder der großen Meister des Settecento gemalt. In schmelzenden Worten, in denen das ganze Schicksal dieser Stadt liege und die erst erkennen ließen, wie groß der Gegensatz zum Heute sei. Abrupt stellte der Maler sein Glas heftig auf das kleine Tischchen, es fiel zu Boden und zerbrach. Doch er merkte das nicht, sondern lehnte sich zurück, schloß die Augen und deklamierte einem Schauspieler gleich. Zuerst kam er mir etwas lächerlich vor, doch schon nach wenigen Sätzen war ich von seiner Schilderung gefangen und schloß gleichfalls die Augen.

Und der Maler erzählte:

„Venedig, das ist die Stadt, die das Leben in seiner ganzen Fülle genießt. Vielleicht ist es nie unabhängiger gewesen vom römischen Druck, hat es seinen leichten Sinn, sein Vogelzwitschern besser bewahrt, ist es in reizenderer Weise unverfälschter und ausgesprochener venezianisch gewesen, als in dieser Zeit der aufs höchste gesteigerten Kultur. Niemals hat es gleichzeitig so viele glänzende Geister derselben Rasse und desselben Genies dort gegeben, niemals hat Venedig übereinstimmender und einmütiger die bodenständige Seele der Anmut, des Frohsinns und der Geselligkeit zum Ausdruck gebracht. Man hat die Empfindung, daß die riesige, in den Ursprung der Geschichte und in die Eingeweide des Meeres eingewachsene Pflanze nur darum dem Element widerstanden, den Wettern getrotzt, die Menschen gehöhnt, ihre Äste ausgebreitet und ihre Zweige entfaltet, gedauert, gerungen und triumphiert hat, um sich in einer letzten und köstlichen Blüte des Geistes zu entfalten. Im 18. Jahrhundert entsteht hier die einzige wahrhaft italienische Malschule; in Venedig wird von Goldoni das einzige italienische Nationaltheater begründet. Mit Carlo Gozzi gibt die alte improvisierte Maskenkomödie der Welt ihren letzten Witz. In Venedig wiegt und begeistert sich die Musik; aus den Buchdruckerpressen kommen die exquisiten Ausgaben, die den Ruhm der Aldi fortpflanzen. Rosalba Carriera hält auf den Deckeln der Dosen das Lächeln der Zeitgenossen fest, Pietro Longhi zaubert die galanten Heimlichkeiten des liederlichen Lebens in Sittenbildchen. Canaletto, Francesco Guardi, Bernardo Bellotto schildern alle Zeiten und alle Seiten der Stein- und Wasserlandschaft. Da Ponte verfaßt für Mozart die Operntexte, Casanova, keck wie ein Diener im Lustspiel, geht seinen Liebesabenteuern nach ..." Namen, die die ganze Welt kennt, strömten aus dem Mund des Malers, und er fügte hinzu: „Alle, alle vereinigen sich, um in Miniaturen und Melodien, in Lustspielen und Liedchen, in Gemälden, in mutwilligen und ausgelassenen Streichen ein glückliches Seelenleben auszudrücken. Auf einer zart azurfarbenen Seide, in einem Schleier weichen Dunstes steigt die Stadt aus dem Schoße eines leuchtenden Staubes auf wie eine Venus, wie ein liebliches Gebilde aus rosa Marmor. Das Wasser, das Gewölk und die Vergangenheit wetteifern, ihr ein schimmerndes Kleid zu weben, darauf Perlmutter, Opal, Perlenglanz, altes Elfenbein und altes Silber abwechseln. Eine reizende Helligkeit umhüllt und durchdringt die Dome, die Kirchen, die Kuppeln, die Campanile, die ihre Spitzen darin baden, die Anmut ihrer steinernen Zacken darin entfalten. Unbeweglich, wie verankerte Schiffe, schauen die alten Paläste. Schlanke Gondeln durchfurchen die grüne, goldbeglänzte Fläche. Rot- und weißgestreifte Zelte schaukeln auf den Barken. Fähnchen flattern an Rahen. Boote stemmen ihre goldgelbe Flanke gegen den Molo. Gelbe Masten, an denen Stricke baumeln, steigen in den Himmel auf. Aus den bauchigen Feluken und den Reihen der Fässer auf dem Kai steigt ein Duft von fernen, sonnverbrannten Dingen auf, von Moschus, von Kamelmist, von Wüstenminze. Vor den Cafés sitzen Scharen von Menschen, schwatzen, rühren mit Löffeln in Sorbet-Gläsern. Unter den Arkaden prominieren sie in grauen, blauen, roten und schwarzen Seidenmänteln; man sieht grüne Wämser, nach ungarischer Art mit Gold eingefaßt und mit feinem Pelzwerk gefüttert; purpurne Talare, geblümte Hauskleider, goldene Stolen, Lustspielperücken; Panthermuffe, Papierfächer, Turbane, Federbüsche und den kleinen Dreispitz der Frauen, der keck auf dem Ohre sitzt. Die Bewohner der Stadt sehen aus, als kämen sie geradewegs von der Opernbühne oder von einem orientalischen Markt. Diese Leute kommen und gehen, tummeln sich, gehen spazieren, grüßen einander, lächeln einander zu, küssen einander den Ärmel. Sie belustigen sich, wie um sie herum auf der irisierenden Fläche der Reede die zahllosen kleinen Wellen hüpfen. Ein Neger in roter Livree trägt einen versiegelten Brief. Ein Müßiggänger im blaßgrünen Wams geht dahin, eine goldene Tüte mit Zuckerwerk in der Hand. Ein Senator mit langen Ärmeln hält, bloßen Kopfes, sein Taschentuch, seine Tabakdose und seine Papiere in seiner Mütze. Eine Wasserträgerin hat kokett eine Nelke hinter das Ohr gesteckt. Musik und Lachen. Barken fahren vorüber, beladen mit Gemüse, mit Blumen, mit Plunder, mit Särgen. Und immer dieser unmerkliche Duft von Dingen, die aus dem Orient kommen. Rotbemützte Gondolieri spielen, auf den Fliesen zusammengekauert, Karten; halbnackte bronzefarbene Gassenbuben beißen in ihre Melone; eine Alte laust auf einer Traghettostufe ein Kind, das alles ohne Pause, ohne Unterlaß. Auf der unbewegten Wasserfläche malt die Sonne diamantene und feurige Kringel. Blinde klimpern auf ihren Instrumenten. Quacksalber preisen ihre Arzneien an. Wanderbühnen mit Marionetten ziehen durch die Straßen. Prediger schwingen im Freien ihr Kruzifix. Astrologen flüstern den Mädchen ins Ohr, sagen ihnen die Zukunft voraus. Erzähler berichten inmitten eines andächtig horchenden Kreises von Mauren, Sarazenen, Prinzessinnen, Palästen, Wäldern und Liebesabenteuern. Dieses Getriebe geht ununterbrochen fort ... Das war einmal Venedig."

Das war Venedig. Wie aus einem Traum erwachend, schaute ich um mich. Ich hatte all die Gerüche verspürt, das Lachen gehört und mußte mich nun dem Bann dieser Worte entziehen. Das war Venedig. Für mich war die Stadt noch wertvoller geworden, noch viel tiefer wollte ich ihren Spuren in die Vergangenheit folgen. Nur in einem konnte ich dem Maler nicht Recht geben: In der Verdammung des Heute, denn auch in unserer Gegenwart ist Venedig ein Kleinod geblieben. Auch wenn das motorisierte Zeitalter mit schnellen Motorbooten seinen Einzug halten konnte, statt aus der Stadt verbannt zu bleiben, so ist doch ein großer Teil der Hetze unserer Zeit draußen. Jeder Schritt führt in ein neues Abenteuer, jede Gasse öffnet dem trunkenen Auge ein noch nicht erschautes Bild. Von jeder Brücke aus gibt es neue Blicke. Die ganze Stadt ist Szenerie – aber nie Museum. Und das macht Venedig so begehrenswert.

Aber was war Venedig?

Ich begab mich auf die Suche. Schon am nächsten Morgen fuhr ich mit dem Vaporetto an der Begräbnisinsel San Michele vorbei über Murano und Burano nach Torcello.

Mutter Venedigs wird die Insel Torcello stolz genannt. Das stimmt, wie so viele historische Angaben, nicht ganz, aber Torcello ist der einzige Ort, der noch in die fernere Geschichte zurückreicht. Alles andere ist vergangen. Orte, die einstmals Bedeutung hatten, sind heute nur dem Namen nach bekannt, Inseln sind versunken und dort, wo der Ort noch besteht, erinnert nichts mehr an die Vergangenheit.

Stolze und verlassene Mutter Venedigs

TORCELLO

„Langweile ich Sie, Jackson?"
„Nein, Sir. Ich hatte keine Ahnung, wer die Pioniere von Venedig waren."
„Es waren die Jungens aus Torcello. Sie waren äußerst zäh und zeigten sehr guten Geschmack beim Bauen. Sie kamen aus einem kleinen Ort weiter oben an der Küste ... Aber sie zogen all die Leute aus den Städten und dem dahinter liegenden Land nach sich, als die Westgoten sie überrannten."

Hemingway, Über den Fluß und in die Wälder

Die Anlegestation des Schiffes ist ein schlichter Holzbau. Im Gegensatz zu der Geschäftigkeit der kleinen Insel Burano, die ich wenige Minuten vorher verlassen hatte, herrschte hier lautlose Stille, unterbrochen nur vom Geschrei der Sumpfenten. Die Sonne lag brütend über der Lagune, und ohne jeden Schatten zog sich der schmale Weg von der Station in die Inselmitte. Doch schon nach wenigen Schritten verschwand dieser erste lähmende Eindruck. Hier lernt man ein ganz neues Venedig kennen: Weingärten, Artischockenfelder, Bohnenranken, Tamariskenbäume, schmale, geländerlose Brücken über den Kanal und über allem eine gelassene Heiterkeit. Nach wenigen Minuten weitet sich ein Platz, wuchtig erhebt sich eine Kathedrale, grazil daneben stehen die Kirche Santa Fosca, ein kantiger Glockenturm, zwei kleine Paläste – del Consiglio und del Archivio – und verstreut in der Gegend einige Villen, vor allem das Luxusrestaurant Locanda Cipriani. Das ist Torcello. Und inmitten eines grasbewachsenen Platzes hockt ein massiger Steinstuhl, den die Legende als Thron des Attila bezeichnet; der Hunnenkönig brach im Jahr 452 n. Chr., ein Jahr vor seinem Tod, in das Römische Reich ein. Sein angeblicher Helm ist im Museo Storico Navale in Venedig zu sehen. Irgendwie sinnlos sind gewaltige Säulenreste in der Gegend verstreut.

Die Poesie vergangener Zeit liegt über der Insel Torcello. Nirgendwo anders wird aber auch das Schicksal so deutlich, das dieser Landschaft droht.

Die Kathedrale Santa Maria Assunta wurde 639 gegründet, 867 noch einmal erbaut und nach dem Jahre 1000 umgebaut. Der byzantinische Mosaikfußboden stammt aus dem 11. Jahrhundert, gerade ihm sieht man die Geschichtlichkeit an, denn er ist wellenförmig verworfen, ein Abbild des Meeres, das das Schicksal Torcellos bestimmt hat. Dieser große Dom, geteilt durch die prachtvollen Chorschranken aus dem 11. Jahrhundert, ist in seiner Schlichtheit überwältigend. Dieser Lettner, dessen Säulen eine Ikonostase tragen, Bilder mit der Heiligen Jungfrau und den zwölf Aposteln aus dem frühen 15. Jahrhundert, ist berühmt wegen seiner steinernen Reliefplatten. Diese unteren Lettnerschranken zeigen frühe christliche Symbole in den Stein geschnitten, Pfaue, Löwen und Rankenwerk.

Nirgends so sehr wie hier in diesem byzantinischen Bau wirkt eine Himmelfahrt Mariens von Tintoretto, die irgendwann auf einem Altar aufgestellt worden ist: Es ist der krasse und doch verbindende Gegensatz. Erhaben ist das Halbrund der Steinbänke hinter dem Altar um den Thron des Bischofs gereiht. Das riesige Mosaik der Muttergottes auf Goldgrund über einem Fries von Aposteln beherrscht die Apsis. Die durch die Wölbung der Kuppel künstlich auseinandergezogene Figur Mariens ist wahrlich eine Himmelfahrtsstatue, wie sie selten zu finden ist. Die ganze hintere Fassadenwand der Kathedrale bedeckt das riesige figurenreiche Mosaik des Jüngsten Gerichtes; eine venezianisch-byzantinische Arbeit auf Goldgrund aus dem 12.–13. Jahrhundert. Die ältesten Mosaiken jedoch sind in der rechten Seitenkapelle aus dem 7. und 8. Jahrhundert, überholt im 13. Jahrhundert, die noch von der Mosaikkunst aus Ravenna beeinflußt sind.

Hart ist der Gegensatz zwischen der Lieblichkeit der Landschaft und der Mystik dieser Kirche. Der Besucher spürt die tragische Geschichtlichkeit dieses Bodens; eine Inschrift im Dom ist das älteste Zeugnis venezianischer Geschichte. Als nämlich die Langobarden im 7. Jahrhundert Altinum in Venetien zerstörten, sollen die Bewohner mit ihrem Bischof nach Torcello geflohen sein. Stimmen aus den Lüften hätten ihnen den Weg gewiesen, so heißt es in der Sage.

Vor der Kathedrale sind die Fundamente eines Baptisteriums aus dem 7. Jahrhundert freigelegt. Von der Taufkapelle aus zogen die Neuchristen durch den Portikus in die Kirche.

Torcello, einstmals Zentrum Seevenetiens, heute ehrwürdiges Zeugnis der Geschichte.

Neben dem Dom mit Krypta und Baptisterium erhebt sich die Kirche Santa Fosca, ein byzantinischer Zentralbau aus dem 11. Jahrhundert, einer Märtyrerin aus Ravenna geweiht, und diese Kirche wirkt hier noch mehr verloren.

Einstmals war das alte Torcello eine blühende Stadt, einer der wichtigsten Häfen Seevenetiens. Die langsame Versumpfung der Lagunenwasser und das Versinken der Erde sowie Seuchen, möglicherweise auch Malaria, haben zur Entvölkerung der Insel und zu deren Zerfall beigetragen. Als die Bewohner absiedelten, benutzten sie jahrhundertelang die Ruinen der Häuser als Baumaterial, das sie nach der Gegend um Rialto brachten.

Ich fröstelte und ging wenige Schritte eines Weges, dem man ansah, daß er ehedem eine breite Straße gewesen war. Er führte zu einem großen Lagunenarm. Uralte behauene Steinquader sind Zeugen einer einstmals großen Mole, die heute Ausflugsbooten und Segelschiffen oder Motorjachten als Anlegestelle dient. Ich ließ meine Füße in dem langsam fließenden warmen Wasser baumeln und grübelte über die Geschichte Torcellos und der gesamten venezianischen Lagune nach, die sich im Dunkel der Legende verliert.

Torcello ist das älteste erhaltene Zeugnis aus der Geschichte der Lagune. Die Insel Constanziaca, die im 6. Jahrhundert vierzigtausend Einwohner zählte, schläft mit ihren Kirchen und Klöstern irgendwo in der Lagune, begraben unter einer Wasser- und Sandschicht. Eine unheimliche Flut des Jahres 1106 wiederum hat das antike Malamocco, einst Sitz des Dogen, verschlungen. Ich schaute über die fast bewegungslose Lagune hinweg: man sah ihr nicht an, daß schreckliche Gewalt diese Ruhe ablösen könnte. Eine Gewalt, gegen die Venedig immer kämpfen mußte und kämpfen muß, um die harten Schläge zu überleben.

Seevenetien

AUS INSELN WIRD EIN STAAT

> Vor dreizehnhundert Jahren sah das graue Sumpfland genauso aus wie heute, und die purpurnen Berge standen ebenso strahlend in den tiefen Fernen des Abends; aber auf der Horizontlinie mischten sich seltsame Feuer mit dem Licht des Sonnenuntergangs, und der Klagelaut menschlicher Stimmen mischte sich mit dem murmelnden Gekräusel der Wellen auf den Sandrippen. Die Flammen stiegen aus den Ruinen von Altinum auf, der Klagelaut aus der Menge seines Volkes, das wie einst Israel auf den Pfaden des Meeres eine Zuflucht vor dem Schwert suchte.
>
> *John Ruskin, Die Steine von Venedig*

Die Landschaft trägt ihren Namen, Venetien, von den ersten historisch nachweisbaren Bewohnern, den Venetern. Die Herkunft dieser Menschen ist dunkel, doch dürften sie Illyrer gewesen sein, ein Volk von Ackerbauern, Viehzüchtern und Fischern. In dieser vorgeschichtlichen Zeit waren die zahllosen Laguneninseln Jagdgebiet, die verschlungenen Wasserwege wurden von Fischern befahren, und viele der Inseln waren besiedelt.

In Landvenetien, das Teil des römischen Imperiums war, herrschte Wohlstand, es besaß eine hohe Kultur, während Seevenetien gleichsam Niemandsland war, besiedelt bloß von Jägern und Fischern, armen, aber harten Menschen, ohne politische Organisation, das heißt also die Menschen jeder Insel lebten nur für sich. Aquileja, Patavium (Padua), Opitergium (Oderzo) oder Altinum (Altino) hingegen waren blühende Städte. Als Attila mit seinen Hunnen in das Römische Reich einbrach, war das Schicksal dieser Städte besiegelt. Die Völkerwanderung brachte immer neue Stämme. Die Sehnsucht nach Schutz war die treibende Kraft zur Besiedelung der Inseln gewesen, zugleich wohl aber auch der unbeugsame Wille, selbständig zu bleiben und sich nicht unterjochen zu lassen. Bald entstanden auf den Laguneninseln Seevenetiens neue Städte, und viele Badeorte, die heute wieder berühmt sind, waren damals bekannte Handelsstädte. Im Laufe der Jahrhunderte verlandet, hatten sie dann ihre Bedeutung verloren, bis sie die Touristik des 20. Jahrhunderts wiederum entdeckte.

Der Patriarch von Aquileja war nach Grado geflüchtet. In kürzester Zeit war das die reichste der venezianischen Inseln, mit starken Festungsmauern, prachtvollen Palästen und herrlichen Kirchen. Caorle behauptete den ganzen Landstrich bis zur Mündung der Livenza. Bibione, das alte Bibiana, war eine blühende Handelsstadt, Heraclea der Wohnsitz großer Geschlechter, aus denen die ersten Dogen hervorgingen. Jesolo, das später seiner berühmten Pferdezucht wegen Equilio genannt wurde, hatte dreiundvierzig Kirchen. Von Altinum aus sind Torcello und schließlich Rivus Altus – hier klingt schon das heutige Rialto an –, das spätere Venedig, besiedelt worden. Geblieben ist von vielen Siedlungen nichts außer ein paar Namen; viele Inselorte sind sogar verschwunden, ohne auch nur die Erinnerung an ihren Namen zu hinterlassen.

Einer der Namen jedoch, Metamauco – eine Insel, die vor dem Lido auf dem Meeresgrund versunken ist –, erwachte in den ersten Jahren der italienischen Nachkriegszeit zu gespenstischem Leben. Fischer hoben Vasen, Statuen und anderes mehr mit ihren Netzen, die sie über der toten Stadt ausgeworfen hatten. Erst über den archäologischen Schwarzhandel erfuhr die Wissenschaft von diesem Fund. In einem einzigen alten Dokument, der „Cronaca Altinate", verfaßt von Giovanni Diacono, einem Geistlichen Metamaucos, wird berichtet, daß diese Insel gleichfalls eines der Zentren frühen venezianischen Lebens war. Die ganze Pracht aber wurde vom Meer verschlungen; um 1110 soll ein Seebeben den letzten Rest der Insel zerstört haben.

Doch der Nachteil, die Insellage, erwies sich für Venedig selbst bald als Vorteil: der Wasserweg schützte vor plötzlichen Überfällen, eröffnete aber gleichzeitig eine Vielfalt von Handelsmöglichkeiten. Die Güter des damals noch fruchtbaren Istrien und Dalmatien wurden herangeschafft, die Erzeugnisse aus Italien und Griechenland, die in den Po-Ländern zu kaufen waren, dienten als Rückfracht.

Die Brückenfunktion zwischen Ost und West verhalf Seevenetien zu seinem Aufstieg zur größten Handelsmacht der damaligen Welt bis zu den Zeiten, da die Entdeckungen eines Kolumbus und Vasco da Gama das Weltbild und in der Folge auch die Handelsströme veränderten.

Venedig wurde zum Staat, zu einer Republik, die von Adeligen beherrscht wurde, jedoch von einem Adel, dem ausschließlich Kaufleute angehörten: pfiffig, schlau, diplomatisch, weltoffen, dabei genau und investitionsfreudig.

Das Rechnungsbuch wurde zur Bibel Venedigs.

Vorerst aber fluteten die Wellen der Völkerwanderung über das Römische Reich. Odoakar, der Heerführer aus dem germanischen Volk der Skiren, setzte 476 den letzten weströmischen Kaiser ab. Nicht ganz zwei Jahrzehnte später mußte er die Macht an den Gotenführer Theoderich abtreten. Ein historisches Zeugnis beweist, daß zu den Zeiten Theoderichs des Großen Seevenetien bereits ein Machtfaktor war. Cassiodor, der Kanzler Theoderichs, bat die Seeveneter um Transporthilfe für Wein und Öl aus Istrien nach Ravenna. Sein schmeichelhafter Brief ist für die älteste venezianische Kulturgeschichte eine Fundgrube. „Es wird Euch wenig Mühe kosten, solches bei der mäßigen Entfernung zu bewerkstelligen, denn Ihr seid geborene Schiffer und müßt den Weg des Wassers wählen, um in Eurer Heimat von Haus zu Haus zu kommen. Und wenn Euch auch zuweilen Stürme hindern, die hohe See zu halten, so öffnet sich Euch noch eine andere Bahn, die vollkommen sicher ist; ich meine die Straße der Flüsse, auf welcher Eure Barken, geschützt gegen Wind und Wetter, das Festland durchschneiden ... In diesem Gebiete, um welches Meer und Erde sich streiten, habt Ihr Euch Häuser aufgerichtet, wie die Nester von Wasservögeln; durch Faschinen und künstliche Dämme versteht Ihr Eure Wohnungen miteinander zu verbinden; den Meeressand häufet Ihr an, um die Wut der Wellen zu brechen, und der scheinbar schwache Wall trotzt der Stärke des Wassers. Fische sind die Nahrung von Euch allen, das Haus des Einen sieht dem des Anderen gleich, darum seid Ihr befreit von einem Übel, das anderswo die Bande der Gesellschaft lockert, vom Neide, von der Eifersucht, die aus Verschiedenheit des Standes erwachsen."

Der oströmische Kaiser Justinian versuchte nach dem Tode Theoderichs Westrom wieder zu erobern. Narses, sein Feldherr, besetzte 552 die Lagune Seevenetiens, das damit unter die Herrschaft von Byzanz fiel. Militärtribunen verwalteten nun die einzelnen Inselstädte. Auch das war klug. Man hatte sich nicht gegen diese Eroberung gewehrt, denn Byzanz war weit und der Arm des oströmischen

Kaisers nur sehr schwach zu spüren. Der byzantinische Traum jedoch, das Weströmische Reich zu unterwerfen, scheiterte: Italien wurde von den Langobarden erobert. Nur Seevenetien, die Romagna mit Ravenna und Istrien, verblieben beim Oströmischen Reich. Dalmatien war von den Kroaten unterworfen worden. Nun aber blickten Langobarden und Kroaten lüstern nach Seevenetien. Die offizielle venezianische Geschichtsschreibung berichtet, in dieser Situation hätten die zwölf Tribunen Seevenetiens im Jahre 697 einen Dogen gewählt und ihm die volle Macht gegeben. Das ist jedoch Legende, denn der Zusammenschluß der einzelnen Inselstädte und der Bistümer Grado, Heraclea, Jesolo, Caorle, Torcello, Olivolo und Malamocco geschah etappenweise. Zwei Dogensitze ragten hervor: Heraclea und Malamocco, der erstere sich Byzanz und der zweite den Langobarden zuneigend.

Doch da trat eine neue Gefahr auf: Aus dem Chaos der Völkerwanderung war das Frankenreich hervorgegangen. Karl der Große eroberte Italien und sein Sohn Pippin versuchte, Seevenetien für seinen Vater zu unterwerfen. Er konnte eine Reihe von Inseln erobern, und viele angesehene und reiche Familien suchten nun Zuflucht in Malamocco, Torcello und dem zwischen Heraclea und Malamocco gelegenen Eiland Rivus Altus, das sich immer mehr als Knotenpunkt des Handels bemerkbar machte, was Zuzug von anderen Inseln zur Folge hatte. Nun kamen die Orseolo, Canciano, Falier, Morosini, Coloprini, Contarini, Badoer, Partecipazio, Gradenigo, Dandolo, Corner und andere Geschlechter, die nun in die Geschichte Venedigs eintraten. Sie wurden die Führer einer Partei, die weder byzantinisch noch fränkisch werden, sondern die Unabhängigkeit erreichen wollte. Manche Quellen sprechen sogar davon, daß das Frankenheer nur die Insel Rialto nicht besetzen konnte. Wie auch immer, Kaiser Karl der Große stellte 812 im Frieden von Aachen Seevenetien wieder unter byzantinischen Schutz. Die Veneter erhielten nun jedoch zum Osthandel auch den Westhandel: Ihnen wurde Handelsfreiheit im ganzen Fränkischen Reich samt dem Recht, Niederlassungen zu errichten und Grundeigentum zu erwerben, gewährt. Voraussetzung dafür war wohl die Flotte, mit der sich sogar jene Ostroms nicht mehr messen konnte.

Jedes aus dem Meer hervorragende Stückchen Land, jede sandige Vorlagerung, die der Strudel der Brenta, des Sile, des Piave und anderer kleiner Flüsse erzeugt hatte, jedes Inselfleckchen, sei es noch so eng, sumpfig und unwirtlich gewesen, wurde zugänglich und bewohnbar gemacht. Rivus Altus wurde aus einer Sumpfinsel zur Metropole, vereinigte sich nach und nach mit Olivolo, Luprio, Gemine, Dorsoduro usw. 118 Inseln sind es, auf denen heute die Stadt steht.

Der Doge Agnello Partecipazio hatte der drohenden Kriegsgefahren wegen den Sitz der Regierung von Malamocco, das leichter zu erobern war, in den Sumpf von Rivus Altus verlegt.

811 dürfte das eigentliche Gründungsjahr der Stadt Venedig sein. Und bald wurde Rialto auch mit dem Namen des Bundes bezeichnet, der dort seine Kraft vereinigte, nämlich Venetia, Stadt der Veneter – heute Venezia. Man begann mit dem Bau des ersten Dogenpalastes und einer Kirche, die vorerst dem heiligen Theodor, dann aber einem mächtigeren Heiligen, Markus, geweiht wurde.

Zu dieser Zeit war Torcello eine reiche, ja eine mächtige Handelsstadt. Doch wenige Jahrhunderte später, um 1400, war Torcello bereits entvölkert. Auf der Insel blieben eine Handvoll steinerner Zeugen, unberührt vom Aufstieg Venedigs bis in die Gegenwart.

Ehemals Schiffsballast

DIE BASILIKA VON SAN MARCO

> Der wunderbare, von Säulenhallen und Palästen umgebene Platz entfaltet im Viereck seinen Säulenwald, seine korinthischen Kapitäle und seine Statuen, die ganze edle und mannigfache Ordnung seiner klassischen Form. An seinem äußersten Ende erhebt sich, halb gotisch, halb byzantinisch, die Basilika unter ihren zwiebelförmigen Kuppeln und spitzen Türmchen, mit ihren gestaltenverzierten Säulengängen, ihren säulenbesetzten Vorhallen, ihren mosaikgeschmückten Wölbungen, ihrem mit buntem Marmor eingelegten Pflaster und ihren funkelnden Goldkuppeln; es ist ein seltsames, geheimnisvolles Heiligtum, eine Art christlicher Moschee, an der die Lichtströme im rötlichen Schatten flackern wie die Flügel eines Engels in einer unterirdischen Halle aus Purpur und Erz.
>
> *Hippolyte Taine, Reise in Italien*

Inmitten der brodelnden Menge schlürfte ich meinen Cappuccino. Unentwegt spielte die Kapelle des Café Florian ihre Weisen, untermalt vom Geklapper der Futterverkäufer, die die Tauben anlockten, und dem damit verbundenen Gurren des Taubenschwarms, der sich gleich einer Wolke hob und senkte. Mein Blick hing an der Markuskirche, an diesem eigenartigen und zugleich einmaligen Bau. Und meine Gedanken wanderten zurück, von der schlichten Kathedrale von Torcello zu dem prunkvollen Bau des Domes von Sankt Markus. Deutlicher als in jedem Geschichtslehrbuch spiegelt sich hier der Aufstieg des Inselstaates wider, der auch optisch zeigen wollte, daß er etwas galt in dieser Welt. Auch dies ein typisch venezianisches Element: der so stark ausgeprägte Diesseitsglaube eines Handelsvolkes, das schließlich alles, was gut und billig war, für sich in Anspruch genommen hat. Man hatte sehr bald schon den heiligen Theodor durch einen, man kann ruhig sagen, zugkräftigeren Heiligen ersetzt. Die Reliquien des heiligen Theodor übersiedelten in die Kirche San Salvatore, wo sie auch heute noch zu sehen sind. Doch es war nicht das Streben nach Reliquien allein, das aus dem mittelalterlichen Zeitgeist zu erklären ist, wo schließlich die Jagd nach möglichst wichtigen Reliquien zur legitimen

Räuberei geworden war, denn davor waren wohl die venezianischen Handelsleute durch ihren allzu ausgeprägten Geschäftssinn bewahrt. Da spielte etwas ganz anderes mit. In der Lagune Seevenetiens war für Venedig die einzige Konkurrenz noch die Inselstadt Grado, wo das kirchliche Oberhaupt der ganzen Provinz residierte. Zugleich war die Erwerbung des Leichnams des heiligen Markus auch noch eine hochpolitische Aktion gegen Aquileja, das gerade seine Anerkennung als wahrer Sitz des heiligen Markus durchgesetzt hatte. Mit der Schaffung des kirchlichen Mittelpunktes der Basilika von San Marco hat der Doge Giustiniano Partecipazio den ideellen Mittelpunkt des sich bildenden Staates geschaffen, eines Staates, der gerade dabei war, die letzten Fesseln der Abhängigkeit abzuwerfen.

Dem Dogen Giustiniano – in der offiziellen Reihung als 11. Doge geführt –, war das Angebot gemacht worden, den Leib des Evangelisten Markus preiswert zu erwerben. Natürlich gibt es dazu eine Legende, die sehr schnell erfunden war. Danach kam der Evangelist Markus von einer Glaubenspredigt aus Aquileja zurück, überquerte die Lagune in einem Boot und hielt bei einer Insel an, um sich auszuruhen. Im Schlafe erschien dem Heiligen ein Engel, mit den Worten „Pax tibi Marcem, evangelista meus" – Friede sei mit Dir, mein Evangelist Markus –, und verkündete ihm, daß Jahrhunderte später an dieser Stelle eine Stadt emporwachsen würde, deren Schutzpatron er sein sollte. Daß diese Legende den Venezianern am Herzen lag, zeigen heute noch unzählige Wappenlöwen des Staates – der brüllende Löwe war schon im frühen Christentum das Symbol des heiligen Markus, der sein Evangelium mit Johannes, der in der Wüste gleich einem Löwen seine Stimme erschallen ließ, begonnen hatte –, die in ihren Pranken das aufgeschlagene Evangelium mit dem Gruß des Engels tragen. Hatte der Löwe kein Buch oder nur ein geschlossenes unter seinen Tatzen, so sagt man, war dies ein friedliches Zeichen. Doch überall dort, wo das Buch aufgeschlagen in Stein gemeißelt oder aufgemalt war, zeugte dies von einem Kriege. Diese Zeichen venezianischer Eroberungen sind auf dem italienischen Festland, in Istrien bis tief in den Balkan, also überall dort, wo Venedig sich festkrallte, heute noch zu sehen.

Nun, jedenfalls holten im Jahre 828 zwei schlaue venezianische Kaufleute den Körper des Heiligen, der als Märtyrer gestorben war, aus einem Kloster im ägyptischen Alexandrien. Mit den koptischen

Padres soll in solch arger Weise gefeilscht worden sein, daß der Kauf eher einem Raub gleichkam, wobei die Venezianer sich nicht gescheut hätten, mit ihren guten Beziehungen zu den mohammedanischen Herren zu drohen. Um fünfzig Zechinen gaben schließlich die Mönche den Heiligen her. Um ihn sicher durch die Hafenkontrolle zu bringen, versteckten ihn die Kaufleute auf dem Boden eines Korbes, breiteten sehr auffällig einige Lagen Speck darüber, den Muslime ja nicht anfassen dürfen, und so kam eben der heilige Markus nach Venedig. Provisorisch wurde der Körper in der Kapelle des alten Dogenpalastes untergebracht und sofort mit dem Bau der Basilika begonnen, die unter dem Dogen Giustiniano 832 geweiht wurde. Diese erste Markuskirche war vor allem aus Holz errichtet, und fiel 976 einem Feuer zum Opfer. Bald wußten nicht einmal der Doge und der Domherr, wo die Reliquien des Heiligen versteckt waren, ein derartiges Staatsgeheimnis war die Ruhestätte des Evangelisten geworden, denn man befürchtete einen neuen Raub. Jahrhundertelang aus diesem Grunde in einer Säule eingemauert, später dann in der Krypta versteckt, ruhen die Gebeine des Heiligen nun seit 1811 in einem Steinsarg unter dem Hochaltar, doch hat die römisch-katholische Kirche 1968, anläßlich der Weihe einer neuen koptischen Kathedrale in Kairo, Reliquienteile des Heiligen der „Bruderkirche“ zurückgegeben.

Der Bau der Basilika hatte sich, nicht zuletzt durch wiederholte Brände, immer wieder verzögert, und erst in der Mitte des 11. Jahrhunderts wurde der byzantinische Bau in der Form eines griechischen Kreuzes mit fünf Kuppeln fertig. Doch nicht genug. Bis zum Ende des 15. Jahrhunderts wurde der Dom verschönert, ausgeschmückt und mit gotischem Zierat versehen. San Marco enthält in seiner Außenfassade und im Inneren der Kirche nicht weniger als 2.643 Säulen, große und kleine, griechische und römische, antike und mittelalterliche, aus allen Steinarten, in allen Stilen und aus allen Ländern, mit denen man Handel trieb: aus Griechenland, der Türkei, Ägypten, Kleinasien, Syrien, den ägäischen Inseln. Die Säulen, die Marmortafeln an den Außenfassaden, die ionischen und korinthischen Kapitelle, die reich verzierten Bögen und Girlanden, marmornen Tiere und Blumen haben alle eines gemeinsam – sie sind gestohlen! Ein Gesetz des Dogen Domenico Selvo im 11. Jahrhundert forderte, daß jedes Schiff Schmuck für den Dom mitzubringen hatte. Das war sehr praktisch, denn von Venedig aus fuhren die großen Barken schwer beladen gegen Osten, heimwärts kehrten sie mit viel leichteren Gütern, mit Gewürzen und Seiden. Der schwerfällige Bau dieser Schiffe aber machte es notwendig, Ballast aufzunehmen. Nun, warum sollte dieser Ballast nicht zugleich nützlich sein? Die Liste dieser Mitbringsel ist ohne Ende, das Ergebnis aber ein in sich geschlossener Bau, bei dem mitnichten auffällt, daß eine Vielzahl, ja eine Unzahl von Bauelementen verwendet worden ist: römische, griechische, syrische, babylonische, byzantinische, eben alles, was es irgendwo mitzunehmen gab. Gotik, Romanik, Abendland und Morgenland sind untrennbar verwoben, ein Stein mit dem Davidstern, eingemauert in der Apsis, fällt gar nicht auf.

Kunsthandwerker aus dem Orient begannen 1071 die Kirche mit Mosaiken zu dekorieren. Viertausend Quadratmeter schmücken innen und außen die Wände der Kirche. Doch wurden vor allem an der Frontseite Teile im 15. Jahrhundert ersetzt. Die Rückseite des Hauptaltars schmückt die Pala d'Oro, eine Goldplatte, die als prunkvolle Goldschmiedearbeit nach der Plünderung Konstantinopels nach Venedig gebracht, mehrmals vergrößert und mit noch mehr Edelsteinen geschmückt worden ist. Sie zeigt Szenen aus dem Leben Jesu und des heiligen Markus.

Venedig war eine reiche und bedeutende Stadt geworden. Kaiser Otto III. hatte Venedig im 10. Jahrhundert „auf ewig" das Handelsprivileg für das ganze Reich gewährt. Das 11. Jahrhundert, geprägt durch den Investiturstreit zwischen Kaiser- und Papsttum hatte Venedigs Stellung erhöht. Völlig unbeirrt von den Wirren eroberte der Doge Pietro Orseolo die Küsten Istriens und Dalmatiens. Schon achtzig Jahre später rettete Venedig Byzanz vor den Normannen, wofür es nun Handelsprivilegien im Osten bekam und damit das Monopol für den Ost-West-Handel ausgebaut hatte.

Es folgten die Jahrhunderte der Kreuzzüge. Venedig hatte auch dafür vorgesorgt: In den ersten Jahren des 12. Jahrhunderts entstand das Arsenal, nicht nur die größte Schiffsbaustätte, sondern überhaupt der erste Großbetrieb der Welt. Mehr als zweitausend Arbeiter waren daran beteiligt, Venedig die Stellung als stärkste Seemacht zu erhalten. Die Sozialeinrichtungen muten heute modern an, denn die Gewerken des Arsenals hatten jeden Sonnabend Nachmittag frei, und Überstunden wurden ein Drittel besser als die

Normalstunden bezahlt. Venedig war gerüstet – doch noch kämpfte es nicht, es transportierte die Ritter des Abendlandes zu den Schlachtplätzen und benützte die Kreuzzüge dazu, ein Kolonialreich auf dem Balkan, in Kleinasien, Syrien und Palästina zu errichten. Der Lido von Venedig war der Sammelplatz der Heere. Von dort führte im Jahr 1204 der beinahe blinde 92jährige Doge Enrico Dandolo 40.000 Kreuzfahrer in das Heilige Land, doch mit dem Umweg über Byzanz. Da das Heer kein Geld hatte, um die Überfahrt auf den Schiffen – fast fünfhundert, schreiben die Chronisten – zu bezahlen, überredete Dandolo dessen Führer, für ihn Byzanz zu erstürmen. Die Stadt galt als uneinnehmbar; das Kreuzfahrerheer wütete grausamst. Die Folgen waren ein kurzlebiges lateinisches Kaiserreich, das in Abhängigkeit von Venedig blieb. Wichtiger war, daß die meisten griechischen Inseln in venezianischen Besitz kamen, darunter Kreta, Rhodos, Korfu ... Eine Kette von See- und Handelsplätzen in venezianischer Hand zog sich bis tief nach Kleinasien, um die Handelsmacht abzusichern.

Der Große Rat der Adelsfamilien, Consiglio maggiore, der die höchste Staatsgewalt ausübte, beriet ernsthaft, ob man nicht mit der gesamten Einwohnerschaft nach Byzanz übersiedeln und Venezia verfallen lassen sollte. Nur zwei Stimmen Mehrheit sollen den Ausschlag für ein Verbleiben gegeben haben.

Doch unwiederbringliche Kulturgüter wurden bei der Eroberung von Byzanz zerstört. Der Doge Dandolo brachte von seinem „Kreuzzug" die schönste erhaltene antike Quadriga, das Pferdeviergespann vom Hippodrom von Konstantinopel, nach Venedig. Angeblich stammt diese Quadriga von Neros Triumphbogen. Dieser Raub hat der Nachwelt ein kostbares Zeugnis der Antike erhalten, denn vermutlich wäre die Quadriga bei den Kämpfen, die Byzanz bevorstanden, zerstört worden. Die über anderthalb Meter großen Bronzepferde, edel geformt, leuchten in ihrer grünlichen Patina auf der Balustrade der Hauptfassade der Markus-Basilika, einen Huf stolz erhoben. Wer diese Pferde aus der Nähe betrachtet, sieht die Striemen, die die Beile der Barbaren hinterlassen haben, als sie diesen einstmals vergoldeten Pferden die Goldhaut abzogen. Aus konservatorischen Gründen sind die Originalpferde nach ihrer Restaurierung im Jahr 1982 nunmehr im Museo Marciano zu bewundern, auf der Galerie von San Marco wurden Kopien aufgestellt.

Die Besichtigung der Basilika ist nicht ganz einfach. Nicht nur die Menschenmassen, die in den Dom drängen, behindern den Besucher, der genauer schauen will, sondern auch die unentwegten Blicke in die Kuppeln, um die Mosaike zu bewundern, ermüden, man bekommt nach längerer Zeit eine Art Genickstarre. Da ist es gut, die Augen wieder auf die Fußböden zu richten, die ebenso mosaikartig gestaltet sind. Nur selten ist es möglich – am besten während eines Gottesdienstes – diese Kirche wirklich als Gotteshaus zu erleben. Ein Hochamt an einem der Feste wird geradezu zum Schauspiel, zu einem erhebenden Erlebnis, wenn Licht, Orgeltöne und Musik sowie Weihrauch den weiten Raum und die Kuppeln füllen. Man sollte die Möglichkeit nützen, höher zu steigen, um immer neue Blicke in die Basilika zu erleben, die Balustrade besuchen, das Baptisterium, den Tesoro – die Schatzkammer –, die sich über drei Räume erstreckt, und schließlich das Museo Marciano selbst, in dem die antike Quadriga das Hauptexponat ist. Jede einzelne Kapelle, die Skulpturen und Altäre, die Arbeiten von Jacopo Sansovino, vor allem sein Bronzetor zur Sakristei, sind künstlerische Kleinode. Der Hauptaltar ist im 19. Jahrhundert aus verschiedenen Teilen neu zusammengefügt worden, doch die Alabastersäulen, die den Altarbaldachin tragen, sind mit ihren Reliefs mit Szenen aus dem Leben Mariens und dem Leben Jesu spätromanische Kunstwerke, bei denen das antike Vorbild der Triumphsäule in die christliche Ikonographie übertragen und sozusagen in Kleinformat ausgeführt wurde. Selbst wenn man Schlange stehen muß, gehört der Besuch von San Marco zu den aufregendsten Erlebnissen.

Banken, Magazine, Weltreisen

VENEDIG ALS HANDELSMACHT

Warum treibt sich das Volk so und schreit?
Es will sich ernähren,
Kinder zeugen und die nähren, so gut es vermag.
Merke dir, Reisender, das und tue zu Hause
desgleichen!
Weiter bringt es kein Mensch, stell er sich,
wie er auch will.

Goethe, Venezianische Epigramme

Das Auf und Ab, das Gewirr der verschiedenen Sprachen, die immer neuen Wellen von Menschenmassen, die den Markusplatz und die Piazzetta überfluten, gehörten immer schon zum Wesensmerkmal dieser Stadt. Sie sind geradezu ein mitkalkuliertes Bauelement. Bedenkt man, daß Venedig zu Ende des 14. Jahrhunderts bereits etwa 135.000 Einwohner gehabt hat, wozu stets eine Unmenge von Fremden kamen, die diesen wichtigsten Warenumschlagplatz der Welt besuchten, und vergleicht damit das Venedig von heute mit seinen nur mehr rund 66.000 Einwohnern – wozu noch 32.000 Bewohner der umliegenden Inseln, wie vom Lido, aus Murano, Burano usw. kommen, Großvenedig hat heute mit Mestre und dem Hafen von Porto Marghera rund 275.000 Einwohner –, so wird ersichtlich, daß Venedig vor sechshundert Jahren schon auf seinem Höhepunkt war. Die Seidenindustrie und die Leinenweber waren bereits emsig tätig. Das System der Kanäle wurde durch eigens im Arsenal konstruierte Baggerschiffe instand gehalten, am Markt von Rialto sind die Laubengänge vermehrt worden, damit die Kaufleute vor Regenfällen geschützt blieben. Gleichzeitig aber hatte dieses Venedig zur Eroberung der Terra Ferma, also des Festlands, angesetzt. Damit rundete sich im 15. Jahrhundert der Herrschaftsbereich Venedigs: nördlich bis zum Rand der Alpen, westlich bis in die Gegend von Mailand, südlich das Meer als stärkste Seemacht und östlich Venetien, einen lombardischen Landstrich, Friaul, Istrien, Dalamatien, Albanien, Griechenland und die wichtigsten

Inseln und Handelsplätze bis Kleinasien. Darüber hinaus aber führten von all diesen Punkten die Handelsstraßen in die damals bekannte Welt. Am Ende des 15. Jahrhunderts war die Einwohnerschaft auf die ungeheure Zahl von 190.000 angestiegen. Venezia war nicht nur der reichste Staat der Welt, es war wohl auch der glücklichste, denn er konnte sich von Anbeginn ohne Kriegszerstörung bis zu seiner Auflösung erhalten. Als im April des Jahres 1423 der Doge Tomaso Mocenigo, der Herrscher Venedigs in den strahlendsten Jahren seiner Existenz, auf dem Sterbebett lag, diktierte er sein Testament. Es war die stolze Bilanz eines stolzen Kaufmannsfürsten: „Wir haben ein Handelskapital von zehn Millionen Dukaten im Umlauf und gewinnen daraus vier Millionen durch die Ausfuhr und zwei Millionen durch die Einfuhr. Unsere Häuser sind sieben Millionen Dukaten wert, und wir ziehen daraus eine halbe Million Miete.“ Es war eine reiche Zahlenbilanz, die der sterbende Doge vor seinen Augen vorüberziehen ließ. Mit 1,2 Millionen Dukaten hatte Venedig die höchsten Staatseinkünfte. Über eintausend Nobile hatten ein Jahreseinkommen bis zu 70.000 Dukaten – und dies in einer Zeit, in der man für etwa 3.000 Dukaten einen Palazzo errichten konnte. Die Steuerbehörde schätzte den Wert der Privathäuser auf über 3,6 Millionen Dukaten. Im Arsenal waren bereits 20.000 Arbeiter tätig, 25.000 Seeleute fuhren in mehr als 3.000 Barken der Handelsflotte – Schiffen zwischen hundert und zweihundert Tonnen – über das Meer, 11.000 Soldaten und Ruderer bildeten die Besatzungen der etwa fünfzig Kriegsgaleeren, die für Venedigs Sicherheit sorgten, aber auch die Handelsflotten vor Piraterie beschützten. Jedes Jahr demonstrierten sechs Geschwader die Stärke des Markuslöwen, das erste im Schwarzen Meer vor Rußland und Kleinasien, das zweite vor Konstantinopel und Griechenland, das dritte vor Syrien und einem Teile Kleinasiens, das vierte vor Ägypten, das fünfte zog die afrikanische und spanische Küste entlang, und das sechste umschiffte Gibraltar und fuhr nach England und Flandern.

Auf dem Höhepunkt seiner Macht, am Beginn des 16. Jahrhunderts, amtierten in Venedig 44 Banken, stapelten allein 78 Magazine Seidenstoffe und Brokate, arbeiteten Gesellen in 77 Goldschmieden und 84 Kunstwerkstätten, um die Welt mit den Kleinoden venezianischer Kunst zu erfreuen. 16.000 Weber werkten an ihren

Webstühlen. Und über allem lag der Duft der Gewürze, die Venedig Jahr für Jahr für die gigantische Summe von 540.000 Dukaten importierte.

Doch in dieser unbeschwerten Zeit kündete sich am Horizont der Untergang an: 1453 hatten die Osmanen Byzanz erobert. Das war der Beginn des Zerfalles des venezianischen Handelsreiches. Stück um Stück ging trotz verzweifelter Gegenwehr an die Türken verloren. Noch viel bedeutender aber wurde die abenteuerliche Fahrt des Kolumbus, der die Küste Indiens auf dem Seeweg erreichen wollte, jedoch Amerika entdeckte. Als 1498 Vasco da Gama die Durchfahrt nach Ostindien fand, war der Untergang endgültig vorgezeichnet. Als Antwort auf diese Entdeckungsfahrt unterbreiteten einige weitblickende Nobili den Plan, einen Suezkanal zu bauen. Damals wurde das Projekt verworfen; es war zu früh für diese große Tat der Technik. Es mutet geradezu als Treppenwitz der Weltgeschichte an, daß ein Venezianer Kolumbus die Idee gegeben hatte, überhaupt von dem Seeweg nach Indien zu träumen. Es war das Buch Marco Polos, „Il Milione", das Kolumbus zu seinen Ideen angefeuert hat. Mit den handschriftlichen Randbemerkungen des kühnen Seefahrers versehen, wird der Band heute noch in Spanien als Kostbarkeit bewahrt.

1501 traf die Meldung ein, sieben portugiesische Caravellen seien aus Indien, nachdem sie Afrika umschifft hatten, reich beladen nach Portugal zurückgekehrt. Wenige Jahre später war bereits der Gewürzhandel, das gewinnbringendste Geschäft Venedigs, vollkommen an Lissabon verlorengegangen. Die Zeiten venezianischen Wagemutes, gefahrvolle Reisen quer durch den asiatischen Kontinent zu unternehmen, um karawanenweise kostbare Güter heranzuschaffen, waren vorüber. Fast eine Bestätigung dieses Niederganges ist es, daß heute niemand mehr zu sagen vermag, wo wirklich das Haus Marco Polos stand; was von geschäftigen Führern und Gondolieri gezeigt wird, ist Legende, mehr nicht. Ja, mehr noch, jede Spur dieser Kaufmannsfamilie ist getilgt.

Zwei Mitglieder der Familie Polo – die vermutlich um die Mitte des 13. Jahrhunderts aus Dalmatien zugewandert ist –, nämlich Niccolò und Matteo Polo, die vorwiegend mit Schmuck handelten, hatten Niederlassungen und Lager in Konstantinopel und Soldaja auf der Krim. Von da aus unternahmen die beiden Brüder eine abenteuerliche Fahrt in das Innere Asiens, kamen nach Buchara und nach Persien, wo sie sich einer Mission anschlossen, die ein dortiger Khan zu Kublai, dem Kaiser, nach dem fernen China sandte. Und Kublai, als aufgeklärter, hochgebildeter Fürst, empfing diese beiden Abendländer freudig und sandte die Brüder Polo mit einer Botschaft an den Papst heimwärts. Zehn Jahre währte diese Reise; Niccolò Polo fand seinen 1254 geborenen Sohn Marco als fünfzehnjährigen Jüngling wieder. Als nun die beiden Brüder Venedig von neuem verließen, um an den Hof Kublais, des Großkhans der Mongolen, zurückzukehren, nahmen sie den jungen Marco mit. Durch Anatolien, Armenien und den Iran führte ihr Weg zum Persischen Golf, durch die große Wüste Mittelasiens und über die Berge des Chorassan bis in die Täler vom Hindukusch und auf die Hochebene von Pamir, dann längs der großen Sandsteppe Takla Makan und der Wüstenebene Gobi durch die Felder Nordchinas, das damals den Namen Kathai trug, bis nach Kambaluk, der Residenz Kublais. Siebzehn Jahre blieben die Polos in China, vom Kaiser geschätzt. Vor allem Marco wurde mit offiziellen Regierungsaufträgen betraut, die ihn mehrmals durch ganz China bis nach Tibet, Burma und sogar Indien führten. Als die Polos, vom Heimweh überwältigt, wieder nach Venedig zurückwollten, entließ sie Kublai im Jahre 1292 nicht nur in allen Gnaden, sondern erteilte ihnen noch den ehrenvollen Auftrag, dem Herrscher von Persien eine junge Prinzessin als Braut zuzuführen. In feierlichem Zug segelten sie nun zwei Jahre lang die Küsten Ost- und Südasiens entlang, bis sie schließlich vom Persischen Golf 25 Jahre nach ihrer Abreise, wieder in ihre Heimatstadt zurückkehrten.

Über die Familie Polo ist sehr wenig bekannt. Man weiß, daß Marco Polo eine Frau Donata heiratete, drei Töchter mit den hübschen Namen Fantina, Bellela und Moreta hatte und am 9. Januar 1323 sein Testament diktierte. Sein Todestag ist umstritten. Sicher ist nur, daß er 1325 nicht mehr am Leben war. In der Gegend zwischen dem Theater Malibran und der Kirche San Crisostomo hat das Haus Marco Polos gestanden, das etwa zweihundert Jahre später, als ein Brand das ganze Viertel vernichtete, den Flammen zum Opfer fiel. Aber selbst das Grab Marco Polos ist nicht mehr zu finden, und man weiß auch nicht, ob die Töchter irgendwelche Nachkommen hinterlassen haben.

Dennoch ist Marco Polo der Nachwelt ein Begriff geblieben. Ein persönliches Unglück, das ihm widerfuhr, brachte ihm Spott, später Anerkennung und schließlich unsterblichen Ruhm der Nachwelt ein: Bei einem Zusammenstoß zwischen venezianischen und genuesischen Galeeren in den levantinischen Gewässern, die um den Besitz der Handelsplätze im östlichen Mittelmeer kämpften, war Marco Polo gefangengenommen worden. In Genua war der Pisaner Rustichello, ein Schreiber, sein Gefängnisgefährte, dem Marco Polo nun seine Lebensgeschichte diktierte. So entstand das „Buch der Wunder", das unter dem Titel „Il Milione" allgemein bekannt geworden ist. Die Zeitgenossen hielten die Schilderungen vorerst für eine reine Ausgeburt der Phantasie. Allmählich aber wurde das Entdeckungswerk ernst genommen. Wohl kein Forschungsreisender nach ihm, bis in unsere Zeit, hat den asiatischen Kontinent so in allen seinen Teilen bereist; als erster hatte Marco Polo Gebiete durchstreift, deren Existenz bisher noch keinem abendländischen Menschen bekannt gewesen war. Als man im Laufe der Jahrhunderte im Lichte der Entdeckungen neuer Forscher die Beobachtungen Marco Polos prüfte, mußte man wiederholt feststellen, daß die neuen Forscher nur bestätigten, mit moderneren Mitteln beschrieben, was der große Venezianer viele Jahrhunderte vorher gesehen und berichtet hatte.

Die Verzeichnisse der Waren, die Venedig auf dem Höhepunkt seiner Macht zwischen Morgenland und Abendland tauschte, zeugen von prachtvoller Mannigfaltigkeit. Ja sogar der Sklavenhandel spielte eine bedeutende Rolle. An Naturprodukten waren es Alaun aus Kleinasien, Aloe, Ambra, Balsam und Baumwolle aus Apulien, Sizilien, Kreta, Zypern und Armenien, Edelsteine – besonders Smaragde aus Ägypten, Karneole, Granaten, Saphire und Diamanten aus Indien, Topase und Rubine aus Ceylon – Elfenbein aus Äthiopien, Flachs aus dem Nildelta, Gewürznelken aus Malaga und Java, Indigo aus Bagdad, Ingwer aus Indien und China, Kampfer, Korallen, Mastix, Moschus und Perlen von den Bänken Südarabiens, des Persischen Golfes und Vorderindiens, Pfeffer von Malabar, Rhabarber, Safran, Sandelholz, Seide, Zimt, Zucker und Kaffee. Hinzu kamen die gewerblichen Erzeugnisse wie Glas, Porzellan, Gold- und Silberfäden, Webwaren, vor allem Seidenstoffe aus Bagdad und Damaskus, Goldbrokate aus Syrien und Zypern...

Daß in einer solchen Stadt der Luxus zur Selbstverständlichkeit wurde, ist wohl nicht zu verwundern. Die Freude am Schmuck, am Tragen kostbaren Geschmeides und an prachtvoller Kleidung nahm derart überhand, daß die Obrigkeit Schranken setzen mußte. Man bewunderte zwar die schillernde Flatterhaftigkeit der Frauen, das Talent, stets eine neue Mode zu erfinden, „denn einmal", so sagte Nicolò Doglioni, „ist sie ehrbar, einmal lasziv, einmal pompös, einmal sparsam und leicht". Wurde eine kostspielige Mode verboten, wie beispielsweise 1442 die Verwendung von Goldbrokat, begann man zobelgefütterte Ärmel zu tragen. 1444 wurde auch dies eingeschränkt. Die Ärmel durften nicht über acht Viertel – gemeint sind wohl Viertel Ellen – im Umfang haben, die Kleider nicht mehr als acht Ellen weit sein.

Der Luxus trieb üppige Blüten: Fassaden, Decken, Stiegenhäuser, ja alle Teile der Paläste, die nur überhaupt zu schmücken waren, wurden verziert. Kam eine Patrizierin ins Wochenbett, so kostete die Ausstattung ihres Zimmers ein Vermögen von tausenden Dukaten.

Und erst die Gondeln! Immer auffallender, immer goldener, immer prunkvoller wurde ihr Schmuck, sodaß der Staat am 8. Oktober 1562 ein Gesetz erließ, wonach alle Gondeln mit schwarzem Tuch bedeckt werden mußten. Luxus, den man nicht zeigen kann, macht bekanntlich keine Freude. Bald hatten die Gondeln auch jene schwarze Farbe, die sie heute noch tragen.

Lüsterne Blicke auf die Lagune

VENEDIG ALS SEEMACHT

Ruhig am Arsenal stehn zwei altgriechische
    Löwen;
Klein wird neben dem Paar Pforte, wie Turm
    und Kanal.
Käme die Mutter der Götter herab, es
    schmiegten sich beide
Vor den Wagen, und sie freute sich ihres
    Gespanns.
Aber nun ruhen sie traurig; der neue geflügelte
    Kater,
Überall schnurrt er, und ihn nennt Venedig
    Patron.

Goethe, Venezianische Epigramme

„Das Arsenal wollen Sie besuchen? Wozu, dort ist alles leer, dort ist nichts zu sehen. Es ist groß, aber es ist leer. Seitdem das Marinekommando nach Ancona verlegt worden ist, ist das Arsenal uninteressant. Eine Reparaturwerft, ein Wachkommando, das ist alles. Was geschehen soll? Wir warten. Wir warten. Das ist eine venezianische Eigenschaft geworden. Wir warten immer." So sagte mir ein Beamter, zuckte resigniert die Achseln und fügte hinzu, daß die Verlegung der Kriegsmarine aus dem Arsenal vielleicht auch einen Vorteil gehabt habe, denn die Stadt sei während des ganzen Zweiten Weltkrieges von keiner Seite her angegriffen worden.

Ich trottete dennoch zum Arsenal, um mir den letzten Rest venezianischer Kriegsmacht anzusehen. Man darf es zwar nicht betreten, denn noch immer ist es Militärzone, doch von der hochgewölbten Holzbrücke, die den Einfahrtskanal überspannt, hat man einen ganz guten Blick in das Arsenal und erahnt, welch ungeheure Ausmaße diese Werftanlagen haben. Als ich vor dem Eingang das machtvoll gestaltete Portal fotografierte, fragte mich ein Marinesoldat, der dort Wache stand, ganz erstaunt, was ich denn da eigentlich aufnehmen wolle. Da schiebt der biedere Matrose nun immer wieder Wache, schaut gelangweilt in die Gegend, aber er sieht nicht, vor welch gewaltigem Bauwerk er steht. Ihm ist die Geschichtlichkeit des Bodens unbekannt. Er hat wohl auch noch nie die Löwen angesehen, die das Portal bewachen: übergroß, imposant, einer richtet sich drohend auf den Vorderpranken auf, daneben liegt einer langgestreckt, behaglich, man meint ihn schnurren zu hören. Gerade hier, an diesem Ort, sind diese Löwen wie nirgends sonst zu Hause. Sie demonstrieren, und es ist wohl kein Zufall, in steinerner Stärke die Macht des Staates. Und darüber, über dem Portal, schaut hochmütig ein geflügelter Löwe über den Platz hinweg. Zwei dieser Löwen brachte der Doge Francesco Morosini im 17. Jahrhundert von Piräus nach Venedig, zum Zeichen des letzten großen kriegerischen Triumphes über die Türken. Eine Besonderheit: Der Halbbruder des skandinavischen Königs Olaf des Heiligen hatte mit seinen Wikingern dem byzantinischen Kaiser gegen einen Aufruhr in dessen Land geholfen. Und einer der Wikinger hat einige Worte in den Sockel eines der Löwen gemeißelt.

Das 16. und 17. Jahrhundert warfen Venedig in harte Existenzkämpfe. Die sichtbar schwindende Handelsmacht ließ die abendländischen Herren lüstern nach der Lagune blicken. Im Jahre 1508 vereinigte Ludwig XII. von Frankreich an seiner Seite Papst und Kaiser in der Liga von Cambrai und teilte – allerdings voreilig – unter den Verbündeten das venezianische Reich. Venedig war zwar den Heeren nicht gewachsen, die Liga aber nicht der schlauen Diplomatie der Venezianer. Durch Aufspaltung der gegnerischen Reihen mißglückte der Versuch, den Inselstaat zu vernichten. Die Diplomatie war das oberste Mittel venezianischer Kriegführung. Die Stadt war nicht nur weltoffen, sie war auch unbewehrt. In den Jahrhunderten, in denen jede Residenz sich mit Trutzmauern und gewaltigen Festungswerken umgab, gab es in Venedig nicht einmal eine Stadtmauer. Das einzige Verteidigungswerk war fallweise eine Kette über der Einfahrt des Canal Grande, bis dann zum Meer hin doch Bastionen für die Geschütze zur Abwehr von Invasionen gebaut wurden.

Man hatte ja das Meer. Venedig vertraute auf den natürlichen Schutz der Insellage und untermauerte diesen durch eine starke Flotte. Mit genialem Weitblick verhinderte unermüdliche Baggerarbeit die Verlandung, die hier genauso eingetreten wäre wie zum Beispiel in Ravenna, und als der Sprung vom Festland zu dem Inselreich für feindliche Heere zu verlockend wurde, sicherte sich Venedig auf der Terra Ferma, dem Festland, Stützpunkte. Erlesener Prototyp eines solchen Stützpunktes ist die bis heute intakte Festungsstadt Palmanova.

Dem gesunden Handelssinn vertrauend, kaufte man sich die besten Condottieri – Heerführer – und Söldnerheere, die es gab. Über allem aber wachte die Klugheit gewandter Diplomatie, ein Netz von Agenten, das gleichzeitig mit dem Handelsnetz leicht aufzubauen war, verbunden mit einer besonderen Wendigkeit, die schwachen Punkte eines feindlichen Bündnisses ausfindig zu machen und dort den Hebel diplomatischer Überredungskunst, verbunden mit klingenden Dukaten, anzusetzen.

Unaufhaltsam aber erweiterten die osmanischen Türken ihr Großreich. Die venezianische Republik war gezwungen, auf ihren Besitz im Osten, mit Ausnahme von Kreta, Zypern und den Ionischen Inseln, zu verzichten. 1571 gelang es Venedig zwar, mit genuesischer und spanischer Hilfe unter der Führung von Don Juan d'Austria die türkische Flotte bei Lepanto zu vernichten, die Venezianer konnten aber diesen Sieg nicht entscheidend nützen. Ein Großbrand vernichtete überdies einen Teil der Stadt, in der zweiten Hälfte des 16. Jahrhunderts starben Tausende an der Pest – und auch die Handelsströme nach Deutschland kamen zum Erliegen, denn dort herrschte die Furie des Dreißigjährigen Krieges. Ähnlich war es im 17. Jahrhundert: 1630 starben fast 50.000 Einwohner an einer neuen Pestwelle. War anläßlich des Erlöschens der ersten Pest die Chiesa del Redentore auf der Giudecca erbaut worden, so wurde nun als Gelöbniskirche gegenüber von San Marco auf der anderen Kanalseite Santa Maria della Salute errichtet, deren Fest am 21. November gefeiert wird; ein Tag, an dem jeweils eine Schiffsbrücke über den Canal Grande geschlagen wird, um die Dankprozession abzuhalten. Auf gleiche Art wird am dritten Sonntag des Juli das Redentore-Fest, das Fest des Erlösers, gefeiert. Schon am Vorabend werden die beiden Schiffsbrücken, eine über den Canal Grande und eine über den Kanal zur Giudecca, geschlagen.

Kandia und Kreta gingen an die Türken verloren. Zwar eroberte der Feldherr und spätere Doge Francesco Morosini den Peloponnes – bei den Kämpfen ging die Akropolis von Athen unter, die bisher unversehrt geblieben war, den Türken als Munitionslager diente und durch einen Kanonenschuß in Trümmer fiel –, doch nur dreißig Jahre konnte sich Venedig in den griechischen Gewässern behaupten. 1718 verlor der Lagunenstaat im Frieden von Passarowitz Morea, den Peloponnes und die letzten Handelsplätze bei Kreta.

Doch ungebrochen regierten Kunst und Frohsinn. In einem letzten, aber feudalen Aufflackern tanzte Venedig in den Untergang. 1797 brach Napoleon Bonaparte in Italien ein und ließ am 29. April seinen Kapitän Lagier in die Lagune einfahren; der Kapitän wurde erschossen, der Kriegsgrund war gegeben. Am 1. Mai jenes Jahres erklärte Napoleon offiziell den Krieg. Alle Verhandlungen scheiterten, und am 12. Mai dankte die venezianische Regierung ab. Die Republik trat aus der Geschichte aus.

Im Morgengrauen des 15. Mai 1797 besetzten französische Soldaten Venedig. Erstmals in seiner Geschichte betraten fremde Truppen die Hauptinsel des Lagunenstaates. Auf dem Markusplatz wurden die Zeichen der Dogenwürde und das Goldene Buch der Adelsfamilien verbrannt. Ein Sturm auf die berüchtigten Bleikammern wurde zur Farce; bloß vier Schwerverbrecher waren in den Staatsgefängnissen.

In der nüchternen Art eines Kaufmannes trat der letzte Doge ab. Bei der Zusammenkunft des Großen Rates am 12. Mai 1797 waren 537 Patrizier anwesend. Mit Tränen in den Augen schlug der Doge Lodovico Manin vor, die Übergabe an die französischen Truppen anzunehmen. Die Diskussion wurde plötzlich durch Gewehrschüsse unterbrochen – es waren die treuen slawischen Soldaten, die San Marco grüßten, bevor sie die Stadt verließen. Im Dogenpalast glaubte man jedoch an einen Handstreich der Franzosen. Schnell wurde die Übergabe einstimmig beschlossen. Und da stand der Doge auf, legte seine Würdezeichen ab, verließ den Saal und zog die Haube vom Kopf, die unter dem Dogenhut zu tragen war, und gab sie einem Diener mit den Worten: „Nehmt sie, ich brauche sie nicht mehr."

Die Republik Venedig hatte, so errechneten clevere Historiker, exakt 1.345 Jahre und 50 Tage existiert.

Büttel und Beamte

VENEDIG ALS K.U.K. PROVINZ

Bei meiner Ankunft in Venedig bekam ich zwei für das Herz eines vaterlandsliebenden Bürgers bittere Kelche zu leeren. Kurz vorher waren die Österreicher die Beherrscher dieser armen Republik geworden. Ich hatte schon viel von dem bedauernswerten Zustand dieser unglücklichen Stadt gehört, aber alles war ein Nichts im Vergleich zu dem, was ich an einem Tag und in einer Nacht in Venedig selbst erlebte. Vor allem wollte ich den Sankt Markusplatz wiedersehen ... Der geneigte Leser denke sich mein ungeheures Erstaunen und meine große Traurigkeit, als ich in diesem weiten Raume, wo man in glücklichen Zeiten nur höchste Zufriedenheit und lebhafteste Freude bei unaufhörlichem Kommen und Gehen des Volkes sah, überall nur Einsamkeit, Schweigen und Niedergeschlagenheit erblickte. Nur sieben Personen befanden sich auf dem Platz ...

Lorenzo Da Ponte, Mein abenteuerliches Leben

Im Frieden von Campoformio, 1797, erhielt Österreich Dalmatien, Istrien – und Venedig. Habsburg wurde damit Großmacht an der Adria. 1805 kam es zwar zu einem neuerlichen napoleonischen Zwischenspiel, denn Napoleon teilte Venedig dem französisch-italienischen Vizekönigreich von Eugéne Beauharnais zu, doch legte der Wiener Kongreß 1815 fest, Venedig müsse wieder an Österreich zurückgegeben werden.

Lorenzo Da Ponte, der Mozart-Librettist, beschrieb in seinen Memoiren das österreichische Venedig mit sehr bitteren Worten. Er berichtet von einem Gespräch unter Venezianern: „‚Wir sind übel dran mit unseren neuen Herren‘, sagte einer von ihnen. ‚Das Pfund Fleisch, für das man vor acht Tagen acht Soldi bezahlen mußte, kostet jetzt zehn, der Zoll für den Kaffee ist auf das Doppelte erhöht worden, eine Flasche Wein, die früher drei Soldi kostete, bekommt man heute nicht unter sechs. Der Zoll für Tabak, Salz und Zucker soll sogar um sechzig Prozent erhöht werden!‘ ‚Das ist noch gar nichts‘, sagte ein anderer. ‚Zwei Millionen verlangen sie von uns, das ist doch noch viel schlimmer.‘ ‚Zwei Millionen‘, ließ ein anderer vernehmen. ‚Wovon denn? Von Muscheln und Austern?‘ ‚Nein, von Silberdukaten‘, fiel ihm ein Vierter ins Wort. Der Kaffeehausbesitzer, der ängstlich diese Unterhaltung mitangehört hatte, stürzte nun mitten unter die Leute und sagte zitternd und mit gedämpfter Stimme: ‚Um Gottes willen, meine Herren, hören Sie doch auf, von diesen Dingen zu reden. Ich habe ebensowenig Lust wie Sie, Bekanntschaft mit dem österreichischen Korporalstock zu machen.‘ Dann bat er uns, in ein kleines Zimmer zu kommen. Nachdem er Tür und Fenster geschlossen hatte, erzählte er uns, am vorhergehenden Abend hätten sich einige junge Venezianer sehr lebhaft unterhalten, und einige vorübergehende österreichische Soldaten, in dem Glauben, sie stritten sich, hätten zwei, die besonders laut geredet, ergriffen und unter Flüchen wie ‚Potztausend Sakrament!‘, Stockschlägen und Stößen auf die Wache geführt, wo sie bis zum anderen Morgen in Arrest hätten bleiben müssen, weil niemand da war, der Italienisch sprechen konnte. Ich verließ das Café trauriger, als der zärtlichste Sohn das Grab seiner innig geliebten Mutter verläßt.“

Da Ponte schildert auch, wie er den Bruder einer Dame, die er in seiner Jugendzeit heiß geliebt hatte, als Bettler fand. Dieser Mann erzählte ihm: „Sie wissen, von welcher Familie ich abstamme. Sie wissen auch, daß aus dieser Familie Dogen, Prokuratoren von San Marco, kommandierende Generäle der Republik, angesehene Prälaten und Magistratspersonen, die höchste Ämter bekleidet haben, hervorgegangen sind. Mein Onkel war einer der Inquisitoren, mein Großvater Gesandter in Konstantinopel. Aber nicht ein einziger meiner Vorfahren war reich. Ihr ganzes Vermögen bestand in dem Einkommen, das sie vom Staat bezogen. Infolge des Unterganges der Republik verarmten mehr als dreihundert Familien, die ihren ganzen Lebensunterhalt aus ein und derselben Quelle bezogen hatten. Zu den betroffenen gehört auch meine Familie ... Um Gottes willen, Signor Da Ponte, verlassen Sie bald diese Stadt. Ein rechtlich denkender Mann, wie Sie es sind, könnte hier nicht lange ungefährdet leben. Dies ist nicht mehr das alte Venedig, in dem Sie damals gelebt haben. Damals zitterte man vor drei Inquisitoren, jetzt fürchtet man jeden Soldaten. Während also damals ein Venezianer drei Herren zu fürchten hatte, sind es jetzt dreißigtausend. Diese haben zwar keine Zechine auf der Kappe (gemeint sind die Büttel der Staatsinquisitoren, die auf einer roten Kappe eine Zechine mit dem Markuslöwen trugen) und keinen Stock in der

Hand, dafür aber Flinten und Bajonette. Außerdem sind wir noch von einem Heer von Kreaturen umgeben, die aus Neid und Haß unseren Handel zugrunde richten, ganze Manufakturen vernichten, den Mangel und die Not auf die Spitze treiben und alle Hilfsmaßnahmen vereiteln, tausenderlei Meinungen verbreiten und die Bürger zur Rivalität, zu heimlichen Mißtrauen und Haß aufreizen, um dadurch die ganze Bevölkerung zu zwingen, sich in alles zu fügen, um nur leben zu können... Hier haben Sie ein getreues Bild von Venedig, wie es heute ist."

War diese Zeit wirklich so schlimm? Der pensionierte k.u.k. Linienschiffskapitän Max von Rottauscher, der 1861 mit vierzehn Jahren als See-Eleve in das österreichische Marinekorps eingetreten war, sagte in seinen Memoiren: „Die Adria ist ein gestorbenes Meer. Den Küsten blieb nichts als eine merkwürdige Schönheit und greisenhafte Geschichte. Orient und Okzident haben um Dalmatien jahrhundertelang gerungen, die Wellen Asiens und Europas sind hier aneinandergeprallt; wie dürrer Schaum nach verrauschtem Seesturm am Strand liegt, so setzte sich von jedem Kampfe und jeder Kultur ein Restlein ab. Zwischen beiden Mächten aber wuchert ein glänzender, geschmeidiger Parasit auf: Venedig. Es lebte von den Abfällen der Tische großer Herren diesseits wie jenseits des Meeres, wirtschaftlich Wucherer und Zwischenhändler, kein Staat von Helden, sondern ein Staat von Krämern, an Sterilität mit dem Türken wetteifernd. So wie kein Korn mehr auf dem Boden wuchs, den eines Paschas Roßhuf betreten, so wuchs kein Korn mehr in dem Lande, dessen Strand der Kiel der venezianischen Galeeren emporgelaufen war. Die künstlerischen Tribute ihrer italienischen Festlandsbevölkerung allein haben die Republik so sehr mit Sternen umkränzt, wie eben jene Maler sie im Dogenpalast und in adeligen Häusern am Großen Kanal darstellen. Und solche Tatsache läßt die heutige Zeit vergessen, daß nicht nur die Entdeckungen neuer Seewege, sondern Venedig selber es war, das Venedig als einen Staat brach, der an anderen zehrte und keinerlei Produktionskraft besaß. Österreich hatte eine Leiche in Erbschaft übernommen, soweit diese Erbschaft die Küstenstriche der Adria umfaßt."

So also dachte ein Österreicher. Es ist das typische Nicht-verstehen-Können südlicher Lebensart, anderer Mentalität und Lebensauffassung.

Die Spottlust des venezianischen Volkes verdorrte dennoch nicht. Napoleon, der die Kirche San Geminiano, die gegenüber von San Marco den Platz abschloß, niederreißen ließ und den sogenannten napoleonischen Flügel der Prokuratien erbaute, wodurch der Platz sein heutiges geschlossenes Aussehen erhielt, konnte es sich nicht versagen, die vom Dogen Dandolo aus Byzanz geraubten Pferde von der Markuskirche zu entfernen und im Triumphzug nach Paris zu schaffen. Auf den Gassen und Plätzen summte das Volk alsbald den von einem Barbier ersonnenen Vers:

Napoleon nell' Adria entrò coi Galli
Ma prese al suo partir quattro cavalli.

Die Übersetzung ist nicht leicht, denn im Deutschen ist das Wortspiel nicht gegeben, der Doppelsinn des Wortes Galli: Hähne und Gallier, wie die Franzosen nach dem alten Gallien auch genannt werden. Man müßte also in freier Übertragung etwa so sagen:

Napoleon ist mit Hähnen an die Adria gekommen
Beim Abzug hat er vier Pferde mitgenommen.

Das Revolutionsjahr 1848 brachte auch nach Venedig eine Brise Freiheitsluft. Daniele Manin rief zum Aufstand, stellte sich an die Spitze des Volkes, ließ das Arsenal besetzen und zwang den Stadtkommandanten zur Übergabe. Manin wurde Präsident der Republik von San Marco. Siebzehn Monate blieb Venedig frei, doch am 30. August 1849 zog Radetzky nach einer langen Belagerung in die Lagunenstadt ein.

Die Stimmung gegen die österreichische Herrschaft kam auch sehr deutlich zum Ausdruck, als der junge Kaiser Franz Joseph I. im Spätherbst des Jahres 1856 Venedig einen offiziellen Besuch abstattete – wohlweislich in Begleitung seiner bildhübschen Frau. „Politik des Liebreizes“, so überschrieb Egon Caesar Conte Corti dieses Kapitel in seiner „Elisabeth“-Biographie: „Die Behörden haben alles getan, was in ihrer Macht stand, um eine möglichst glänzende Aufnahme vorzutäuschen. Der Empfang schien ganz zufriedenstellend und prächtig, wenn nicht das Kaiserpaar, als es auf der Piazzetta landete, unter eisigem Schweigen der Kopf an Kopf dicht gedrängten Menge zur Markuskirche hinübergehen müßte. Kein einziges Evviva, nur Hoch und Hurras aus dem Munde heimischer Beamter oder Offiziere... Das Kaiserpaar ergeht sich oft in den Straßen Venedigs, aber zu Anfang wird jeder geringste vereinzelte Versuch, mit Hochrufen zu grüßen, von den Umstehenden sofort unterdrückt. Die Massen verharren in vorbedachtem Schweigen. Am meisten halten sich die großen Adelsfamilien der Stadt fern. Am 29. November gibt das Kaiserpaar einen Empfang. Dabei zeigt es sich, daß die Pisani, Dolfin, Giustinian und viele andere fehlen. Von 130 Patriziern erscheinen nur 30, um dem Kaiser ihren Respekt zu bezeigen. Die Damen kommen zahlreicher, aber sie werden lange an dieses Fest denken. Die schönen Frauen mit den großen historischen Namen sind gezwungen, nach dem Aussteigen aus den Gondeln, in ihren prachtvollen Hoftoiletten noch zweihundert Meter durch dichtgedrängte Massen Volkes zu gehen, bevor sie die Tore des Palastes erreichen. Dabei bekommen sie die bittersten Schimpfworte und Beleidigungen zu hören. Elisabeth bleibt das alles nicht verborgen... Für ihre Frauenschönheit aber sind die Venezianer trotz aller politischen Einstellung nicht unempfindlich."

Conte Corti berichtet, daß nach einer politischen Amnestie die Lage wirklich besser wurde und kleine Vorfälle wesentlich zu einer freundlicheren Atmosphäre beitrugen. So sei ein ehemaliger Offizier, der wegen aktiver Teilnahme an der Revolution seine Pension verloren hatte, an den Kaiser herangetreten. Franz Joseph wollte den Mann auf den Dienstweg verweisen. Als der Offizier drängte, meinte der Monarch schließlich: „Kommen Sie einmal zu mir ins Schloß." „Da wird man mich wieder nicht hineinlassen", sei die Antwort gewesen, worauf Elisabeth spontan dem Kaiser gesagt habe: „Gib dem Mann doch einen Deiner Handschuhe, dann werden wir Befehl geben, dessen Besitzer hereinzulassen." So geschah es auch, und der alte Offizier erhielt seine Pension wieder.

Der britische Generalkonsul, der die Situation genau beobachtete, vermerkte kühl in seinem Tagebuch, daß dieser Umschwung der Gefühle allein dem Charme und dem Liebreiz der Kaiserin zuzuschreiben, aber völlig unabhängig von der Politik sei.

Nun, schon zehn Jahre später, 1866, mußte Österreich Venedig dem neuen Nationalstaat, dem Königreich Italien überlassen. Am 7. November 1866 hielt König Viktor Emmanuel seinen feierlichen

Einzug in Venedig. Ein Plebiszit, also eine Volksabstimmung, hatte am 27. Oktober 1866 dafür die Voraussetzung geschaffen. Eine Bronzetafel in einem der Gänge der Amtsräume im Palazzo Ducale erinnert an dieses Ereignis und gibt auch die Stimmergebnisse an. Da heißt es, Venedig stimme für den Beitritt in die konstitutionelle Monarchie des Königs Vittorio Emanuele und seine Nachfolger, mit Ja 641.758, mit Nein 69, ungültige Stimmen 273.

Der Dichter Franz Grillparzer sagte: „Man möchte weinen, wenn man die Namen hört und die Reste sieht." Doch Venedig lebt von diesen Resten. Und es lebt nicht schlecht.

Es ist schon mehr als drei Jahrzehnte her, da versicherte mir in einer etwas feucht geratenen Runde in einem venezianischen Fischrestaurant ein alter Herr, in Wirklichkeit sei es gar nicht so schlimm gewesen mit den Österreichern. Lächelnd erzählte er mir, wie es zu Hause oft Streit gegeben habe, weil Papa ein unbedingter Anhänger der österreichischen Bürokratie, Mama aber eine glühende italienische Nationalistin gewesen sei. Im Gespräch stellte sich heraus, daß einer der Gäste mit einer Wienerin verheiratet war und die Großmutter eines anderen gleichfalls aus Österreich stammte. So ganz kann also Venedig seine kaiserlich-königliche habsburgische Vergangenheit bis heute nicht leugnen. Und erst jüngst hatte mir ein Venezianer beteuert, man wolle dies ja gar nicht, denn die Eisenbahnbrücke zum Festland, die Venedig mit der Terra Ferma verbindet, sei immerhin ein unauslöschliches Zeichen österreichischer Herrschaft, oder beispielsweise der Erweiterungsbau der Akademie, die die großartigste Gemäldesammlung der Stadt beherbergt. Diese Erinnerung an die österreichische Bürokratie scheint mir geradezu verklärt. Ich entgegnete ihm, daß auch heute noch in Wien die Ministerien existieren, die einst das Riesenreich Österreich-Ungarn verwalteten, daß dazu noch eine ganze Reihe neuer Tintenburgen emporgewachsen sind und diese Bürokratie nun statt dem Vielvölkerstaat ein kleines Acht-Millionen-Land verwaltet. „Das ist zuviel der Bürokratie" mußte selbst der Bewunderer österreichischer Regierungs- und Verwaltungskunst zugeben.

Auch für Ehebrecher und Astronomen

DER CAMPANILE

...sie sah vor sich die märchenhafte Kirche, die Kuppeln, die ehernen Pferde hoch oben, die durchsichtigen, steinernen Gehäuse, in denen Gestalten standen, die goldenen Tore, das Innere geheimnisvoll leuchtend, und sie fragte immer wieder: „Ist dies wirklich? Kann dies wirklich sein?"

Hugo von Hofmannsthal, Erinnerung schöner Tage

Wie ein einzigartiger Diamant in der Mitte eines Schmuckstückes drückt der Palazzo Ducale alles übrige in den Hintergrund. Eine derartige Baukunst hat man sonst noch nirgends gesehen, alles daran ist neu, man fühlt sich vom Hergebrachten erlöst, man begreift, daß es jenseits der klassischen und gotischen Formen eine ganze Welt gibt, daß die menschliche Erfindung ohne Grenzen ist, daß sie gleich der Natur alle Regeln vergewaltigen und ein vollkommenes Werk nach einem Modell hervorbringen kann, welches allen denen widerspricht, an die man ihr sich zu halten rät.

Hippolyte Taine, Reise in Italien

Ich stand auf der Aussichtsplattform des Campanile. Mit seinen 98,60 Meter Höhe ist der Campanile das höchste Bauwerk Venedigs. Der ursprüngliche Glockenturm war in den Jahren 888 bis 912 erbaut worden; am 14. Juli 1902, morgens um 9.55 Uhr, fiel der Campanile plötzlich in sich zusammen; durch Ratsbeschluß desselben Tages wurde er an derselben Stelle in derselben Form wiedererrichtet.

Die weltbekannte Zeitung „The Times" berichtete in ihrer Ausgabe vom Freitag, 15. Juli 1902: „Der große Glockenturm, der Campanile von San Marco, der sich so stolz über der herrlichen Stadt erhob und jahrhundertelang das erste Bauwerk war, das die Besucher – ob sie vom Land oder vom Meer her kamen – erblickten, ist zusammengebrochen. Am Samstag zeigte sich ein Riß in der Nordseite; jede Volksansammlung in der Nähe des Turms wurde verboten, und es wurde bekanntgegeben, daß mit den nötigen Reparaturen ohne Verzug begonnen werden würde. Doch gestern morgen stürzte auf einmal die ganze gigantische Masse ein. Die Grundfesten hatten nachgegeben, und das Gebäude fiel in sich zusammen. Und daß es in sich selbst zusammenfiel, bleibt der einzige Trost. Die Markuskirche ist unbeschädigt, der Dogenpalast ist unbeschädigt, und nur eine Ecke des architektonisch nicht allzu bedeutenden königlichen Palastes hat Schaden gelitten. Niemand ist verletzt worden – kein Todesfall ist zu beklagen: ein Verdienst des Polizeipräfekten und der Polizeibehörden, die alle Vorsichtsmaßnahmen rechtzeitig getroffen hatten. So ist der Campanile nicht wie ein morscher Baum gefallen, der während des Falles alles zerstört ..."

Die Frau des Turmwächters war, obwohl sich überall schon Risse zeigten, in ihrer Stube beim Bügeln. Man konnte sie gerade noch herausholen. Sie nahm ihre Katze mit, die sich jedoch losriß und zurück in den Turm flüchtete, der nun zusammenbrach. Sie war das einzige Todesopfer. Die Wächtersfrau hatte gerade sechs Hemden gebügelt, die im Schutt gefunden wurden; als man am 25. April 1912 den wiedererrichteten Turm einweihte, durften sechs Ehrengäste die frisch gewaschenen und geplätteten Hemden tragen.

Doch, so heißt es, gab es noch ein Opfer: Ein Fischer, bekannt als gewaltiger Trinker, der sein Boot bei der Heimfahrt immer nach der Turmspitze navigierte, fand diese nicht mehr. Er war verzweifelt und geistig verstört, weil er glaubte, nun endgültig den ihm schon mehrmals angedrohten Geistesverlust durch den Alkohol erlegen zu sein. Er kam in die auf einer Insel liegende Irrenanstalt.

Ursprünglich diente der Campanile als Leuchtturm, deshalb war seine Spitze auch mit Goldplatten versehen, um die Sonnenstrahlen zu reflektieren, während in der Nacht in der Höhe der Glocken ein Feuer entzündet wurde. Heute führt ein Aufzug nach oben, früher einmal gab es nur den spiralförmigen stufenlosen Weg, den der deutsche Kaiser Friedrich III. im Jahre 1452 benützte, um mit seinem Pferd stolz bis unter den Glockenstuhl des Turmes zu reiten.

Die Glocken des Campanile gaben der Stadt ihren Rhythmus. Die „Marangona", die Hauptglocke, die übrigens beim Einsturz des Turmes als einzige unbeschädigt blieb, rief zur Arbeit, die „Mezza Terza" gab die Zusammenkünfte des Senats bekannt, die „Nona" schlug die Mittagszeit, die „Trottera" rief die Adeligen zu einer Sitzung des Großen Rates, und die kleinste Glocke, die „Maleficio" hatte die traurige Aufgabe, während einer Hinrichtung zu schlagen.

An der Außenwand des Campanile gab es in früheren Jahrhunderten einen Balken, an dem die „Cheba“, ein Käfig, hing, in welchem ein Missetäter, der schändliches Benehmen an den Tag gelegt hatte, auf halbe Höhe gezogen wurde, wo man ihn bei jeder Witterung für die ihm bestimmte Zeit hängen ließ. Manchmal sogar bis zum Hungertode. Schließlich wurde der Käfig auch für Ehebrecher bestimmt. 1518 war er plötzlich verschwunden. Denkt man an Goldoni, der spöttisch gesagt hatte: „Hätte ich etwas zu befehlen, so müßten alle ungetreuen Liebhaber einen Zweig in Händen halten – seien Sie versichert, Venedig würde zum Wald“, so versteht man, daß dieser armselige Käfig nicht mehr genügen konnte. 1609 sah der Campanile noch ein besonderes Ereignis, denn da zeigte Galileo Galilei dem Dogen und den Nobili im Glockenturm das Teleskop, seine neueste Erfindung.

Der Blick vom Campanile bietet ein traumhaftes Bild: Der Raum weitet sich bis zur Alpenkette und der Unendlichkeit des Meeres, der Blick aber bleibt an der Stadt selbst hängen, an der s-förmigen Krümmung des Canal Grande, an dem Farbenspiel der eigenartigen halbrunden Dachziegel, in den verschiedensten Schattierungen vom Schwarzrot bis zum hellen Rot, unterbrochen von den bunten Tupfen der Dachgärten und dem im Sonnenstrahl silbern schimmernden Aderngewirr der Kanäle. Grün lackierte Fensterläden, verblichene Hausfassaden und die Vielzahl der Kirchtürme beleben diese Szenerie. Direkt unter mir lag der Markusplatz, dieses eigenartige Trapez, mit den Prokuratien, gegenüber der Uhrturm und die Markuskirche mit ihren Kuppeln und Spitzen. Die Menschen, ein Ameisengewimmel, lösten die Geometrie des Platzes auf. Der Blick fiel auf den Dogenpalast, dessen Ausmaße von hier oben erst so richtig zu erkennen sind. Und dann schließlich die Lagune, zuvorderst die Inseln San Giorgio und die Giudecca. Am Horizont zogen Fischerboote dahin, ein Lotsenboot war vor einen Ozeanriesen gespannt, ein Anblick wie David und Goliath.

Wandlungsfähig wie eine Theaterbühne wechselt der Markusplatz sein Gesicht. In der Hochsaison der prallen Sonne ausgesetzt, ständiger Treffpunkt tausender Menschen, im Winter tagelang Schlittschuhplatz der Kinder, immer wieder von Hochwassern überflutet, mit schmalen Holzstegen für die Passanten – und jedesmal gleich wirksam. Ich sah den Platz auch an einem diesigen Wintertag. Es

Spiegelbild des Domes San Marco. Acqua alta, also Hochwasser, droht mit ersten Wasserlacken aus den Kanälen.

Gondeln vor San Marco – mit dem Blick auf den alten Zollplatz Punta Dogana und die Chiesa Maria della Salute.

Links oben: Die Pest-Kirche Redentore auf der Insel Giudecca.

Links unten: Kleinod im Becken von San Marco: Die Isola San Giorgio mit der Kirche San Giorgio Maggiore.

Säule des heiligen Theodor am Molo von San Marco.

nieselte leicht, doch die Tauben gingen wie eh und je spazieren, wenn sich ihre Zahl auch sichtlich verringert hatte – aber es gab ja auch weniger Menschen, die sie fütterten. Dennoch hatten sich zwei oder drei unverdrossene Händler mit Taubenfutter eingefunden, die sich allerdings unter die Arkaden geflüchtet hatten. Einsam stand ein Fotograf mit seinem altmodischen Holzstativ vor den Fahnenmasten der Markuskirche, in der Erwartung, daß sich vielleicht doch ein Fremder hierher verirre. Auf mich wirkte der Platz noch eindringlicher, als wenn er voller Menschen war. Er wirkte eben durch seine Leere, eine unendliche Leere, die die strengen Fassaden überdeutlich hervortreten ließ, um auf die Markuskirche hinzuweisen. Und der Campanile ist sozusagen das Pünktchen auf dem „i". Durch diese Nadel, die himmelwärts strebt, wird der Platz zur Einheit. Fehlte der Turm, würde der Platz weitaus weniger wirken. An die Mauern des Campanile waren Stöße von Brettern und Böcken geschichtet, um rasch Notbrücken schlagen zu können, damit bei einem plötzlichen Steigen der Flut der Platz noch halbwegs trockenen Fußes überquert werden kann.

An einem fröstelnden Winterabend stand ich allein auf diesem Platz. Eintönig fiel der Regen nieder, der die Markuskirche nur als Schemen erkennen ließ, der Campanile verschwand im Nebel – und die Arkadenbögen waren hell erleuchtet. Sie spiegelten sich im nassen Pflaster des Platzes. Von der Lagunenseite her hörte ich das harte Schlagen der Wellen an die Mauern der Mole. Pausenlos wiederholt sich bei Flut dieses An-die-Steine-Schlagen. Da erst weiß man plötzlich, was die Mauern dieser Stadt im Laufe von Jahrhunderten auszuhalten hatten. Hurtig aber füllt sich der Platz, wenn ein Schiff anlegt, das vielleicht vom Lido herüberkommt, oder wenn die Büros und die Geschäfte schließen und die Angestellten zur Schiffsstation eilen. Wie es aber etwas aufklart, ist der Platz stets voller Menschen, die hier so wie schon vor Jahrhunderten promenieren.

Aus dem Jahre 1500 existiert eine höchst bedeutende Ansicht von Jacopo de' Barbari, die uns Venedig zeigt in einer Ausdehnung, wie wir sie auch heute kennen. Jacopo de' Barbari ist eine legendäre Gestalt, denn wir wissen kaum etwas über sein Leben und Schaffen, doch sein großartiger, höchst penibler, topografischer Kupferstich, der die Stadt aus der Vogelperspektive zeigt, ist wohl auch heute noch die bedeutendste Ansicht, die auch immer wieder als

Quelle für Studien herangezogen wird. Die frühesten Campanili waren Wach- und Verteidigungstürme. Daher waren sie wohl auch stets ein wenig von den Kirchen weggerückt. Später erhielt jede Kirche, oder fast jede, ihren eigenen Campanile, deren Zahl mit der Zunahme der Pfarreien naturgemäß stieg. Auf der Venediganansicht von Jacopo de' Barbari sind 103 Glockentürme abgebildet – davon sind nur mehr fünfzig erhalten.

Vom Gemüsegarten zum Salon

PIAZZA SAN MARCO

An dem sonnigen Septembervormittag, an dem ich die Freude hatte, die Tauben von San Marco zu beobachten, waren dort ihrer dreißigtausendsechshundertundvierzig versammelt, ein paar Sonderlinge, die auf der Piazzetta spazierengingen, nicht mitgerechnet. Plötzlich flogen alle mitsammen auf und flatterten in großen schiefen Ellipsen stürmisch rauschend über den Platz. Und als sie zu Boden gingen, ein gewaltiger weicher Wirbel von Blau und Weiß und Grau, war es, als ob sie aus der Luft geschüttet würden, so dicht fielen und lagen sie zuhauf übereinander ... Der Photograph von San Marco bringt das Paradiesische der Gruppe Mensch und Tier zustande. Er schüttet dem Individuum, das sich, einen Ausdruck unbeschreiblich blöder Süßigkeit im Antlitz, seiner Platte stellt, Taubenfutter ins Haar. Die guten Tiere gehen auf den Vorschlag ein ... und holen sich Körner aus der Frisur. Es ist Fraß und sieht aus wie Idyll.

Alfred Polgar, Im Lauf der Zeit

Die Tauben auf der Piazza sind eine Plage – aber auch ein Symbol Venedigs. Nach der Unterwerfung des vorliegenden Festlandes wurden die einzelnen Städte der Terra Ferma verpflichtet, dem Dogen als Zeichen der Untertänigkeit jährlich ein Taubenpärchen zu überreichen. Der Doge ließ die Tauben dann von seinem Palast aus frei. So sagt man. Um die Tauben ranken sich jedoch noch mehr Geschichten. Einem mittelalterlichen liturgischen Brauch zufolge gab der Doge am Palmsonntag im Atrium der Basilika einer großen Taubenschar die Freiheit, vielleicht als Erinnerung an die Taube, die Noah das Ende der Sintflut angezeigt hatte. Eine andere Legende erzählt, die Tauben seien die direkten Nachkommen jener aus der Stadt Altinum, die mit den Bewohnern vor den Barbaren auf die Sumpfinsel flüchteten und in ihren Schnäbeln noch die neugeborenen, federlosen Kleinen durch die Lüfte trugen. Einer anderen Version zufolge habe die Stadt diese kleinen Tiere adoptiert, weil sie die ersten Boten waren, die im Jahr 1204 der Lagunenstadt den Erfolg Enrico Dandolos über Byzanz meldeten. Wie immer es auch gewesen sein mag, die Tauben sind ein Bestandteil dieser Stadt. Und die Visitenkarte des letzten Dogen zierte ein zärtlich schnäbelndes Taubenpaar. Sie haben auch unauslöschlich ihre Zeichen hinterlassen: Es gibt keine Statue, kein Gesims, keine Stufe und dergleichen mehr ohne den „Ordensschmuck“ der Tauben. Die Stadtverwaltung versucht, die Zahl der Tauben zu verringern und besonders gefährdete Bauwerke durch Drahtnetze oder durch Metallspitzen auf Kapitellen und Mauervorsprüngen zu schützen. Doch die Tauben gehören zu Venedig, und die Futterverkäufer sind mit Konzessionen versehen. Da erzählte mir so ein verhutzeltes Weiblein, sie führe ihren Futterstand nun schon in dritter Generation, weil die städtische Bewilligung vererblich sei.

Der Markusplatz ist der einzige Platz Venedigs: *die* Piazza. Die Piazzetta, der kleine Platz, war der Prachteingang der Stadt, denn man darf nicht vergessen, daß früher einmal der Reisende mit dem Schiff eben an der Mole von San Marco angekommen ist. Heute gibt es noch als Endstation der Straßenbrücke den Piazzale Roma, was zwar auch Platz heißt, aber eben nicht die Piazza ist. Alle anderen Plätze, so groß sie auch sein mögen, werden Campo – Feld oder auch Platz – oder aber Campiello, was soviel wie Plätzchen bedeutet, genannt.

In den Anfängen von Rivus Altus erstreckte sich auf dem Terrain des heutigen Markusplatzes, durchzogen von Kanälen und Teichen, der baumbewachsene „Brolo“, der Nutzgarten der Nonnen des nahen Klosters von San Zaccaria. Bei der Verlegung des Dogensitzes nach Rialto, also Anfang des 9. Jahrhunderts, errichteten die Dogen ihren Regierungssitz mit der Erlaubnis der Äbtissin dort, wo auch heute noch der Dogenpalast steht. Das Kloster San Zaccaria erhielt dafür das Vorrecht, den Dogenhut zu besticken. Dieser Dogenhut hatte die Form eines Hornes, was als Symbol der Macht galt. Die Äbtissin durfte bei ihren alljährlichen Höflichkeitsbesuchen dem Dogen einen neuen Hut überreichen. Die Klosterfrauen hatten ein schlechtes Geschäft gemacht. Zuerst hatte man sie gebeten, ein Stückchen ihres Gartens für den Wohnsitz des Dogen und eine kleine Kapelle daneben herzugeben. Als fromme Frauen konnten sie nicht nein sagen, und so mußten sie nun Stück für Stück abtreten. Der Doge Sebastiano Ziani ließ in seiner Regierungszeit, 1172–1178, den Platz durch die Zuschüttung eines Kanales erweitern; auf der linken Seite wurden schließlich die Prokuratien, die Wohnsitze der

Prokuratoren von San Marco, errichtet. Zwischen 1500 und 1600 nahmen der Markusplatz und die Piazzetta ihre endgültige Form an. Das letzte Stückchen des Klostergartens verschwand, als 1495 der Markusplatz gepflastert wurde. Es entstanden der Uhrturm, die Zecca – die venezianische Münze – und die Bücherei gegenüber dem Dogenpalast, die Neuen Prokuratien, parallel den Alten, als Seitenbegrenzung des Platzes, und so blieb die Piazza, bis Napoleon den sogenannten Napoleonischen Flügel als würdigen Abschluß errichten ließ. Parallel ist allerdings ein vager Begriff, denn dieser Stadt fehlt bekanntlich die Symmetrie. Dies liegt nicht nur an der geistigen Einstellung der Bauherren, die als wendige Geister alles scheuten, was nach einem gewissen Zwang aussah, sondern hauptsächlich wohl an den geographischen und geologischen Gegebenheiten. Überall kleine Inseln, durchfurcht von Kanälen, mit mehr oder weniger sumpfigem Grund, der den Bewohnern seine Baugesetze vorzeichnete. Dort, wo die Pfähle, die man in den Boden rammte, schließlich doch festsaßen, wurde ein Gebäude errichtet. Wo das gar nicht möglich war, mußte man entweder die Wasserfläche belassen oder konnte nur einen leichteren Bau, vielleicht sogar einen Platz planen.

Der Markusplatz ist trapezartig angelegt, mit rund 175 Meter Länge und einer Breite von etwa 56 Meter an dem einen und 72 Meter an dem anderen Ende, die Piazzetta ist 91 Meter lang und an ihren Enden 41 und 49 Meter breit. Eigenartig ist die Verschmelzung der Baustile. Der Platz wirkt als Einheit, obwohl die einzelnen Elemente verschiedenen Epochen zuzuzählen sind. Die Markuskirche ist byzantinisch mit gotischem Einschlag, der Dogenpalast ist spätgotisch, die Alten Prokuratien gehören der frühen Renaissance, die Neuen der Hochrenaissance und der Napoleonische Flügel dem Klassizismus an.

Der Uhrturm, Orologio, an der Wende vom 15. zum 16. Jahrhundert von der Werkstatt Pietro Lombardos erbaut, schlägt seither durch die Jahrhunderte den langsamen Verfall Venedigs. Der Mechanismus galt seinerzeit als Wunderwerk: Auf der oberen Terrasse die große Glocke, die stündlich von zwei bronzenen Riesenmohren geschlagen wird, auf der Vorderseite das Ziffernblatt, das nicht nur die Stunden anzeigt, sondern auch die Phasen des Mondweges und die Bewegung der Sonne in Verbindung mit den Tierkreiszeichen. Am Himmelfahrts- und Dreikönigstag schreiten bei jedem Glockenläuten die Figuren der Heiligen Drei Könige, denen der Verkündigungsengel voranschwebt, an der Madonna mit dem Kindlein vorbei.

Für aufmerksame Besucher: Ein roter Stein an der sechzehnten Arkade der Neuen Prokuratien und eine Inschrift im Pflaster zeigen die Stelle an, wo einst der Kanal zugeschüttet wurde, um die Piazza zu erweitern. Damals mußte die erste Kirche San Geminiano am Ufer des Kanals abgetragen werden.

Wenn man, vom Markusplatz kommend, unter dem Uhrturm hindurchgeht, erreicht man mit wenigen Schritten die Mercerie, die Hauptgeschäftsstraße der Stadt, die sich bis zur Rialtobrücke schlängelt. Gleich nach dem Uhrturm linker Hand, in der Höhe des ersten Stockes, zeigt ein taubenbekleckertes Basrelief eine Alte, die einen Mörser herunterwirft. Das ist Giustina Rossi, die der Überlieferung nach bei einem Aufstand am 15. Juni 1310 neugierig aus dem Fenster blickte. Als sie die Schar der Bewaffneten sah, ließ sie voller Schrecken ihren großen Gewürzmörser fallen. Ausgerechnet dem Fahnenträger fiel das eiserne Geschoß auf den Kopf. Als die Verschwörer die Fahne sinken sahen, ergriffen sie die Flucht. Dafür erhielt Signora Rossi für sich und ihre Nachkommen „ewige" Mietsfreiheit und von der Regierung das Recht verliehen, an jedem Jahrestag eine Standarte mit dem Markuslöwen zu hissen.

Die Wandelgänge unter den Arkaden bieten den Genuß, Auslagen voller Kostbarkeiten zu betrachten. Typisch venezianische Erzeugnisse sind hier zu finden, Spitzen und Stickereien, Glas aus Murano, in den Juwelierläden Filigranschmuck und immer wieder in verschiedenen Größen und verschiedener Form die Mohren von Venedig. Obwohl Shakespeare selbst nie in Venedig war, bevorzugte er diese Stadt als Handlungsort; selbstverständlich gibt es die Casa di Otello, das Haus des Othello, das den Fremden auf dem Campo dei Carmini gezeigt wird, und die Casa di Desdemona, ein kleines Haus aus der Gotik, ein Juwel der Baukunst nahe der Salute-Kirche am Canal Grande. Beide Zuschreibungen sind in keiner Weise fundiert. Doch was macht das schon! Der Venezianer ist stolz darauf, und der Fremde erleidet keinerlei Schaden. Waren es nicht diese Häuser, dann waren es eben andere – sie könnten es aber genausogut gewesen sein.

Verweilen wir noch ein wenig auf dem Markusplatz. Abwechselnd spielen in der Saison die Konzertkapellen der Cafés, die einen Besuch wert sind, denn in ihrem veralteten Prunk – sie sind mit Darstellungen aus dem venezianischen Leben ausgestattet – geben sie dem Besucher auch heute noch einen Hauch der großen Welt, die hier einst ihren Treffpunkt hatte. Doch dieser „Hauch" hat seinen Preis, das merken Sie spätestens bei der Rechnungslegung.

Dem Campanile vorgelagert ist die Loggetta, vom berühmten Bildhauer und Architekten des Staates, Jacopo Sansovino, der auch die Münze und die Bibliothek erbaut hat, in der Mitte des 16. Jahrhunderts errichtet. Zuerst diente diese kleine Halle der Versammlung der Nobili, bevor sie zu den Sitzungen des Großen Rates gingen; vom Ende des 16. Jahrhunderts an war die Loggetta Wachlokal des Prokurators und seiner Garde zum Schutz des Großen Rates. Beim Einsturz des Campanile wurde auch die Loggetta zertrümmert, aber plangetreu wieder aufgebaut.

Steht man vor der Loggetta, fällt der Blick unweigerlich auf die Südfassade von San Marco, vor allem auf die vierkantigen Pfeiler aus Ptolemais, syrische Kunst des 6. Jahrhunderts, und Trophäen des Sieges über die Genueser in Palästina in der Mitte des 13. Jahrhunderts. Gleich daneben, in das Fassadeneck gemauert, steht die weltberühmte Tetrachengruppe aus Porphyr, syro-ägyptische Kunst des 4. Jahrhunderts. Angeblich stellt die Gruppe die Kaiser Diokletian, Maximian, Valerian und Constantius dar, im Volksmund wird sie nur die „vier Mohren" genannt. Diese Figuren aus Purpurstein kamen 1291 aus der von den Sarazenen zerstörten Stadt Acri. Als Mitbringsel, versteht sich. Die Wissenschaftler waren sich lange Zeit nicht einig über die Frage, woher diese Beute stammt. Die Legende erzählt, die Figuren seien an diese Wand gestellt worden, um an die vier Diebe zu erinnern, die versucht hatten, den hinter dieser Mauer liegenden Schatz von San Marco zu rauben. Der Beutezug sei zwar gelungen, doch hätten die Diebe sofort zu streiten begonnen; zwei starben an Schwertstreichen und zwei vergifteten einander. Ein Sprichwort, das unterhalb der „Mohren" in die Fassade gemeißelt ist, erklärt: „L'om po far e die inpesar – e vaga quello che li po incontar." Das bedeutet soviel wie: Der Mensch kann Pläne schmieden und nach seinem Willen handeln, doch er soll auch die Konsequenzen bedenken.

Jeden Abend leuchten hoch oben an der Südfassade der Kirche zwei Laternen vor dem Mosaikfeld einer byzantinischen Madonna. Diese Ampeln gehen auf eine testamentarische Verfügung zurück, doch hier in Venedig, wo die Legenden wuchern, war diese Erklärung zu prosaisch. Das Volk bezeichnet das Mosaik daher als „Madonna des armen Bäckers". 1507, so will die Legende wissen, sei der Bäcker Pietro Faziol eines Mordes wegen zum Tode verurteilt worden, den er nicht begangen habe. Er sei frühmorgens von seiner Arbeit nach Hause gegangen und habe einen Toten auf der Gasse gefunden. Gleich daneben sei eine Messerscheide gelegen, die er an sich genommen habe. Dieses kleine Beweisstück soll ihn dem Henker überantwortet haben. Nach der Vollstreckung des Todesurteiles legte angeblich der tatsächliche Mörder ein Geständnis ab. Zur Erinnerung an dieses Fehlurteil sollen also diese Laternen brennen, und die Madonna soll Verbrechern ein letzter Zuspruch gewesen sein, wenn sie zur Richtstätte geführt wurden.

Kleinodien blühender Phantasie

RUND UM DEN MARKUSPLATZ

Ich habe überhaupt in etlichen Jahren meines Aufenthaltes in Italien eine fast tägliche Erfahrung, wie sonderlich junge Reisende von blinden Führern geleitet werden und wie nüchtern sie über die Meisterstücke der Kunst hinflattern.

Winckelmann, Erinnerung über die Betrachtung der alten Kunst

Von den beamteten Fremdenführern mit ihren stereotypen „Schauen Sie links, schauen Sie rechts", erfährt der Reisende eine Flut von Jahreszahlen, Namen und Daten, die wie ein Wasserfall an ihm vorüberrauschen und denen er nach wenigen Minuten nicht mehr zu folgen vermag. Das Fluidum einer Stadt ist auf diese Art nicht einzufangen. O doch, es gibt auch Begleiter, die es verstehen, die Stadt lebendig werden zu lassen; dann hat man Glück gehabt. Aber am besten ist es doch, diesem Fluidum selbst nachzugehen und es zu entdecken. In der Geschichte von den Geschichten, in der Beziehung zu den Bewohnern, im Abenteuer des Umherirrens, im stummen Betrachten der Kunstwerke, in der Unterdrückung des Vorurteils und in der Bereitschaft des Herzens, das Fremde zu erleben, mitzuleben. Wer nur die Schäden an den Fassaden sieht, den Gestank der Kanäle riecht, sich an den Schmutz der Abwässer stößt und ohnehin schon alles weiß, der sollte wohl besser zu Hause bleiben. Ich liebe das Abenteuer der Fremde, das unbeschwerte Sich-Hingeben an eine Stadt, ohne Vorurteil zu nehmen, was sie gibt, auf der Suche nach den kleinen Dingen am Rande, die, gleich einem Mosaik zusammengesetzt, den Eindruck des Ganzen geben.

Dazu gehören auch die Kuriositäten, jene Legenden, an denen Venedig so reich ist, Blitzlichter am Rand der Geschichte. Und der Markusplatz hat deren viele zu erzählen, Kleinodien einer blühenden Phantasie, verquickt mit augenscheinlichen Tatsachen.

In dem Fußboden des Atriums vor dem Haupteingang in die Basilika ist eine Steinplatte mit einer roten Raute in der Mitte eingelassen, die den Platz anzeigt, an dem sich Papst Alexander III. und Kaiser Barbarossa am 23. Juli 1177 versöhnten. In der Taufkapelle wiederum gibt es einen rotbefleckten Stein, von dem die Legende sagt, auf ihm sei Johannes der Täufer enthauptet worden. Ein Relief mit der Madonna und dem Kinde in der Zeno-Kapelle der Markuskirche soll aus jenem Stein gehauen worden sein, den Moses berührte, auf daß Wasser herausfließe und die Juden labe. Auf dem linken Seitenaltar befindet sich die sogenannte Madonna Nicopeia, die der Legende nach von dem Evangelisten Lukas gemalt wurde. An der Grenze zwischen Piazza und Piazzetta steht an der Südfassade der Kirche ein Granitsockel. Von hier aus wurden die öffentlichen Kundmachungen verlesen. Und die Verwerfung des Mosaikbodens von San Marco ist natürlich nicht auf Senkungen und Hochwasser zurückzuführen, sondern auf die Besetzung der Stadt durch Napoleon, denn damals habe sich dieser Boden aus Zorn und Scham, erstmals von Feindesfuß betreten worden zu sein, zusammengekrümmt.

Am Molo von San Marco – die Grenze zwischen Ende und Unendlichkeit, wie ein Dichter einmal sagte – erheben sich zwei riesenhafte Säulen. Von weitem, vom Dampfer her schon als Willkomm sichtbar, sind sie gleichsam die Triumphpforte der Lagunenstadt. Es sind die Säulen des heiligen Markus und des heiligen Theodor, der beiden Schutzpatrone; Säulen aus orientalischem roten und grauen Granit. Der Löwe, der die eine Säule krönt, ist in Wirklichkeit eine geflügelte Chimäre aus Bronze, eine persische Arbeit, und die Statue des heiligen Theodor, der den Drachen durchbohrt, das Kopfbildnis eines römischen Kaisers, das auf den Körper eines heiligen Georg aufgesetzt wurde. Eine Besonderheit, die nur dem genauen Betrachter auffällt: Der dünnere Säulenschaft trägt das größere und der dickere das kleinere Kapitell. Solche Umkehrungen, auf denen der Dogenpalast beruht, sind symbolhaft für die paradoxe Baustruktur der ganzen Stadt. Ursprünglich waren es angeblich drei Säulen, die der Doge Michiel im 12. Jahrhundert aus dem Orient mitbrachte, doch eine fiel beim Entladen aus dem Schiff in das Markusbecken und konnte nicht geborgen werden. Jahrzehntelang lagen dann die beiden anderen Säulen herum, denn für die Markuskirche waren sie zu groß. 1172 fand sich ein Architekt, der das Wagnis auf sich nahm, die gewaltigen Säulen dort, wo sie entladen worden waren, aufzustellen. Als Honorar begehrte er das Recht, zwischen den Säulen einen Glücksspieltisch aufzustellen und Bank halten zu dürfen. Es war das erste Spielkasino der Stadt – unter freiem Himmel. Nun wirken Markusplatz und Piazzetta als Raum, als verschwenderisch ausgestattete Ballsäle, und Napoleon wird das Wort zugeschrieben vom „schönsten Salon Europas, dem als Decke zu dienen nur der Himmel würdig ist". Doch der Platz zwischen den beiden Säulen diente nicht nur dem Glücksspiel, er wurde durch einen Erlaß des Dogen Andrea Gritti zur Hinrichtungsstätte der Republik. Hunderte von Todesurteilen – meist durch Erhängen oder Köpfen – sind zwischen den Säulen vollstreckt worden. Oftmals, bei Schwerverbrechern, war eine Folterung vorausgegangen oder der Hinrichtung als Abschreckung noch die Vierteilung gefolgt. Besonders streng wurden Verbrechen gegen den Staat bestraft. 1405 zum Beispiel wurden zwischen den Säulen drei Verräter lebend eingegraben, mit dem Kopf nach unten, daß nur die Füße aus dem Boden hervorschauten. Heute noch sollen sich viele Venezianer scheuen, zwischen den beiden Säulen hindurchzugehen. So hat also das Gruseln Jahrhunderte überdauert.

Von der Galerie vom ersten Stock des Dogenpalastes her sind die Todesurteile verkündet worden. Die neunte und zehnte Säule – vom Dom aus gesehen – sind in Rot gehalten, in einem leichten, etwas ausgewaschenen marmornen Rot, dieselbe Farbe trägt auch die Balustrade zwischen den beiden Säulen, und eben dies war der Platz, wo die Urteile verlesen wurden.

Das Zentrum der Macht: Dogenpalast und Markuskirche.

Der teuerste Staatspensionär

IM PALAZZO DUCALE

Der Doge ist ein gar schön gewachsener und schön gebildeter Mann. Man sieht ihm aber an, daß er krank ist und sich nur noch so um der Würde willen unter dem schweren Rocke geradehält, sonst sieht er eben aus wie der Großpapa vom ganzen Geschlechte und ist gar hold und leutselig.

Goethe, Tagebuch der italienischen Reise

Die venezianische Politik bellte nämlich nie, wenn sie Lust verspürte zu beißen.

Lorenzo Da Ponte, Mein abenteuerliches Leben

Vor dem Palazzo Ducale, dem Dogenpalast. Ein Freund begleitet mich, von Beruf Kunsthändler, Nachfahre großer venezianischer Handelstradition. Elegant gekleidet – ich habe ihn noch nie anders gesehen –, stets Kavalier von ausgesuchter Höflichkeit, ist er der rechte Nachkomme der Patrizierschicht, die tonangebend war. Anders als seine Vorfahren mit dem Schiff, reist er nun mit dem Flugzeug. Wenn irgendwo eine große Auktion stattfindet, bei der ein bedeutendes Exemplar venezianischer Kunst angeboten wird, ist auch mein Freund dort zu finden. Seine Kundenkartei ist ein internationales Who is Who, ein Zeichen, wie gefragt Venetiens Kunst ist.

„Palazzo Ducale", sagt er spöttisch, „das war ein Ehrentitel, nichts weiter, so wie auch der Doge nur eine Repräsentationsfigur war. Dieser Palast war mehr. Er war das Regierungszentrum des Staates. Schau ihn dir an! Venedig war – wenn man es mit heutigen Begriffen ausdrücken will – italienischen Ursprungs, das Reich aber war orientalisch. Es war ein orientalisches Weltreich. Und das hier ist das Abbild." Mit seinen überschlanken, langen Fingern wies mein Freund auf die Fassade des Dogenpalastes. Mit wenigen Sätzen umriß er die Problematik dieses Baues. Wiederum hat Venedig alles aufgenommen, was sich ihm geboten hat. Es adoptierte das arabisch-byzantinische Element genauso wie die Romanik, Gotik und Renaissance. Ruskin prägte das Wort vom „Zentralgebäude der Welt“, wohl weil es der Menschheit nur selten gelungen ist, dem Stein jenen Ausdruck harmonischer Schönheit und schwereloser Anmut abzugewinnen, die die Materie übertrumpft hat. Venedig nahm die Architektur der ganzen Welt auf, schuf sich aber daraus seine eigenen Baugesetze. In mir erweckte der filigrane Unterbau des Dogenpalastes, aufgelöst in Säulen und Arkaden, den Eindruck eines Spitzenmusters – manche sprechen von einem mit Quasten besetzten Fransenrand –, und mein kunstverständiger Freund meinte, der Palazzo sei unwillkürlich zur künstlerischen Darstellung der Stadt geworden, die insgesamt mit ihren schweren Bauten auf Pfählen steht. Ihn erinnere, so sagte er, der blockartige Oberbau des Dogenpalastes, der sich in seiner machtvollen Ausdehnung über den beiden Arkadengängen erhebt, unterbrochen nur durch gotische Fenster und zwei Balkone, an die Kaaba von Mekka. Nur daß die Düsternis dieses arabisch-mohammedanischen Heiligtums hier durch die diagonal gegeneinander abgesetzten Verkleidungen aus altrosa und weißem Marmor aus Istrien und Verona aufgehellt ist.

Kurze, basislose Säulen mit Kapitellen, die einen geradezu unerschöpflichen Formenreichtum zeigen – ein ganzes Lehrbuch der Kunstgeschichte ist hier ausgebreitet, denn kaum ein Kapitell gleicht dem anderen –, tragen eine zierliche Galerie spitzbogiger Arkaden. Überdeckt ist der Bau von einem leicht geschrägten, zinnengekrönten Dach.

Eintausend Jahre lang war der Dogenpalast Sitz der Regierung, der Verwaltung und Rechtsprechung der Republik, gleichzeitig beherbergte er den Wohnsitz der Dogen und die Zellentrakte des Gefängnisses. 120 Staatsoberhäupter regierten nachweislich an diesem Platz, ursprünglich vom ganzen Volk erwählt, dann immer mehr beschränkt in ihren Rechten und schließlich nur noch von den Patriziern erkoren, die den Großen Rat bildeten.

So, wie der Dogenpalast heute zu sehen ist, stellt er das Resultat einer ewigen Wiederherstellung mit Anbauten, Umbauten und Restaurierungen dar. Der Bau wurde im Jahre 814 vom 1. Dogen Venedigs und gleichzeitig 10. Dogen Seevenetiens, Agnello Partecipazio, begonnen, wahrscheinlich als Zitadelle mit Wallmauern, Gräben und Zugbrücke. Wiederholt brannten Teile dieser hölzernen Burg ab, 976 wurde sie während eines Volksaufstandes gegen den Dogen Pietro Candiano IV. in Brand gesteckt, 1105 äscherte sie ein Blitzschlag ein. Der reiche Doge Sebastiano Ziani, der auch den Markusplatz vergrößern ließ, baute Ende des 12. Jahrhunderts den Palast in byzantinischem Stil um, doch erst vom Beginn des 14. Jahrhunderts an erhielt der Bau seine heutige Form; der Innenhof entstand als letzter Bauteil in der Renaissance. Wie bei der Markuskirche sind auch hier die Namen der Architekten nicht bekannt. Zuschreibungen bleiben nur Vermutungen. Zwei Namen aber werden mit ziemlicher Sicherheit angeführt: Pietro Baseggio und sein Schwiegersohn Filippo Calendario, der 1355 an einem Bogengang des von ihm erbauten Palastes erhängt wurde, da er an der Verschwörung des Dogen Marino Falier teilnahm.

Die Raffinesse der Außenfront ist augenscheinlich: kurze Säulen im Unterbau sind verbunden durch Spitzarkaden. Die Loggia darüber wird durch eine doppelte Anzahl von Säulen gebildet, deren Spitzbögen wieder im oberen Teil von Kreisen durchbrochen sind. Darüber wuchten die Mauern und enden in dem leicht hervortretenden Gesims. Der Balkon zum Molo hin, 1404 gebaut, ist mit dem Standbild der Gerechtigkeit und den Statuen des heiligen Markus und heiligen Theodor versehen. Der auf die Piazzetta führende Balkon wurde nach den Plänen Jacopo Sansovinos 1537 geöffnet, mit den Standbildern des Mars und Neptun in den Seitennischen. Oberhalb des Balkons kniet vor dem geflügelten Löwen der Doge Andrea Gritti. Die Figur am Gipfel des Balkons stellt Venedig dar. Die Säulenkapitelle zeigen mythologische Szenen, historische Persönlichkeiten, Allegorien, Tiere, Kinder, Obst, Ungeheuer und Bibelszenen.

Da der Architekt Calendario der Verschwörung mit dem 55. Dogen Falier gegen die Adelsherrschaft für schuldig erkannt und hingerichtet worden war, habe der Senat bei hundert Dukaten Strafe verboten, jemals von der Weiterführung des Baues zu sprechen. Der 64. Doge, der durch sein Testament bekannt gewordene Tomaso Mocenigo, war es, der hundert Dukaten auf den Tisch legte und damit den Bann brach.

Die Lücke zwischen dem Palast und der Schatzkammer der Markuskirche wurde von den Architekten und Bildhauern Giovanni und Bartolomeo Bon geschlossen. Diese „Porta della Carta“, geschmückt mit den Skulpturen der Tapferkeit, Liebe und Hoffnung, erhielt ihren

Namen, weil hier die Aufgebote der Republik ausgehängt wurden, aber auch die Schreiber und Advokaten ihre Stände hatten, um den Analphabeten Gesuche zu verfassen und Rechtsbeistand zu geben. (Heute ist dieser ehemalige Eingang in den Palast zum Ausgang für die Besucherströme geworden, weil der Führungsweg jetzt in die andere Richtung geführt wird; Eingang ist auf der Seite des Palastes zum Hafenbecken zu.) In der zweiten Hälfte des 15. Jahrhunderts erhielt der Bildhauer der Frührenaissance, Antonio Rizzo, die Gestaltung des Innenhofes übertragen. Er schmückte die Fassade und baute die prachtvolle Freitreppe, die „Scala dei Giganti", die ihren Namen von den beiden Standbildern des Mars und Neptun erhielt, die, wie schon erwähnt, Jacopo Sansovino geschaffen hatte, um die Macht Venedigs zu Lande und zu Wasser zu preisen. Auf dem obersten Absatz dieser Gigantentreppe wurde der Doge gekrönt.

1577 verheerte eine Feuersbrunst wieder einen Teil des Gebäudes; der Vorschlag, den Palast völlig abzutragen, um ihn neu in klassischer Form zu rekonstruieren, wurde glücklicherweise vom Senat abgelehnt.

Bei den Bränden der Jahre 1474 und 1577 gingen auch zahllose Bildwerke, darunter von Giovanni Bellini und Tizian, verloren. Nach der Renovierung malte der damals schon über siebzig Jahre alte Tintoretto mit seinen Schülern im Saal des Großen Rates das größte Ölgemälde der Welt, sein „Paradies", das eine Fläche von 150 Quadratmetern füllt. Bewundert man schon die physische Leistung, so ist gar nicht von der künstlerischen zu reden. Man kann nur schweigend staunen.

Der Ruf, an der Ausgestaltung des Palastes mitzuwirken, war für jeden Maler verpflichtend, und zwar nicht so sehr des Geldes, sondern vorwiegend der Ehre wegen. Damals schon weltberühmte und vermögende Maler schätzten sich glücklich, im Dienste der Republik im Palazzo Ducale malen zu dürfen.

Das Erdgeschoß, geprägt vom großen Hof mit den beiden Brunnen, der Gigantentreppe und dem kleinen Senatorenhof, enthielt Stallungen und Wirtschaftsräume. Die darüberliegenden Loggien führten zu Verwaltungsräumen, dem Sitz des Oberkommandos der Flotte, dem Archiv des Goldenen Buches, zum Saal der Zensoren, aber auch zum Gefängnisgang und zu der Seufzerbrücke, die hinüber führten in die Pozzi, die Brunnengefängnisse, und die Piombi, die Bleikammern. Die Seufzerbrücke, 1597 von Antonio Da Ponte erbaut, diente ausschließlich als Übergang und keineswegs dazu, des Nachts Verbrecher oder unbequeme Mitbürger in den Kanal zu werfen. So plump waren die Methoden nicht. Ihren Namen hat die Brücke vom Volksmund, denn jeder Gefangene, der auf sein Urteil wartete, mußte sie überqueren. Die Gefängnisse, aus festen Steinquadern erbaut, waren für damalige Zeiten modern. Dem Besucher schauert, wenn er treppauf, treppab die Zellentrakte mit ihren langen, engen Gängen begeht und sieht, wie immer wieder auch dieser Teil des Palastes umgebaut und erneuert worden ist. Auch die ursprüngliche Form der Ausstattung, nämlich die Holzverkleidung und die aus Brettern bestehenden Schlafstätten sind in einzelnen Zellen noch zu sehen.

Im Dogenpalast, über zwei Stockwerke verteilt, waren die Säle der Gerichtsbarkeit, nicht weit von der Privatwohnung des Dogen, einer eher bescheidenen und kleinen Zimmerflucht im Verhältnis zu den Ausmaßen des Palastes. Einem Auslauf gleich stand diesem „goldenen Gefangenen" ein kleiner, hängender Garten zur persönlichen Verfügung. Das zweite Stockwerk, das prachtvollste, mit der Goldenen Treppe, der Ehrentreppe, über die sich der Doge zu den offiziellen Feierlichkeiten begab, die sonst nur von den Mitgliedern des Großen Rates und Beamten des Staates betreten werden durfte, umfaßte das Geheimarchiv, eine Kapelle, die Räume des Rates der Zehn, des Rates der Drei, den Saal der Staatsinquisitoren und den Waffensaal.

Diese zwei Stockwerke stellten die Machtballung der Republik dar. Der riesige Saal des Großen Rates, 54 mal 25 Meter, war das Zentrum adeligen Lebens. Ein Fries unterhalb der Decke enthält die – zum großen Teil der Phantasie entsprungenen – Porträts der ersten 76 Dogen, geschaffen von Tintoretto, Leandro Bassano und Jacopo Palma. Ein Platz ist schwarz übermalt, einem Vorhang gleich, und trägt die Inschrift: „Hic est locus Marini Faletri decapitati pro criminibus" – Hier ist der Platz des Marino Falier, der seiner Verbrechen wegen geköpft worden ist. Man hat nicht einfach das Bild des nächsten Dogen hingemalt, das Schandmal sollte wohl auf die Nachfolger seine geziemende Wirkung ausüben.

In diesen Räumen wurde Geschichte gemacht. Der Doge verbrachte von der Wahl bis zu seinem Tode seine Tage in den ihm

→ gegenüber von Sitz/Thron des Dogen

Prächtiges Detail von der Balustrade des Palazzo Ducale.

zugeteilten Zimmern und Sälen, hofiert von untertänigen Dienern, dabei machtlos, ein prächtig herausgeputzter Pensionär des Staates – im Grunde ein mit Achtung umsorgter Gefangener. Schon nach seiner Wahl wurde der neue Doge in die „Sala del Piovego" geführt, in der die Staatsoberhäupter vor ihrer Bestattung feierlich aufgebahrt wurden. Unmittelbar nach der Krönungsfeier wurde dort dem Dogen in lakonischer Brutalität erklärt: „Eure Erlaucht seid auf der Höhe des Lebens hierher gekommen, um den Palast in Besitz zu nehmen. Wisset im vorhinein, daß Euch, wenn Ihr tot seid, Augen, Gehirn und Gedärme entfernt werden. Sodann werdet Ihr hierher gebracht werden, und hier werdet Ihr drei Tage lang aufgebahrt liegen, ehe man Euch begräbt."

Der Doge durfte keine Geschäfte betreiben, kein Mitglied seiner Familie durfte ein Regierungsamt ausüben, konnte ohne Erlaubnis des Rates der Zehn in das Ausland reisen und dergleichen mehr. Der Palazzo Ducale verrät auch so viele typisch venezianische Eigenschaften: Die Verflechtung so vieler Ämter, das Ineinandergehen der einzelnen Säle der Regierungsämter über viele Stiegen hinweg. Das nimmermüde Mißtrauen fand hier seinen beredten Ausdruck, aber auch die Prunksucht, zu zeigen, was dieser Staat bedeutete. Die steile goldene Stiege, die „Scala d'Oro", die jeder ausländische Gesandte mühsam emporklimmen mußte, geradezu eine Himmelsleiter, zeigte ihm in voller Arroganz, zu welcher Macht er nun hinaufsteigen durfte. Dann erst kam er zu den Sälen der Macht, einer Macht, die durch den überladenen Prunk dieser Stiege mehr als deutlich demonstriert worden ist. In der „Sala del Collegio" tagte der Doge mit dem Kollegium, fünfundzwanzig aus dem Großen Rat gewählte Mitglieder, um die Staatsgeschäfte zu besprechen. Hier wurden auch die Gesandten empfangen. Und wieder kennzeichnend: durch diesen Saal gelangte man in die „Sala del Senato", den Sitz des Senates, wo Doge, Kollegium und rund zweihundert gewählte Senatoren ihre Debatten abhielten.

Die „Sala del Consiglio dei Dieci" – der Saal des Rates der Zehn – war die Zelle der innersten Macht. Während die alltäglichen Staatsgeschäfte im Senat erörtert wurden, sind hier in geheimer Sitzung die wichtigen Entscheidungen gefallen. Im Raum davor warteten die vor den Rat der Zehn Vorgeladenen, und in dieser „Sala della Bussola" ist auch noch eine der berüchtigten „Bocca di

Leone“ zu sehen, eines der Löwenmäuler, durch die man geheime Anzeigen einwerfen konnte. Nun war Venedig kein Staat der Denunzianten, wie in so vielen Romanen schaurig zu lesen ist. Alle anonymen Anzeigen, die nicht mindestens zwei Zeugen anführten, wurden verbrannt, es sei denn, der Rat der Zehn und die Räte des Dogen erklärten mit einer Fünf-Sechstel-Mehrheit, es handle sich um eine verfolgungswürdige Staatsangelegenheit. Schon im nächsten Raum amtierten die drei Amtsrichter, die aus der Mitte des Rates der Zehn erwählt wurden, um alle Anzeigen zu prüfen. Von hier ging es auch zu den Staatsinquisitoren, die jeden Fall von Hochverrat zu untersuchen hatten. Dieses Kollegium wurde aus zwei Mitgliedern des Rates der Zehn und einem Rat des Dogen gebildet. Eine Treppe führte zur Folterkammer und eine andere zu den Gefängniszellen. Die dritte Stiege führte in den Waffensaal. Jeder einzelne Raum ist reich geschmückt: die Wände, die Decken, die Böden, die Stiegen, die Gänge. Tintoretto, Ballini, Longhi, Uberti, Bellini, Veronese, Bassano, del Fiore, Paoletti, Vicentino sind nur einige, allerdings der ruhmvollsten Namen jener Künstler, die zum Schmuck des Palastes beigetragen haben.

Stete Kontrolle der Mächtigen

IM MUSEO CORRER

Die Form der Verfahrensweise des Gerichts bleibt unwandelbar geheim. Weder wir noch unsere Nachfolger werden irgendein äußeres Abzeichen tragen. Der öffentliche Dienst wird um so sicherer versehen sein, je mehr sich das Gericht ins Geheimnisvolle einhüllt.

Es gibt Patrizier, welche bei dem Ballotieren des Großen Rates so verwegen sind, ihre Freunde oder ihre Verwandten durch das gleichzeitige Einlegen von mehr als einer Kugel zu begünstigen ... Man wird alle ersinnliche Mühe anwenden, um einen dieser Schuldigen zu entdecken. Das erste Mal wird er verurteilt werden, sechs Jahre unter den Bleidächern zu bleiben ... Wenn er endlich nach der ersten ausgehaltenen Verurteilung wieder umschlägt, so wird man ihn als einen Unverbesserlichen aus der Welt schaffen.

Aus den Verfahrensregeln der Staatsinquisitoren

Mich erfaßte bei dieser Wahl ein derartiges Angstgefühl, daß ich kaum wußte, was ich tat.

Lodovico Manin, der letzte Doge 1789 nach seiner Wahl

Ein Rundgang durch das Museo Correr gibt unter anderem auch einen Einblick in das venezianische Staatsleben. Gehörnte Mützen zeigen, wie bescheiden doch die Dogenkrone im Verhältnis zu so vielen anderen Fürstenkronen war. Der Doge war immer nur primus inter pares, Erster unter Gleichen, und nie mehr. Dies galt auch für seine Kleidung; die Farbe seiner Robe hatte ein anderes Rot, ansonsten waren die Mitglieder des Rates der Zehn und des Großen Rates genauso gekleidet wie der Doge. Die Patrizierfamilien hatten ja ein großes gemeinsames Interesse: das Wachsen Venedigs, die Ausdehnung des Reiches und des Handels. Zeugnis davon legen die alten Rechnungsbücher in den Vitrinen des Museums ab, zugleich Tagebücher der Geschichte dieser Stadt, denn in den Zahlenkolonnen spiegelt sich das Auf und Ab des Staates wider.

Dem gemeinsamen Interesse stand das gemeinsame Mißtrauen der alten Familien entgegen, gepaart mit dem Mißtrauen gegenüber dem Dogen und gegenüber dem Volke. Das Volk besaß in dieser Republik des Adels keine Rechte, umso mehr war man bemüht, es durch Wohlergehen zufriedenzustellen. Und jeder Versuch, der aristokratischen Verfassung ein erbliches Fürstentum aufzudrängen, endete blutig. Eine Familie traute der anderen nicht, jede wünschte gleich behandelt zu werden, gleich gute Geschäfte zu machen. Diesem Mißtrauen entsprach auch die Wahlordnung des Dogen. Auch dieses Dokument liegt in einer Vitrine des Museo Correr: eine grafische Darstellung des Wahlschemas der Dogen. In Zahlen angeführt, sieht die Wahlordnung folgendermaßen aus: 30:9:40:12:25:9:45:11:41. Das ist keine magische Zahlenreihe, sondern ein vorsichtiges Wahlsystem, das selbst vom päpstlichen Konklave nicht übertroffen worden ist. Zuerst wurden also aus dem Großen Rat dreißig Mitglieder ausgelost, die nun untereinander wiederum solange losten, bis nur neun übrigblieben. Die vier ersten dieser neun wählten je fünf, die fünf letzten je vier, also zusammen vierzig Wähler, die aber erst dann bestätigt waren, wenn sie bei einer nochmaligen Ballotage – der Wahl mit der Kugel – je sieben Stimmen erhielten. Dabei wurde diese Kugelwahl durch die Hand eines Knaben vollzogen, der für jeden der Wähler entweder Weiß oder Schwarz zog. Der Knabe wiederum wurde vom jüngsten Mitglied des Rates nach einem Gebet in der Basilika mitgebracht, und zwar war dies jeweils der erste Junge, dem der Rat begegnete, wenn er aus der Kirche trat. Diese vierzig wählten aus ihrer Mitte wieder zwölf, die das Wahlkollegium wieder auf fünfundzwanzig Mitglieder erweiterten, die immer aus den Mitgliedern des Großen Rates genommen wurden. Die fünfundzwanzig mußten bei einer neuen Kugelwahl jeder neun Stimmen erhalten, dann wurde wieder so lange durch Ausscheidungen gelost, bis nur neun Wahlmänner übrigblieben. Jeder schlug nun fünf Ratsmitglieder vor. Diese fünfundvierzig mußten eine abermalige Ballotage überstehen; ihre Zahl verminderte sich nun auf elf, von denen die ersten acht je vier, und die letzten drei je drei Personen nannten. Das ergab einundvierzig Wähler, von denen jeder einzelne wiederum aber erst dann als gewählt galt, wenn er bei einer neuerlichen Wahl von elf je neun Kugeln auf sich vereinigen konnte. Überdies mußte mehrheitlich der Große Rat der Wahl jedes einzelnen zustimmen. Kompliziert, meinen Sie? Sicher, aber diese einundvierzig waren nun die Dogenwähler.

In einem abgeschlossenen Raum wurden sie so lange auf Staatskosten verpflegt, bis der Doge gewählt war. Jeder der einundvierzig Wähler gab schriftlich seine Stimme ab. Die Wahlzettel wurden verlesen und die Vorzüge und Nachteile eines jeden Vorgeschlagenen besprochen. Doge wurde dann derjenige, auf den sich mindestens fünfundzwanzig Stimmen vereinigten. Der Erkorene wurde nun in die Markuskirche geleitet und dem Volk vorgestellt: „Dies ist Euer Doge, wenn er Euch gefällt." Das „Wenn er Euch gefällt" war die letzte Erinnerung an die ursprüngliche Volkssouveränität und wurde im 15. Jahrhundert durch die Formel ersetzt: „Wir haben diesen gewählt."

Die Aufgabe des Dogen war es, die Kontinuität zu geben, die hier besonders ausgeprägt war. Das war nicht nur in der Politik so, sondern auch in der Kunst; ein Künstler baute auf dem anderen auf, ein Stil fügte sich dem anderen nahtlos hinzu. Das beste Beispiel ist der Dogenpalast. Jahrhunderte hindurch baute daran eine große Anzahl von Architekten und Baumeistern, schmückten ihn Dutzende Bildhauer und Maler; es entstand ein einheitliches Werk.

So blieb, unbeirrt durch die Zeit, vom ersten bis zum letzten Tag seiner Existenz, der Staat Venedig eine Republik, die der Doge repräsentierte und die der Adel getragen hat.

Das Volk war der Verantwortung enthoben. Guter Verdienst, eine Vielzahl von Festen und Umzügen, bei denen das Volk nicht nur Zuschauer, sondern handelnde Person war, ließen sehr selten störende Ideen aufkommen. Und die Geistlichkeit wurde geehrt, erhielt eine Vielzahl, ja geradezu eine Unzahl von Kirchen und Klöstern – blieb aber gleichfalls von der Macht völlig ausgeschaltet und durfte jede päpstliche Ernennung nur mit der Genehmigung der venezianischen Regierung annehmen.

Am Beginn der Herrschaft hat es nicht an Versuchen gefehlt, das Dogat in eine dynastische Herrschaft überzuführen. Sowohl die Partecipazio wie auch die Orseolo hatten die Erblichkeit ihrer Dogenwürde durch die Aufnahme von Söhnen oder Verwandten als Mitregenten durchzusetzen versucht. Mord und Verbannung waren die Folgen. Schon ab 1143 ist eine reiche Kaufmannsschicht nachweisbar – es waren die Handelsleute und Grundbesitzer der Gegend um Rialto – mit denen der Doge zu rechnen hatte. Seine Macht währte nur so lange, als es diejenigen zuließen, die sie ihm verliehen hatten.

Diese reiche Bürgerschicht war zugleich aber kriegerisch genug veranlagt, um der meist kroatischen Leibwachen Herr zu werden, mit denen sich einzelne Dogen umgaben. Die Vornehmen zahlten freiwillig den Zehent für die Regierungsausgaben, woraus sich allmählich das Steuersystem entwickelte. Zu Gesetzen, die sich zwangsläufig bei einem Gemeinwesen herausbilden, kamen zusätzlich noch jene, die die Freiheit des damaligen Bürgertums gegen den Ehrgeiz der Dogen sicherten. So wurde unter Domenico Flabanico beschlossen, daß kein Doge einen Mitregenten nehmen und daß kein Mitglied der Familie Orseolo Doge werden dürfe. Gegen Ende des 12. Jahrhunderts traten bereits der Große Rat und ein Kleiner Rat zusammen. Je größer die Macht des Inselstaates wurde, über die der Doge in entscheidenden Momenten verfügen konnte – so besaß der Doge zur Zeit Dandolos das Recht der Vertretung nach außen und war zugleich oberster Kriegsherr –, umso vorsichtiger wurden die reichen Kaufmannsfamilien.

Daraus entwickelte sich das komplizierte System der Dogenwahl, wozu aber noch die sogenannten Wahlkapitulationen kamen, ähnlich jener der Kurfürsten des römisch-deutschen Reiches bei der Kaiserwahl. Die Wahlkapitulation des Dogen Jacopo Tiepolo 1229 wurde zum Vorbild: Der Doge bekannte, er sei nicht durch eigene Einsicht und Vermögen, sondern durch göttliche Gnade berufen worden und verspreche dem Volke, ein unabdingbarer Wahrer des Rechtes zu sein, Ehre und Wohl des Vaterlandes zu fördern. Darüber hinaus mußte er sich verpflichten, außerhalb des Reiches keine Boten oder Briefe ohne Zustimmung seines Rates zu entsenden, auch nicht an Papst, Kaiser oder andere Fürsten. Es war ihm verboten, Geschenke anzunehmen, es sei denn Kleinigkeiten wie Rosenwasser, wohlriechende Kräuter oder Balsam, und er hatte darüber hinaus noch für die Erhaltung des Palastes aufzukommen. Immer härter wurden diese Wahlkapitulationen. Vor allem aber schob sich zwischen Volk und Dogen der Große Rat. War der Doge zuerst vom venezianischen Bürgertum erkoren worden, so entwickelte sich der Rat der Großen Familien immer mehr zur souveränen Regierungsversammlung. Ursprünglich hatten die Dogen einen Rat geschaffen, um Staatsangelegenheiten beraten zu können, sogenannte Pregadi – Gebetene. Schon 1229 hatte der Große Rat das Recht der Einsetzung der Pregadi übernommen, daraus entwickelte sich der Senat mit seinen sechzig Mitgliedern als ständiger Ausschuß des Großen Rates, wozu noch die Quarantina, der peinliche Gerichtshof, mit vierzig Mitgliedern kam. Schließlich stieg die Zahl der Senatsmitglieder auf dreihundert, und die Fäden der Verwaltung liefen hier zusammen. Die Führung des Senates und die Durchführung der Beschlüsse oblag der Signoria, bestehend aus dem Dogen, sechs Räten und den drei Vorsitzenden des Gerichtshofes, wobei die sechs Räte die sechs Bezirke in der Stadt vertraten. Das war die Serenissima Signoria, und diese Instanz übernahm immer mehr die Dogengewalt. Jede seiner Handlungen, selbst seine privaten Angelegenheiten, wurden von der Signoria überwacht und alle an den Dogen gerichteten Briefe wurden von ihr geöffnet. Damit aber in den Händen dieser Männer die Macht nicht zu groß werden konnte, wurden die Mitglieder der Signoria alle acht Monate gewechselt; einen Monat vor Amtsantritt legten die neuen Mitglieder ihren Amtseid ab und wurden von den Vorgängern eingeschult.

Es war der klare Kaufmannssinn, der einsah, daß der Große Rat und der Senat viel zu viele Mitglieder hatten, um rasch handeln zu können. Ausschüsse mit den Savii, den Weisen, beschäftigten sich deshalb mit Gesetzesvorbereitungen, der Führung der Kriegsflotte, des Heeres, den Angelegenheiten auf der Terra Ferma, also dem venezianischen Festland. Sechs Monate amtierten diese Weisen, deren persönliche Freiheit in dieser Amtszeit weitgehend eingeschränkt wurde. Signoria und sechszehn Weise bildeten den Collegio, den Geheimen Staatsrat.

Stets wurden die Funktionäre des Staates aus dem Personenkreis erwählt, der zum Großen Rat gehörte. Seit 1172 wurden die Mitglieder dieses Rates gewählt, und zwar vorerst sowohl Adelige wie auch Bürger und Vertreter des einfachen Volkes. Durch das Wahlrecht aber setzte sich immer mehr die Herrschaft der großen Familien durch. Der Maggior Consiglio des Jahres 1261 verzeichnete 27 Familien mit 242 Mitgliedern, darunter die Contarini mit 20, Quirini und Dandolo mit je 19, Morosini mit 15, Michiel mit 12 und die Falier mit 11 Mitgliedern. 1297 setzte dann Pietro Gradenigo das Gesetz durch, das den faktisch schon existierenden venezianischen Adel endgültig festlegte, und 1315 wurde das Libro d'Oro, das Goldene Buch geschaffen, in dem alle jene verzeichnet werden mußten, die das Recht zum Eintritt in den Großen Rat besaßen.

Das Libro d'Oro war also die Adelsmatrikel Venedigs. Betrug die Zahl der Eingetragenen im Jahr 1340 schon 1.212, so war sie bis 1510 auf 1.671 angestiegen. Wer in den Großen Rat aufgenommen wurde, erhielt damit den Adel, die Nobilità.

Ein kleiner Unterschied bestand jedoch weiter: Es gab drei Klassen von Adelsfamilien. Die erste bildeten die Familien der zwölf Tribunen Seevenetiens, die den ersten Dogen gewählt haben sollen, und zwölf weitere Familien, deren Namen von alters her Klang hatten. Liest man die Reihe dieser Namen, so glaubt man einen Plan des Canal Grande vor sich zu haben. Es sind jene Namen, die auch die großen Paläste tragen. Die zweite Klasse waren alle jene Familien, die schon vor der endgültigen gesetzlichen Festlegung im Großen Rat vertreten waren, und in die dritte Klasse kamen alle später Aufgenommenen und die Mitglieder, die sich durch Zahlung von 40.000 Dukaten einkauften, was besonders während Kriegszeiten geschah. In den letzten Jahrhunderten der Republik wurde eine vierte Klasse geschaffen, in die ehrenhalber ausländische Adelige gereiht wurden.

Konnten vorerst schon die achtzehnjährigen Mitglieder der Adelsfamilien eintreten, verschob man später die Aufnahme bis zum zwanzigsten Lebensjahr und verlangte überdies noch eine Rechtsprüfung durch die Advokaten des Staates. Jeder Nobile mußte in der Nähe von San Marco „un piccolo appartamento" besitzen, ein kleines Zimmer, wo er sich für die Sitzungen umkleiden konnte.

Im 14. Jahrhundert entstand der Rat der Zehn, „Il Consiglio dei Dieci", nach einer mißglückten Verschwörung des Nobile Tiepolo. Rund zweihundert Familien waren die Träger der Souveränität, der Rat der Zehn aber wurde zum Träger der höchsten Macht. Jede Familie durfte in diesem Rat nur mit einem Mitglied vertreten sein, keiner der Räte durfte unmittelbar wiedergewählt werden, und aus diesem Zehnerrat wurde der Rat der Drei gewählt, der zum gefürchteten Untersuchungsgericht wurde. Damit aus dieser Machtfunktion keine Gefahr drohte, wurden auch jene Männer unentwegt gewechselt. Nun, die Mitglieder des Rates der Drei hatten sicher nichts dagegen, denn sie waren praktisch Gefangene. Sie durften keinen Spaziergang durch die Stadt unternehmen, kein öffentliches Lokal besuchen. Manchmal wechselten die Mitglieder dieser beiden obersten Gremien sogar alle zwei Wochen – so groß war das gegenseitige Mißtrauen. Ein Botschafter wiederum blieb höchstens zwei Jahre auf seinem Posten, dann wurde er ausgetauscht. Dieser Wechsel ist ein entscheidendes Merkmal venezianischer Regierungskunst. Aus einer verhältnismäßig kleinen Schicht von Leuten, die für ein Regierungsamt in Frage kamen, wurden unentwegt andere Männer in leitende Funktionen berufen. Und was war mit der Kontinuität? Sie war dadurch gegeben, daß die Mitglieder dieser zweihundert Familien im wesentlichen die gleichen Interessen hatten, derselben Gesellschaftsschicht entstammten und von Jugend auf mit den Problemen vertraut waren, weil sie wußten, daß sie eines Tages Verantwortung tragen mußten. In einer Zeit, in der das Kleben auf einem Ministerstuhl zum politischen Bekenntnis gehört, mutet diese Kunst des Regierens durch unentwegtes Wechseln und Teilen naturgemäß eigenartig, ja fast komisch an.

Den venezianischen Nobile kennzeichnete eine stolze Eigenart: Wer in den Großen Rat aufgenommen wurde, war Adeliger. Dieser Adel ist nicht, wie überall sonst, von einem noch mächtigeren Potentaten geschaffen worden, sondern hat sich selbst geschaffen. Macht und Ansehen dieser Aristokratie waren mit der Macht und dem Ansehen des Staates gewachsen – aber auch gefallen. Das Dogentum hat eine gegensätzliche Entwicklung durchgemacht: Es gab Dogen, bevor es den Staat gab, bevor das Reich auf seinem steilen Weg nach oben war. Man hatte einen Anführer gebraucht, dem man bereitwilligst alle Macht gegeben hatte, um überhaupt existieren zu können. Sobald diese Existenz aber gesichert war, wurde der Doge zur prächtig herausgeputzten Repräsentationsfigur; auch als Anführer im Krieg wurde er abgelöst und durch vom Senat bestellte Heerführer ersetzt.

Wenn Paolo Veronese Venedig im Saal des Großen Rates als Göttin dargestellt hat, so ist diese vollbusige, ja feiste und lustige Göttin Venezia kein Sakrileg, sondern nur der Ausdruck einer Selbstvergötterung, der verständlich erscheint. Die Stadt war das Höchste, das Edelste, und so ehrte sich auch die Aristokratie und damit die Stadt im Dogen. Nicht ihm galt der Ehrenrang. Deshalb errichtete man dem Dogen wohl auch das prächtigste Grabmal, denn mit diesem Prunk schmückte sich wiederum Venedig.

Um so verständlicher wird die allergische Abwehr jedes Versuches, aus dem gegebenen Lebensreich herauszuragen. Das traf den

Künstler, den Nobile und erst recht den Dogen. Nur die hehre Aufgabe galt, Venedig zu dienen.

Und die leere schwarze Fläche, die vom Fries der Dogenbildnisse heruntergähnt, war das mahnende Mal. Daß es eine Frau war, die den Dogen Falier in sein Schicksal getrieben hat, ist nicht besonders verwunderlich. Frauen haben schon viele Ereignisse ausgelöst. Der Chronist Marin Sanudo aus dem 15. Jahrhundert überlieferte die Geschichte: Der Doge hatte eine lieblich anzusehende Frau mit Namen Aluica, von deren Moral jedoch nichts Gutes gesagt wurde. Bei einem Fest im Palazzo Ducale belästigte der junge Nobile Michele Steno – der später Doge wurde – eine Gefolgsdame der Dogaressa. Der Doge wies den jungen Stutzer aus dem Saal. Um sich zu rächen, legte Steno ein Plakat auf den Dogenthron, worin er eindeutige Anspielungen auf die Ehe des Dogen machte. Falier ließ den Jüngling festnehmen, der Rat der Vierzig verurteilte ihn jedoch nur zu einem Monat Gefängnis, einer kleinen Geldstrafe und einer Anzahl Schläge mit einem Fuchsschwanz. Die Dogaressa setzte ihrem Mann erfolgreich so lange zu, bis der Doge mit dem Bürgerstand eine Verschwörung anzettelte, mit dem Ziel, am 15. April 1355 auf dem Markusplatz die Nobili zu ermorden und sich zum Alleinherrscher zu erheben. Am Vorabend der Ausführung wurde das Vorhaben verraten. Auf dem Treppenabsatz, wo Marino Falier acht Monate vorher zum Dogen gekrönt worden war, rollte am 17. April 1355 sein Kopf. Die Dogaressa aber fiel in geistige Umnachtung.

Das Museo Correr ist aber weit mehr als ein Blick in die venezianische Geschichte. Untergebracht in den Neuen Prokuratien aus der napoleonischen Zeit, ist seit 1922 das Museum, das gleichzeitig die neoklassischen Räume zeigt, ein idealer Ausstellungsort für die Statuen und Basreliefs von Antonio Canova. Hinzu kommen eine Bildergalerie mit venezianischen Gemälden vom frühen 16. Jahrhundert an, und mit Werken von Lorenzo Veneziano, der Bellini-Familie, von Carpaccio, Lorenzo Lotto, Antonello da Messina und anderen. Seit einigen Jahren ist das Museum in einem Verbund mit dem archäologischen Nationalmuseum sowie den monumentalen Räumen der Marciana Nationalbibliothek zusammengeschlossen: „Die Museen der Piazza von San Marco“ können gemeinsam besichtigt werden; überdies gibt es ein gemeinsames Ticket mit dem

Dogenpalast. Allein schon die Räume dieser Prokuratien sind in ihrer Pracht und Herrlichkeit überaus sehenswert, vom musealen Inhalt gar nicht zu reden.

Napoleon häutete das goldene Schiff

IM ARSENAL-MUSEUM

> ... arsenale: Dies ist eines der Worte, die Venedig Europa geschenkt hat – denn sämtliche Arsenale sind nach diesem hier benannt, das seinen Namen vom arabischen „darsina'a" herleitet – ein Haus emsiger Werktätigkeit, eine Industrie-Werkstätte. Vom Jahr 1155 an wurden sämtliche Galeeren der Republik auf dieser riesigen Werft gebaut ...
>
> *Hugh Honour, Venedig*

Das Museo Storico Navale gehört der italienischen Marine und gibt, so wie das Museo Correr, einen Einblick in die venezianische Staatsgeschichte – doch von einer anderen Warte. Das Museum in einem Gebäude aus dem 15. Jahrhundert war einst die Kornkammer der Serenissima. Es steht auf dem Campo San Biagio, heiliger Blasius, beim Arsenal, das zum überwiegenden Teil noch immer von der italienischen Marine verwaltet wird. Auf fünf Stockwerke verteilt, gibt es 42 Ausstellungsräume – und hier wird Macht demonstriert, die ungeheure Macht dieses Seefahrerstaates. Eine ganze Flottille von Modellen venezianischer Schiffe bezeugt den hohen Rang venezianischer Schiffsbaukunst. Gigantische Kriegsgaleeren und Transportschiffe waren mit reichem Schmuck versehen. Überwältigend ist – im zweiten Stockwerk – das Modell des Bucintoro, des Staatsschiffes, das den Dogen trug und von dem aus er sich alljährlich mit dem Meer vermählte, wenn er einen Brautring in die Wellen der Lagune warf, zum Zeichen, daß Venedig die Beherrscherin der Meere sei, eins mit jenem Element, das so entscheidend das Schicksal dieses Staates geprägt hat. Das Modell des Bucintoro gibt die Originalmaße an. Die Staatsbarke war fast 35 Meter lang, 7 Meter breit, 8 Meter hoch, hatte 42 Ruder, die mit 168 Ruderern besetzt waren. Das Schiff war vergoldet, das Dach mit rotem Stoff überzogen, und im Heckteil überragte ein Fahnenmast, der das Banner mit dem Markuslöwen trug, das Schiff. Der Bucintoro war überreich geschmückt, die Ruder rot lackiert, an der Kiellinie zog sich ein roter Farbstreifen durch die Goldwand: Gallionsfigur war selbstverständlich ein venezianischer Löwe. Zahllose Putten, Engelsköpfe, Wappen, Kriegerfiguren und allegorische Darstellungen waren wie aus einem Füllhorn über das ganze Schiff ausgeschüttet. Wo nur eine Möglichkeit für eine Verzierung bestand, war eine zu finden. Die Schiffsspitze überragte die Göttin Justitia, über die sich ein goldener Schirm spannte. Bescheiden nahebei an die Wand gelehnt, ist der letzte Thron des Dogen aus dem letzten Bucintoro, vergoldet, mit Leder überzogen. Daß nur noch ein Modell des Bucintoro von der früheren Pracht kündet, ist nicht zu verwundern. Ein Aufseher, der hinzugekommen war, während ich staunend das Modell betrachtete, sagte mir: „Napoleon konnte es nicht lassen, dem Bucintoro die Haut abzuziehen."

Das Ende der Staatsbarke war unrühmlich. Der letzte Bucintoro wurde in den Jahren 1722 bis 1728 gebaut, 1797 wurde der dekorative Teil des Schiffes entfernt und mit Kanonen bestückt, um die Lagune zu verteidigen. Napoleon befahl, die goldbeschichteten Teile des Schiffes abzunehmen und auf der Insel San Giorgio zu verbrennen, um das Gold auszuschmelzen, denn der Korse konnte damit seine schmale Kriegskasse auffüllen. Schließlich wurde der Bucintoro zum schwimmenden Gefängnis und 1824 abgewrackt.

Da es sich beim Museo Storico Navale um ein Kriegsmuseum handelt, ist natürlich die Geschichte der italienischen Marine mit Waffen, Torpedos, Maschinen und zahllosen Uniformen, Auszeichnungen und Dekorationen dargestellt. Doch sehenswert für den Bezug zu Venedig sind eben die Zeugnisse venezianischer Schiffahrt. Ein Saal ist den Gondeln gewidmet, dort ist auch die Gondel von Peggy Guggenheim, die nach ihrem Tod dem Museum gestiftet wurde. Modelle, Originalteile und Ausrüstungsgegenstände von typischen Booten der Lagune und von Fischerbooten sind zu sehen, aber auch Modelle von Bauwerken, bei denen zu erkennen ist, wie dicht die Baumstämme in den Untergrund getrieben werden mußten, um darauf einen Bau aufrichten zu können. Der Blick auf die Galeeren erinnerte mich, daß etwa das geistliche Fürstentum Salzburg in seinem Strafrecht, so wie manche andere Fürstentümer, die Galeerenstrafe vorgesehen hatte. Die zur Galeerenstrafe Verurteilten, dabei auch unverbesserliche Wilderer, wurden nach Venedig verkauft und dort an das Ruder gekettet.

Ein liebenswertes, bezauberndes Ende des Besuches im Museo Storico Navale ist im obersten Stockwerk die riesige Muschel-Sammlung, die von der Modeschöpferin Roberta di Camerino dem Museum geschenkt wurde.

Doch noch zwei Bauwerke zählen zum Schiffsmuseum: Der Schiffspavillon, zwischen Museum und Eingang des Arsenals gelegen, war einst die Ruderwerkstatt des Arsenals und ist schon als Bau interessant. In der Halle sind alte venezianische Boote untergebracht, aber auch militärische Objekte, vor allem ein Teil des Maschinenraums der „Elektra“ von Guglielmo Marconi, der für seine Erfindung der geerdeten Sendeantenne den Physiknobelpreis erhielt. Auch die im 11. Jahrhundert erbaute und im 18. Jahrhundert erneuerte Kirche des heiligen Blasius gehört zum Museo Storico Navale. Sie war ursprünglich die Kirche der Marine und diente auch der österreichischen Marine. In ihr ist das Herz des Habsburgers Erzherzog Franz Friedrich auf dessen persönlichen Wunsch bestattet, und der italienische Admiral Angelo Emo hat hier seine letzte Ruhestätte gefunden.

Der steinerne Wächter – Löwenskulptur vor dem Eingang zum Arsenal.

Moder unter Purpur

DAS LABYRINTH DER GASSEN

> ... es kam die große Flucht der Paläste, und als die Wasserstraße sich wendete, erschien des Rialto prächtig gespannter Marmorbogen. Der Reisende schaute, und seine Brust war zerrissen. Die Atmosphäre der Stadt, diesen leis fauligen Geruch von Meer und Sumpf, den zu fliehen es ihn so sehr gedrängt hatte, – er atmete ihn jetzt in tiefen, zärtlich schmerzlichen Zügen. War es möglich, daß er nicht gewußt, nicht bedacht hatte, wie sehr sein Herz an dem allem hing?
>
> *Thomas Mann, Der Tod in Venedig*

„Venedig ist nichts für Pedanten!“ Einem Fanfarenruf gleich stieß mein Malerfreund diese Worte aus. Wieder einmal saßen wir eines Abends an unserem Tischchen vor Marios Bar. Einige Karaffen würzigen Rotweines hatten einander schon abgewechselt, und die Diskussion war immer hitziger geworden. Dabei waren wir beide gar nicht gegensätzlicher Meinung, sondern hatten uns stundenlang die Einmaligkeit dieser Stadt bestätigt. Ich hatte dem Künstler erzählt, welch ein Erlebnis es sei, wie die Stadt sich unentwegt wandelt, wie sie nicht nur im Wechsel der Jahreszeiten, sondern sogar im Ablauf eines Tages ihren Charakter ändert. Ja, wie sich dieses Aussehen um die Ecke eines Hauses herum so gänzlich umkehren kann! Noch mehr: diese Wechsellinie kann sogar quer über eine Fassade laufen. Es sind Licht und Sonne, die hier überaus stark wirken. Und es sind die Lichter von den Reflexionen des Wassers. Ein Sonnenstrahl gibt einer Fassade eine Patina der Glückseligkeit, der Schatten verströmt Gelassenheit und Würde. Bei einem früheren Besuch im Winter waren mir die Unterschiede besonders plastisch entgegengetreten. Die Dämmerung, die schon am frühen Nachmittag hereingebrochen war, hatte die Stadt still werden lassen; aus den Fenstern alter Paläste fiel bedrückend das kalte und nüchterne Licht der Neonröhren aus den Büros. All die Tage hatte die Sonne gefehlt. Es war feucht, und ich fröstelte. Unbarmherzig waren mir – einem aufmerksamen und unermüdlichen Wanderer – die zahllosen Schäden aufgefallen.

All jene Wunden, die Zeit, Unverstand, Wasser und Nachlässigkeit geschlagen haben. Die ganze Stadt ist über und über von Narben bedeckt. Nicht, daß an solchen Tagen der Reiz dieser Stadt verlorengehen würde, nein, die Wehmut wächst, doch der Geruch des Moders wird unter dem Purpurmantel stärker spürbar.

Die Sonne hingegen verklärt, sie breitet mildtätig jenen Schimmer aus, der den Zauber eines Märchenglanzes gibt, eines Märchenlandes, das der Bewunderer staunend betritt.

Ich war an jenem Tag, bevor ich mit dem Maler zu bechern begonnen hatte, durch die engen Gassen gestreift, von denen viele so eng sind, daß man gerade noch hindurchschlüpfen kann, und in denen man an einem dunklen Abend den Himmel überhaupt nicht mehr erkennt. Mich hatte ein Gefühl der Beklemmung befallen. Dieses Gefühl macht so recht klar, warum die Venezianer die freien Plätze bevorzugen und sich auf den wenigen Campi aneinanderdrängen. Oftmals ist so ein Platz lächerlich klein, in der Mitte mit einem verzierten Brunnen versehen, die heute alle kein Wasser mehr geben. Auf jedem dieser Plätze wimmelt es von Leuten. Man promeniert von der einen Seite zur anderen und ist froh, einmal ein paar Quadratmeter mehr Luft zum Atmen zu haben. Viel deutlicher als in den engen Gassen ist hier der Schmuck der Häuser zu sehen, dieser Blick bietet sich nur noch, wenn man die Häuserzeilen von einer der Brücken oder von der Gondel her betrachtet. Überreich ist dieser Zierat nicht nur an den Adelssitzen, sondern auch an einfachen Bürgerhäusern: ein Erkerchen, ein Säulchen, ein Kapitell, eine Figur, eine allegorische Darstellung. Man hat jede Möglichkeit genützt, nur um wieder eine Verzierung anzubringen. Vor allem ist immer wieder die Freude an Säulen verblüffend. Wo es nur möglich oder auch unmöglich ist, findet man Säulen. Dafür fehlt jegliche Symmetrie. Hat ein Haus auf der einen Seite einen gotischen Spitzbogen und in der Mitte einen romanischen Bogen, gibt es sicher auf der rechten Seite überhaupt keinen, sondern eine Säule mitten in der Wand. Es wirkt geradezu als Manie, daß bei all den vielen Erkern, Türmchen und Fenstern peinlichst darauf geachtet wurde, eine symmetrische Anordnung zu vermeiden. Das ist sicher übertrieben formuliert, aber so wird zum Beispiel der Ärger eines Jacob

Burckhardt verständlich, dem die Reinheit einer Stilepoche am Herzen lag und der hier mit Wehmut und Entsetzen dieses Durcheinander sehen mußte. Immer wieder verläuft sich der Wanderer in dem Labyrinth der Gassen, doch oft glaubt man in einen Winkel getrieben worden zu sein, in eine Sackgasse, da öffnet sich plötzlich noch ein kleiner Schlupf, durch den man hindurch kann, um ganz plötzlich wieder auf einen breiteren Platz zu kommen, der dann – welche Überraschung – überhaupt keine Möglichkeit bietet weiterzugehen. Gerade diese schmalen Gassen zeigen, wie kostbar der Bauplatz war, denn es ist nicht Zufall, sondern Absicht, daß diese engen Gassen gebaut wurden. In der heißen Sommerzeit bleiben diese Gassen kühl. Vor allem jedoch mußte der vorhandene Platz genützt und auch die Lage der einzelnen kleinen Inseln in Betracht gezogen werden. Offiziell heißt es, daß 118 Inseln zur Stadt verbunden wurden, doch ich glaube, daß diese genaue Zahlenangabe Legende ist, wie so vieles, denn es vermag wohl niemand zu sagen, ob es nicht doch ein paar Inselchen mehr oder weniger waren.

Nur allzugut verstand der Maler meine Schilderung. Er konnte noch viel besser in Worte kleiden, was mich bewegte. Er ging von den Naturgegebenheiten aus, davon, daß es nur Lagunen und Inseln gab, keine noch so winzigen Berge, keine Hügelwellen, keine Wälder, kein Flachland, also überhaupt keine Plastik in der Landschaft. Mit ein paar Strichen skizzierte er mir auf seinem Block, wie die Stadt zwischen zwei Grundelementen entstanden war, dem Wasser und der Luft. Ein Satz von ihm blieb mir in seinem Wortlaut geläufig: „Der Aufbau Venedigs ist Farbe. Farbe aber heißt Oberfläche." So ist es auch verständlich, daß all die prachtvollen, unentwegt durchbrochenen Fassaden nicht auf Tiefenwirkung, sondern auf Licht und Schatten berechnet sind. Diese Reflexe aber geben Farbe. Ganz Venedig jagt den raffiniertesten Farbwerten nach. Ganz Venedig betrachtet sich selbst unentwegt in einem Spiegel, den das Meer durch das Gewirr der Kanäle ausgebreitet hat. Lachend meinte der Maler: „Eine Frau, die ständig vor dem Spiegel sitzt, wird nicht zufrieden sein, wenn ihr Haar glatt herunterfällt, bald wird sie eine Masche, bald eine Spange oder etwas Ähnliches brauchen. So ist es auch mit unseren Palästen, mit den Säulen, den Figuren und allem anderen."

Bäume sind in Venedig eine Rarität. Dabei gibt es keine Stadt der Welt, die mehr Bäume besitzt! Nur wachsen sie hier nach unten. Die Wälder Istriens und des Cadore – heute deshalb verkarstete Landstriche – tragen die Lagunenstadt. Mit den Kronen nach unten wurden die Stämme in Sumpf, Schlamm, Geröll oder Kies gerammt, mit Schlick und Teer verbunden und darüber die Fundamente der Bauwerke errichtet. Meist reichte ein Stamm nicht, ein zweiter, ein dritter mußten darübergestellt und in den Boden getrieben werden, bis die unterste Baumkrone Halt fand. Bis zu zwanzig solcher Baumstämme sollen übereinander stehen. Das sind die Wälder Venedigs.

Ein kleines Modell im Museo Storico Navale zeigt, wie diese Fundamente errichtet wurden. Es ist wirklich ein ganz kleines Modell, jedoch sehr instruktiv wird die venezianische Bauweise demonstriert. Ein zweites Modell bietet Schnitte durch den Bau des Arsenals. Der Museumsaufseher, den ich nach den Modellen gefragt hatte, war froh, einen Gesprächspartner und Interessenten gefunden zu haben, und er zeigte mir jede Einzelheit und versicherte, daß die Eichen- und Lärchenstämme nach wie vor intakt sind. Das bestätigten mir später auch Fachleute, die mit den Sanierungsarbeiten in der Stadt beschäftigt sind. Immer wieder werden bei Ausbesserungsarbeiten solche Stämme herausgezogen. Man hatte beispielsweise bei Renovierungsarbeiten am Arsenal einen solchen Stamm halbiert. Nur mühsam hatte sich das Sägeblatt hindurchgefressen. Der Stamm war steinhart und überhaupt nicht angefault. Das ist verständlich, denn diese Stämme haben keinen Luftzutritt. Doch es gibt eine unheilvolle Schwachstelle: Gefährlich ist das Heben und Fallen des Wasserspiegels, und gefährlich sind auch industrielle Abwässer, die das Holz angreifen können.

Die Größe dieser Bauleistung kann man gar nicht recht ermessen. Einige wenige Zahlen aber sagen schon viel mehr: Für jeden der beiden Brückenpfeiler der Rialtobrücke wurden mehr als 6.000 Stämme gebraucht. Die Baurechnung für die Kirche Santa Maria della Salute weist 1,156.627 Pfähle aus, für den Fischmarkt benötigte man 18.000 Stämme und für den Campanile 100.000 Bäume. Goethe hat in seinem Reisebericht über Venedig für das Konglomerat von Inseln und Bäumen den herrlich treffenden Ausdruck „Biberrepublik“ geprägt.

S-förmig gekrümmt schneidet der annähernd vier Kilometer lange Canal Grande die Stadt in zwei Hälften. Die größte Tiefe des Kanals erreicht fünf Meter, stellenweise ist er ganz seicht; seine mittlere Breite beträgt dreißig Meter, die größte siebzig Meter bei der Mündung in das Markusbecken. Dieser große Kanal ist das Endstück eines Armes der Brenta, der in die Lagune fließt. Eine ganze Reihe von Flüssen, heute versunken und nur mehr unterirdisch strömend, durchfurchen Stadt und Lagune. Tief unter dem Meeresspiegel ziehen sich die Flußläufe dahin. Ihnen folgen die Schiffahrtsrouten, die durch Bojen und gebündelte Stämme markiert sind. Nur das ständige Ausbaggern hat die venezianische Lagune vor dem Schicksal der totalen Verlandung bewahrt. So blieb vor allem das Flußbett des Canal Grande erhalten, weshalb auch das Wasser dieses Kanals fließend ist, während es in vielen kleinen Seitenkanälen so wie in der Lagune steht. Die Lagune selbst – mit einer Fläche von rund vierzig zu fünfzehn Kilometern – weist über weite Flächen Sandbänke auf, die bei Ebbe deutlich sichtbar werden. Nach dem Meer hin nennt sie der Venezianer Laguna viva, die lebende Lagune, weil in ihr das Spiel von Ebbe und Flut noch wirksam ist, während sie der Terra Ferma zu Laguna morta, also tote Lagune, heißt, weil das Brackwasser nur mehr bei extremen Hochwassern erneuert wird.

Mittelpunkt des Handels

DER RIALTO

... ihre Häuser suchten die Luft, wie Bäume, die geschlossen stehn, sie mußten an Höhe zu gewinnen suchen, was ihnen an Breite abging; geizig auf jede Handbreit Erde und gleich von Anfang an in enge Räume gedrängt, ließen sie zu Gassen nicht mehr Breite, als Haus von Haus zu sondern und Menschen einigen Durchgang zu lassen ...

Dort habe ich heut die Wirtschaft der Seeschnecken, Patellen (Muscheln mit einer Schale), der Taschenkrebse gesehen und mich herzlich darüber gefreut. Was ist doch ein Lebendiges für ein köstlich herrliches Ding. Wie abgemessen zu seinem Zustande, wie wahr! wie seiend!

Goethe, Tagebuch der italienischen Reise

War der Markusplatz das Zentrum des politischen und gesellschaftlichen Lebens, so war die Gegend um den Ponte Rialto der Mittelpunkt des Handels. Unter den etwa vierhundert Brücken Venedigs nimmt die Rialtobrücke eine Sonderstellung ein. Von diesen vierhundert Brücken gleicht übrigens keine der anderen. Ich kann mich nicht für alle vierhundert verbürgen, doch für die Vielzahl, die ich auf meinen langen Wanderungen durch die Stadt im Laufe aberdutzender Aufenthalte überquert habe, trifft das zu.

Selbst die kleinsten Stege sind verschieden konstruiert, verschieden geschmückt, aus verschiedenem Material. Schon 1180 ist die erste Rialtobrücke gebaut worden. Diese Holzbrücke wurde später durch eine Zugbrücke ersetzt, denn es gab so oft Streitigkeiten zwischen Bewohnern der Stadtteile beiderseits des Canal Grande, daß die Stadtwache wiederholt die Zugbrücke emporwuchtete, bis sich die erregten Gemüter beruhigt hatten. 1310 rissen die flüchtenden Verschwörer des Bajamonte Tiepolo, eines Urenkels des Dogen Jacopo Tiepolo, als sie von der Miliz des Dogen Gradenigo verfolgt wurden, die Brücke nieder. 1444 stürzte sie ein, als eine allzu große Volksmenge der Brautgondel des Marchese von Ferrara zujubelte. 1588 begann dann Antonio Da Ponte mit dem Bau der heutigen dreifachen Treppe mit den zwei Ladenreihen, der 250.000 Dukaten kostete.

Tag für Tag spielt sich in den Morgenstunden ein lautes und fröhliches Markttreiben ab, wenn Obst, Gemüse, Geflügel und Fleisch auf den Ständen feilgeboten und angepriesen werden. Lastkähne legen an, um die verschiedenen Händler, aber auch Gaststätten und Hotels zu beliefern. Besonders der Bezirk des Fischmarktes, seines Geruches wegen nicht zu verfehlen, zieht die Käufer an, denn hier wird die frischeste, glitzernde und zuckende Beute des nächtlichen Fischfanges aus der Adria dargeboten. Jenseits der Brücke, in San Bartolomeo, zogen sich die Gewölbe der Seidenhändler und anderer Gewerbe, dicht aneinandergereiht, bis nach San Marco. Früher einmal hatten in diesem Viertel auch Börsen, Wechselstuben und auch verschiedene andere Kaufherren ihre Gewölbe.

Unmittelbar neben der Rialtobrücke gelegen ist das heutige Hauptpostamt, der Fondaco dei Tedeschi, der Kaufhof der Deutschen, denn hier wohnten und handelten die deutschen Kaufleute. Diese Art des Kaufhofes war zuerst in den orientalischen Handelsplätzen eingeführt worden. Die Beherbergung von Fremden oder die Aufnahme fremder Waren in Privathäusern war strafbar. Der gesamte Warenverkehr der Venezianer mit ihren Geschäftsfreunden im Ausland war auf den jeweiligen Fondaco beschränkt; jener der Deutschen ist urkundlich schon 1228 erwähnt worden. Die Behörden hatten damit die Ausländer unter ständiger Kontrolle. Der Warenverkehr beruhte ausschließlich auf Warentausch, denn mit Bargeld sollte kein ausländischer Kaufmann Venedig verlassen. Vom Verkauf und Einkauf wurden Abgaben eingehoben, die dem Staatssäckel zuflossen. Nun war dies aber kein einseitiger Handelsvorteil für Venedig, denn das hätte dem Grundsatz von „leben und leben lassen“ widersprochen. Der Handel der Deutschen beispielsweise war dadurch geschützt, daß der Venezianer in Deutschland zwar Reisebedarf – Pferde, Waffen und Lebensmittel – einkaufen, ansonsten aber nur über den Fondaco handeln durfte. Der Staat setzte Makler ein, die das ausschließliche Recht hatten, in dem jeweiligen Fondaco Geschäfte zu betreiben. Von dem Künstler Tizian ist das Gesuch an den Staat bekannt, „ich bitte um Verleihung des nächsten auf Lebenszeit gültigen Maklerpatents, das am Fondaco dei Tedeschi frei wird, und unter denselben Bedingungen, wie sie dem

Juan Bellini (er war gleichfalls ein Maler) zugestanden sind." Um sich ins rechte Licht zu setzen, hatte er sich zuvor noch der Loyalität zu Venedig mit den Worten gerühmt, „und obwohl ich zuvor und auch in der Gegenwart von Seiner Heiligkeit dem Papst nachdrücklich aufgefordert worden bin, ich sollte in seine Dienste treten, hatte ich doch den Wunsch, in dieser berühmten Stadt ein Denkmal zu hinterlassen". Venedig gab ihm die Maklerstelle – insgesamt gab es etwa dreißig venezianische Makler –, die ein behagliches Einkommen sicherte.

Im Jahr 1505 wurde der Fondaco ein Raub der Flammen. Sofort beschloß der Senat das Gebäude so rasch wie möglich neu zu bauen, und innerhalb von nur drei Jahren entstand unter der Leitung von Giorgio Spavento der noch heute erhaltene Bau. Die Regierung war interessiert, das Haus schnell wieder in Betrieb zu nehmen, nicht nur weil die deutschen Kaufleute ein wichtiger Wirtschaftsfaktor, sondern auch die Mieteinnahmen für den Staat nicht unerheblich waren. Der Bau gehört zu den größten der Stadt; um einen weiten viereckigen Hof herumgebaut, besitzt er fünf Stockwerke zuzüglich einem Zwischengeschoß. Er diente nicht nur als Handelsstützpunkt mit Kontoren und Warenlagern, sondern war auch in den oberen Stockwerken Logis für durchreisende Kaufleute und zudem noch der ständige Treffpunkt der in der Stadt lebenden Deutschen. In der nahe gelegenen Kirche San Bartolomeo hatten die Deutschen einen eigenen Altar. Heute ist dieser große Bau von außen nicht mehr so prächtig, doch einst trug die Hauptfassade, dem Canal Grande zu, Fresken von Tizian und Giorgione. Jedem Besucher Venedigs ist zu empfehlen, in das Hauptpostamt zu gehen, um sich den Hof mit den herrlichen Arkaden anzusehen. Man kann sich sehr leicht vorstellen, welches Leben hier geherrscht hat, welche Geschäftigkeit es gegeben hat, wenn Ballen und Fässer und Pakete geschlichtet wurden, ein Gedränge herrschte und Kaufleute mit ihren Dienern den Schatten des Gebäudes nutzten, um nach den Strapazen des Reisens und Handelns eine Siesta zu machen.

Die älteste erhaltene Kirche der Stadt ist San Giacomo di Rialto in der Mitte des Gemüsemarktes. Um 420 von einem Griechen gegründet, hat sie trotz vieler Restaurierungen im wesentlichen ihre alte Form behalten. In lateinischen Lettern ist am hinteren Giebel die Inschrift zu lesen: „Dein Kreuz, o Christus, sei die Rettung dieses

Ortes, daß in der Umgebung dieser Kirche das Gesetz des Kaufmannes Recht sei, das Gewicht richtig und die Verträge ehrenhaft."

Gegenüber der Kirche steht auf dem kleinen Platz ein kurzes Stück einer Granitsäule, ähnlich der auf dem Markusplatz, die gleichfalls der Proklamation von Dekreten, Gesetzen, Verurteilungen und anderer Bekanntmachungen diente. Eine kleine Treppe, die die Säule hinanführt, wird von einer gebückten Gestalt gestützt, dem „Buckligen vom Rialto". Im mittelalterlichen Venedig gab es für verschiedene Missetaten die Strafe des Spießrutenlaufes vom Markusplatz bis zu dieser Säule. Nackten Oberkörpers wurden die Verurteilten mit Reitgerten durch die Gassen gepeitscht. Waren sie am Ziel, küßten sie dankbar diesen Buckligen, der gleichzeitig aber auch die Funktion als Sprachrohr der Publikumsmeinung hatte. Ihm hängte das spottlustige Volk satirische Schriften und Pamphlete an, um sich über einen Mitbürger lustig zu machen, eine Affäre zu „bedichten" oder ähnliches.

Zwischen Rialto und San Marco: Den Umherirrenden begegnen auf Schritt und Tritt Überraschungen, Kirchen mit den prachtvollsten Gemälden, Klosterhöfe oder auch nur ein einfaches Portal eines Bürgerhauses, geschmückt mit einem wunderschönen gotischen Bogen, malerische Winkel, abgelöst durch finster wirkende Durchgänge. Das ist das Bühnenbild eines weniger bekannten Venedigs. Dasselbe gilt auch für die einzigartige gotische Wendeltreppe Scala del Bovolo, angebaut an den Palazzo Contarini del Bovolo in der Nähe des Campo Manin. Eine gerade, mannsbreite Gasse führt dorthin und ist deshalb leicht zu übersehen, doch ein touristisches Hinweisschild gibt Hilfe.

Auf dem Campo Santi Giovanni e Paolo erhebt sich das mächtige Reiterstandbild des Condottiere Bartolomeo Colleoni von Andrea del Verrocchio. Alessandro Leopardi, von dem auch die bronzenen Fahnenhalter vor der Markuskirche stammen, hat dieses Denkmal gegossen und den Sockel dazu geschaffen. Der Feldherr Colleoni stand im Dienste der Republik Venedig und trug wesentlich zur Erweiterung des Landreiches bei. Er war kein gebürtiger Venezianer, sondern stammte aus Bergamo. Auf seinem Totenbett erklärte er: „Geben Sie nie wieder einem Mann so viel Macht wie mir." Als er starb, hinterließ er dem Staat aus seiner Kriegsbeute eine sehr große Summe unter der Bedingung, daß er vor San Marco ein Denkmal bekäme. Er dachte natürlich an die Kathedrale, aber auf dem Markusplatz hatte man noch keinem Menschen ein Denkmal errichtet. Er diente der Erhöhung Venedigs, nicht eines einzelnen. Das war eine Forderung, die gegen jede venezianische Tradition verstieß – aber es bot sich ein diplomatischer Ausweg an, der nur einem gewiegten Kaufmannshirn entspringen konnte, weil man ja nicht auf dieses Erbe verzichten wollte. Das Standbild wurde nicht auf dem Platz von San Marco, sondern auf dem Platz vor der Scuola di San Marco errichtet. Dort steht also nun der Colleoni, und viele Venezianer hegen, so heißt es, die heimliche und bislang vergebliche Hoffnung, er werde eines schönen Tages von seinem hohen Sockel steigen und alle Tauben der Stadt mit seiner Eisenhand zerschmettern. Erst dem kleinwüchsigen, aber großen Korsen Napoleon Bonaparte war vorbehalten, was man dem Condottiere verweigerte. Er stellte sein Standbild vor die Markuskirche. Wie ein antiker Heros stand er da, nackt, in der einen Hand das Schwert, in der anderen den Reichsapfel. Zuerst verlor er das Schwert, dann den Reichsapfel und schließlich verschwand auch er selbst von dem Platz ...

Die Stadt soll ungefähr dreitausend Gassen haben – Calli, manchmal auch Piscina, Crosera, Rio terra, das bedeutet zugeschütteter Kanal, genannt – und 177 Rii, Kanäle. Die Uferseiten heißen Fondamenti. Ein bezauberndes Kapitel venezianischer Eigenheiten ist die Benennung der Straßen. Wenn sie nicht den Namen eines Heiligen, einer Adelsfamilie oder eines Handwerksberufes tragen, sind sie oft reichlich ausgefallen: Brücke der ehrlichen Frau, Gasse der Freundschaftsliebe, zugeschütteter Kanal der Mörder, Brücke der Gevierteilten, breite Gasse der Sprichwörter: das sind einige der amüsantesten Bezeichnungen, die alle irgendeiner Legende folgen. Es gibt aber überdies noch verschiedene Gassen gleichen Namens in den verschiedenen Stadtteilen. Um völlig verwirrt zu werden, brauchen Sie sich nur die Hausnummern anzuschauen. Sie finden zum Beispiel in einem Gäßchen, das nur drei Häuser hat, eine vierstellige Hausnummer. Die Stadt ist, wie schon berichtet, in sechs Bezirke geteilt: San Marco, Castello und Cannaregio nördlich des Canal Grande, südlich davon Dorsoduro, San Polo und Santa Croce. In jedem Bezirk beginnt die Numerierung der Häuser bei 1 und geht – nun eben so weit, so viele Häuser es gibt. Oft sind Straßennamen auch im venezianischen Dialekt geschrieben. Venezianisch ist eine eigene Sprache mit deutlichem Unterschied zum Italienischen. So wird das Wort Sottoportico, der Bogendurchgang, in Dialektform als Sotoportego angeschrieben. Statt Casa sagt man Ca' – die Ca' d'Oro ist also die Casa d'Oro –, Calle ist die Straße, und statt Campo San Angelo, also Engelsplatz, findet man die Bezeichnung Campo Anzolo. Daß Dialekt gesprochen wird, ist ja keine venezianische Eigenheit, daß die Dialektform jedoch in der offiziellen Straßenbezeichnung Vorrang vor der Schriftsprache hat, zeigt, daß der Venezianer auch heute noch von sich überzeugt ist.

Von der Kunst, Feste zu feiern

DIE SERENADEN

Heut abend hatte ich mir den famosen Gesang der Schiffer bestellt, die den Tasso und den Ariost auf ihre Melodie singen. Bei Mondenschein bestieg ich eine Gondel...

Goethe, Tagebuch der italienischen Reise

Das also ist die berühmte Gondel und das der prächtige Gondoliere! – das eine ein tintenschwarzes, verschossenes altes Kanu mit einem mitten daraufgesetzten düsteren Leichenwagenaufbau, und der andere ein schäbiger, barfüßiger Gassenjunge ... begann der fröhliche Gondoliere plötzlich ... zu singen. Ich hielt es eine kurze Zeit aus, dann sagte ich: Jetzt hör mal her, Rodrigo Gonzales Michelangelo, ich bin ein Pilger und ich bin ein Fremder, aber ich bin nicht gewillt, meine Gefühle von einem solchen Gejaule zerfleischen zu lassen. Wenn das nicht aufhört, muß einer von uns ins Wasser.

Mark Twain, Reise durch die alte Welt

Ich lachte. Mark Twain mußte sich selbst treu bleiben. Auch von seiner Europareise erwartete die Leserschar natürlich eine humoristisch-spöttische Schilderung. Zu seiner Ehre muß ich sagen, daß der amerikanische Schriftsteller schon wenige Zeilen danach eine ganz andere Beschreibung seiner Eindrücke gab. Eindrücke aus dem Jahr 1867, die es wert sind, hier festgehalten zu werden: „Ich begann zu glauben, daß es mit dem alten Venedig der Lieder und Geschichten für immer vorbei sei. Aber ich war zu voreilig. Binnen weniger Minuten trieben wir elegant hinaus auf den Canal Grande, und da lag im milden Mondlicht das Venedig der Dichtung und Romantik vor uns. Direkt am Rand des Wassers erhoben sich lange Reihen stattlicher Marmorpaläste; Gondeln glitten schnell hierhin und dahin und verschwanden plötzlich durch unvermutete Tore und Gäßchen; schwere Steinbrücken warfen ihre Schatten quer über die glitzernden Wellen. Überall herrschte ein Leben und Treiben und doch lag über allem eine Stille, eine Art verstohlener Stille, die an heimliche Geschäfte gedungener Mörder und Liebender denken ließ; und halb in Mondstrahlen und halb in geheimnisvolle Schatten gehüllt, schienen die düsteren, alten, herrschaftlichen Häuser der Republik einen Ausdruck an sich zu haben, als blickten sie in demselben Moment mit einem Auge solchen Ereignissen entgegen. Musik schwebte über dem Wasser – Venedig war vollkommen.

Es war ein zauberhaftes Bild, sehr weich und verträumt und schön. Aber was war dieses Venedig im Vergleich zum mitternächtlichen Venedig? Nichts. Es gab ein Fest – ein großes Fest zu Ehren irgendeines Heiligen, der vor dreihundert Jahren dazu beigetragen hat, der Cholera Einhalt zu gebieten – und ganz Venedig war draußen auf dem Wasser. Es war keine gewöhnliche Angelegenheit, denn die Venezianer wußten nicht, wie bald sie die Dienste des Heiligen vielleicht wieder brauchen würden, da sich zur Zeit die Cholera überall ausbreitete. So waren also auf einer weiten Fläche – sagen wir eine Drittelmeile breit und zwei Meilen lang – zweitausend Gondeln versammelt, und jede einzelne führte zwei bis zehn, zwanzig oder gar dreißig bunte Laternen, die über dem Boot aufgehängt waren, und vier bis zwölf Insassen mit sich. So weit das Auge nur reichte, drängten sich diese farbigen Lichter wie ein weiter Garten vielfarbiger Blumen, nur daß diese Blüten nie stillstanden; sie glitten unaufhörlich ineinander und auseinander, vermischten sich miteinander und verleiteten uns zu dem verwirrenden Versuch, ihren verwickelten Bewegungen zu folgen. Hier und da übergoß das grelle rote, grüne oder blaue Licht einer Rakete, die sich schwerfällig vom Boden löste, alle umliegenden Boote mit strahlendem Glanz. Jede Gondel, die an uns vorbeischwamm, hoch behängt mit halbmond- und pyramiden- und kugelförmigen bunten Lampions, welche die Gesichter der jungen und duftenden und lieblichen Welt unter sich beleuchteten, war ein Bild für sich; und die Spiegelbilder dieser Lichter, so lang, so schlank, so zahllos und so von den Wellen verzerrt und gefaltet, waren auch ein Gemälde, und ein bezaubernd schönes dazu. Viele, viele Gruppen junger Damen und Herren hatten ihre Prachtgondeln stattlich geschmückt und nahmen an Bord ihr Abendessen ein, wobei sie von ihren eigens dazu mitgebrachten befrackten Dienern in weißen Krawatten bedient wurden und wozu sie ihre Tafeln wie für ein Hochzeitsmahl herausgeputzt hatten. Die kostbaren Kugellampen hatten sie, glaube ich, aus ihren Salons mitgebracht, desgleichen die Spitzen- und Seidenvorhänge. Sie hatten auch Klaviere und Gitarren mit, und sie spielten und sangen

Opern, während die plebejischen, nur mit Papierlaternen ausgestatteten Gondeln aus den Vorstädten und Seitengassen sich um sie drängten, um hinüberzustarren und zu lauschen.

Überall war Musik – Chöre, Streichorchester, Blaskapellen, Flöten, alles. Ich war so umringt, ummauert von Musik, Pracht und lieblicher Schönheit, daß mich der Geist dieses Schauspiels überkam und ich selbst eine Melodie anstimmte. Als ich jedoch bemerkte, daß die anderen Gondeln weggefahren waren und mein Gondoliere im Begriff war, sich ins Wasser zu stürzen, hörte ich auf.

Das Fest war herrlich. Es dauerte die ganze Nacht; ich habe mich nie besser unterhalten als in diesen Stunden.

Was für eine sonderbare Stadt diese Königin der Adria ist! Enge Straßen, riesige, düstere Marmorpaläste, schwarz von den ätzenden Dünsten der Jahrhunderte und alle teilweise unter Wasser; kein trockenes Land in Sicht und keine Bürgersteige, die der Erwähnung wert wären; wenn man in die Kirche, ins Theater oder ins Restaurant möchte, muß man eine Gondel rufen. Für Krüppel muß es ein Paradies sein, denn für seine Beine hat der Mensch hier wahrhaftig keine Verwendung."

Also hier kann ich Mark Twain nicht zustimmen! Im Gegenteil, ich muß heftig widersprechen: Mir schmerzten die Beine. Den ganzen Tag war ich umhergelaufen und ließ nun, während ich in Mark Twains Erinnerungen schmökerte, diese müden Beine von einem Hocker in Harrys Bar baumeln. Das ist jene Bar – eine Pilgerstätte amerikanischer Touristen –, die Hemingway zu seinem Stammlokal erkoren hatte und in der auch eine Reihe von Szenen seines Romans „Über den Fluß und in die Wälder" spielen. Vor etwa fünfunddreißig Jahren sagte mir der damalige Barkeeper, der diesen prominenten Gast noch persönlich kannte, Hemingway saß meistens an der Bar, und er fügte den Kommentar hinzu: „Oh a very strong Drinker."

Bis auf die Sache mit den Beinen stimme ich Mark Twain zu. Er ist jedoch wohl stets mit der Gondel gefahren, was damals sicher billiger war. Heute ist das ein Vergnügen, das zwar zu einem Venedigbesuch gehört, aber für alle Tage eben zu kostspielig ist. Einmal mit der Gondel zu fahren, ist allerdings unbedingt notwendig, denn schon in den ersten Jahrhunderten Venedigs hatte sich der Brauch eingebürgert, Häuser fast ausschließlich nur auf einer

Seite zu schmücken, entweder an einer Straßenseite, wenn eine breitere Gasse oder gar ein Platz zur Verfügung standen, oder aber zu einem Kanal hin, wenn er eine wichtige Wasserader war, vor allem natürlich zum Canal Grande. Auf dieser einen Seite entfaltete das Haus mit allen Mitteln den Reichtum, um damit die Macht und Bedeutung der Familie auszuweisen, die es bewohnte. Typisches Beispiel ist der gotische Palazzo der Familie Contarini, unter dem Namen Ca' d'Oro bekannt, weil er über und über golden glänzte.

Auch heute noch kann der Venedigbesucher die nächtlichen Festivitäten genießen. Altem Brauch folgend, wird gegen Ende August alljährlich das „Fresco notturno" auf dem Großen Kanal gefeiert. Brücken und Uferwege sind mit Lichtern und Lampions geschmückt, die Paläste schimmern im Scheinwerferlicht, reich verzierte Boote tummeln sich auf dem Kanal, Musik, Gesang und flüsternde Stimmen genauso wie elektronisch verstärkte erfüllen diese schönste Straße der Welt. Ein großes Floß, auf dem sich von Lichtern erstrahlte Säulen und Kuppeln erheben, bildet den schwimmenden Festsaal der Sänger und Musiker. Langsam bewegt sich die „galleggiante" über das Wasser. Zu den großen Festen zählen auch die Regatten. Alter Gewohnheit nach pflegten die Venezianer am 31. Januar, dem Tag, an dem die Gebeine des heiligen Markus in Venedig angekommen sein sollen, in der Kirche San Pietro di Castello ihre Ehen zu schließen. Im Jahr 942 drangen istrische Seeräuber in die Kirche ein und raubten die Bräute. Die venezianische Flotte verfolgte die Piraten, besiegte sie und führte die geraubten Frauen im Triumph zurück. Zur Erinnerung an dieses Ereignis wurde ein Marienfest gefeiert, an dem jeweils zwölf junge Mädchen auf Staatskosten verheiratet wurden. Zwei große Boote mit fünfzig Ruderern brachten die Bräute über den Canal Grande zur Kirche. Das Schiff, das als erstes ankam, erhielt einen Preis. Aus diesem Brauch dürften sich die Regatten entwickelt haben, die heute noch zu den traditionellen Veranstaltungen in Murano, Burano, Pellestrina und auf der Giudecca gehören. Die bedeutendste aber ist die Historische Regatta, die am ersten Sonntag im September vom Markusbecken aus auf dem Großen Kanal ausgetragen wird. Doch davon mehr im nächsten Kapitel.

Eine besondere Art, venezianische Feste zu feiern, waren die abendlichen und nächtlichen Serenaden. Ein Anlaß war schnell

Ein Blick vom Campanile: Stadtzentrum mit der gotischen Wendeltreppe im Turm des Palazzo Contarini del Bovolo.

Die älteste Gondel-Werft: Squero di San Trovaso im Sestiere Dorsoduro, noch immer aktiv.

Rechts: Früh übt sich... Ruderboot mit venezianischen Kindern beim Training auf dem Canal Grande – und Dolcefarniente ehemaliger Gondoliere.

S. Toma'

Regata Storica – jeweils am ersten Sonntag im September.

gefunden, und eine Freundesschar versammelte sich in Gondeln, musizierte und sang selber oder lauschte den Klängen engagierter Künstlerinnen und Künstler. Aber auch unter den Gondolieri gab es Männer mit hervorragenden Stimmen, die ihren Gästen ein Solokonzert gaben.

Das alles gibt es auch heute noch. Was jedoch von Tourismusveranstaltern als „Serenade" angepriesen wird, verdient selten den Namen, sondern gehört viel eher in die Kategorie Nepperei. Wobei es natürlich Ausnahmen gibt, daß ein solcher musikalischer Abend auf den Kanälen durchaus romantisch sein kann und gute Musik und hervorragende Stimmen zu erleben sind. Glück muß man haben …

Stolzer Gruß an die Vergangenheit

DIE REGATA STORICA

Ob man Venedig zum erstenmal sieht oder schon wiederholt dagewesen ist, der Neuankömmling wie der Vielgereiste kann bei seinem Anblick nur mit Dante sagen, daß „es einen vor Staunen stumm macht".

Ludwig Bemelmans, The Best of Times

O ja, ich war stumm, verblüfft, als ich an einem ersten Sonntag im September knapp nach der Mittagszeit durch die Stadt ging, durch eine stillgewordene Stadt. Auch die Stadt war stumm, sie war in verschiedenen Teilen wie ausgestorben. Trotz der Hochsaison hatten die meisten Geschäfte entgegen sonstigem Brauch geschlossen. Nur hier und da war ein Laden geöffnet, dessen Besitzer verzweifelt nach einem Kunden Ausschau hielt. Erst als ich mich dem Canal Grande näherte, wechselte die gespenstische Leere mit einem unaufhörlichen Menschenstrom ab, der schreiend und gestikulierend sich ausschließlich in eine Richtung bewegte: zum Canal Grande. Es war der Tag der Regata Storica.

Wenige Tage vorher hatte ich ein deutsches Ehepaar belauscht, das vor einem der Plakate stand, mit denen die ganze Stadt überschwemmt war und die für die Regata Storica warben. Gerade sagte die Frau zu ihrem Mann: „Sieh mal, das ist doch typisch italienisch. Da haben sie doch noch bei den Riesenbuchstaben bei Regatta ein ‚t' ausgelassen." Ihr kluger Mann warf trocken ein: „Außerdem muß es ‚Historica' heißen." Daß vielleicht die italienische Schreibweise anders sei, darauf waren die Neunmalklugen nicht gekommen.

Geradezu ganz Venedig war auf den Beinen, von der Nona, der Großmutter, bis zum kleinsten Bambino. Venedig nahm teil an diesem großen und einmaligen Erlebnis. Und das geschieht Jahr für Jahr.

Der Canal Grande glich einem Fahnenmeer, kaum ein Palast war ohne Fenstertücher, und oft waren es sichtlich uralte Fahnen aus dem Familienbesitz, die an diesem Tag stolz im Winde flatterten.

Der ganze Kanal war schon von Mittag an für den öffentlichen Verkehr gesperrt. Schon am Vormittag hatten sich aberdutzende Boote, Lastkähne, elegante Motorschiffe, ja selbst Segelboote irgendwo einen Platz gesucht, an dem sie ihr Schiff festmachen konnten. An den Uferstellen gab es kein Fleckchen, an dem sich nicht Menschentrauben sammelten. Hunderte von Gondeln glitten beidseits des Kanals auf und ab. Polizeiboote schossen hin und her, es trillerten die Pfeifen, doch wer scherte sich darum? Mühsam nur gelang es, die Gegend der Ehrentribüne bei der Ca' Foscari freizuhalten, die in der Art eines chinesisch-orientalischen Pavillons – oder sollte es ein imitierter Barockbau sein? – errichtet war. Bei dem Schauspiel, das hier abrollte, war das venezianische Volk nicht Zuschauer, es war die Statisterie, ohne die das Fest nur halb so lustig, ja unmöglich gewesen wäre. Die Touristen waren nur die Zuseher, die vor allem den eigentlichen Regatten nicht wirklich folgen konnten. Immer wieder waren es die Venezianer selbst, die am lautesten schrien, einander zuriefen, winkten, sich gegenseitig auf die Details des kommenden Festzuges aufmerksam machten und einander über die Geschichte ihrer eigenen Stadt aufklärten, von der sie selbst so wenig wissen. Viel beklatscht fuhr ein Fischerboot aus Burano vorbei, überladen mit Menschen; eine Blechmusikkapelle erzeugte mehr Krawall als Musik, dabei kreisten die Weinflaschen. Übrigens hatte die Polizei zusätzlich Boote gemietet, wenige Meter vor mir pfiff und schrie sich ein Polizist in seiner weißen Uniform heiser. Währenddessen schallte über den Lautsprecher Musik, Lieder der Gondolieri wechselten mit Barockmusik, vor allem mit den herrlichen Klängen Vivaldis, ab. Und doch war es nur eine Geräuschkulisse, denn kaum jemand hörte zu, und der Kommentator des Geschehens, Platzsprecher würde man auf dem Festland sagen, versuchte mit oft kippender Stimme seine Erklärungen anzubringen und führte Interviews – aber dann brandete ein Lärm auf: Die Flottille der Historischen Regatta bewegte sich von den Öffentlichen Gärten nahe dem Molo durch das Markusbecken und den Canal Grande und fuhr die ganze Rennstrecke ab, die sieben Kilometer lang ist und von den Giardini Pubblici durch den ganzen Kanal bis zur Eisenbahnstation führte, wo bei Santa Lucia im Kanal der Paletto, der Pfahl, als Wendemarke ausgesteckt war, und zog zurück bis zur Ca' Foscari. Voran eine Unmenge Gondeln, festlichst geschmückt Gondel und Gondoliere. Der Vorsitzende der Vereinigung der Gondolieri hielt stolz die Zunftfahne, die bald tausend Jahre alt ist, in seinen Händen. In den Gondeln saß vom Bürgermeister abwärts die Prominenz der Stadt. Und dann folgte das historische Schauspiel.

Plötzlich war die Wasserfläche noch mehr voller Leben und Farben, denn in den Gondeln und Schiffen saßen nun nicht mehr Menschen in der Kleidung von heute, sondern in jener des Settecento, Patrizier, Senatoren, Handelsherren, Mitglieder des Großen Rates, Kleriker – und der Doge. Was machte es, daß die Bärte geklebt waren: die Farbenpracht, von der herabbrennenden Sonne in ein überirdisches Licht getaucht, machte die Szene lebendig. Es folgten die prunkvollen Boote; die Nachbildung des Bucintoro ist natürlich nur ein höchst bescheidener Abglanz einstmaliger Pracht, und doch zeigte die Flottille, die da majestätisch den Kanal durchfurchte, eine Kostbarkeit der Farben und des Materials, wie man sie selten irgendwo in einem Festzug findet. Dargestellt wird bei der jährlichen Historischen Regatta die Ankunft der Venezianerin Caterina Cornaro, der Königin von Zypern, in ihrer Heimatstadt. Dieser schwimmende Prunk trug die Embleme des alten Venedigs, immer wieder waren es die Löwen von San Marco, aber auch Meeresungeheuer, Delphine, Amoretten und Göttinnen in einer ungeheuren Farb- und Formenpracht, die sich der Fremde nicht zu erträumen wagte. Dazu die Farben der Segel und die Gewänder der Besatzung, blau-weiß, rot-schwarz, rot-weiß, gelb, grün, alle vorstellbaren Farbkompositionen waren vertreten. Vom Flaggschiff ertönten Fanfaren- und Posaunenklänge. Und viel beklatscht wurden schließlich jene Boote, die von Nachbarorten oder von Berufsständen aufgeboten wurden. So etwa ein Lastkahn von der Gemüseinsel La Vignola, köstlich geschmückt mit den Erzeugnissen der Felder und Gärten: das Boot geschmückt mit Ketten von aufgefädelten roten Peperoncini, aufgeschichtet Gemüse und Obst, herrlich poliert die Äpfel; ein Gondoliere, der die Menschen auf dem Schiff kannte, rief ihnen zu, und schon flog ein Apfel in seine Gondel. Ein anderes Boot wiederum trug bauchige Ballonflaschen voller Wein, und genußvoll geschlichtet lagen die Weintrauben. Dann wieder kam ein Boot vollgefüllt mit Eiern, und in Käfigen gackerten die Hühner. Es war sehenswert, daß die Menschen der Inseln, die Bauern und andere

Berufsstände teilnahmen, gekleidet in die härenen Gewänder des Landvolkes jener Zeit.

Das ganze Jahr über ruhen die Boote im ohnehin ruhenden Arsenal. Zum Tage der Regatta werden sie auf Hochglanz gebracht und ziehen stolz vorbei an den Löwen, die das Arsenal bewachen. Ich könnte mir vorstellen, daß diese steinernen Zeugen der Geschichte dann erstaunt und freudig blinzeln, um schließlich in Ruhe wieder ein Jahr weiterzuschlafen.

Die Ehrengäste waren inzwischen durch die engen Gassen zum Palazzo Baldi gewandert, wo es einen Empfang für sie gab, und von dort ging ein Steg zur Ehrentribüne, „Machina" genannt, einer hölzernen Konstruktion auf schwimmenden Pontons. Hunderte Venezianer drängten sich in diesen Gassen, so wie anderswo bei einer Prominentenauffahrt, bei Festspielen und dergleichen, um einen Blick auf jene zu erhaschen, die der Ehrentribüne würdig waren. Elegant gekleidete Damen und Herren, sehr viele Uniformen der verschiedenen Militärzweige und Polizeitruppen, die alle auf dem Ponton Platz nahmen und hinübergrüßten zu den Menschen von einst, als Geste ehrerbietiger Reverenz. Sie galt nicht den Menschen, die sich für einen Tag verkleidet hatten, es war eine Reverenz vor der Geschichte.

Endlich begann das sportliche Ereignis des Tages, die eigentliche Regatta. Es herrschte Siedehitze, und zwar buchstäblich, nicht nur in den Temperamenten der Zuschauer. Denn unbarmherzig brannte die Sonne herab. Wer eine Zeitung mit hatte, war ein umworbener Mann, denn jeder wollte ein Blatt, um sich daraus einen Papierhut falten zu können. Vor Jahrzehnten, als ich meine erste Regata Storica erlebte, widerfuhr mir gleichzeitig eine kleine, recht lustige Geschichte. Mir war nicht nur immer heißer, sondern zusehends schlechter geworden. Da mir an einem Sonnenstich nicht viel gelegen war, überlegte ich verzweifelt, woher ich ein schützendes Dach für meinen Kopf nehmen könnte. Da fiel mein Blick auf einen Gondoliere, der mit einem Polizisten wenige Meter vor mir Dienst machte. Sein Gondolierehut mußte mir in die Augen stechen, so funkelnagelneu war er und breit ausladend. Ich rief dem Mann zu, ob er mir seinen Hut verkaufen würde. Ein empörtes Nein war die erste Antwort. Wo er sich doch extra für das Fest neu „behutet" hatte! Nach wenigen Minuten wurde der Gondoliere unruhig. Verstohlen sah er her zu mir, prompt machte ich die Geste des Geldzahlens, und er blickte schnell weg. Wenig später aber nahm er seinen Hut ab, schaute ihn an, setzte ihn auf, nahm ihn ab, schaute ihn an, und so weiter fort. Dann siegte sein Geschäftsgeist. Mit wenigen Ruderschlägen war er ganz herangerudert, streckte mir den Hut entgegen und nannte mir einen Betrag. „Was?" rief ich dem Mann entgegen, „so viele Tausend Lire?" Er aber blieb stur bei dieser Summe. Kein Handeln, kein Feilschen. Schließlich fragte ich ihn, was er für den Hut bezahlt habe. „Den halben Preis", war seine Antwort, doch noch bevor ich etwas sagen konnte, fügte er hinzu: „Aber die andere Hälfte Lire dafür, daß mir die Sonne jetzt auf den Kopf brennt." Dies leuchtete mir ein, der Handel war perfekt, wir tauschten Geld und Hut, ich setzte ihn auf – und um mich war es finster. Ich weiß nicht, welche Hutgröße der Gondoliere hatte, jedenfalls bremsten nicht einmal die Ohren den Fall der breitkrempigen Kopfbedeckung. Der Gondoliere gab mir noch den Papiersack seines neuen Hutes, den ich zum Ausstopfen verwenden mußte. Bald aber war mir um den Kauf nicht mehr leid, mir war leichter, und ich sah, wie der Gondoliere pausenlos mit dem Taschentuch über seinen Kopf wischte, von dem die Schweißperlen rannen. Wieder schaute er verstohlen nach mir, doch ich winkte ab, der Hut war mein. (Übrigens: Er dient mir noch heute für die Gartenarbeit.)

Meine Umwelt hatte mit viel Vergnügen die Transaktion miterlebt. Das hatte den Vorteil, daß ich nun plötzlich eingereiht war in die Gemeinschaft dieser Venezianer, die inzwischen Wetten abschlossen, wer die Regatta gewinnen würde.

Die ganze Veranstaltung ist mehr als ein Schauspiel. Manche würden sagen: Kitsch! Die Regata Storica ist jedoch die stolze Erinnerung an die stolze Tradition eines auch heute noch stolzen Volkes. Die Menschen von heute lächeln zwar, aber zugleich nehmen sie mit Eifer daran Anteil. Das habe ich auch bei Touristen gesehen, die zuerst etwas überheblich wirkten und so taten, als würden sie halt vorbeischauen, weil sich das so gehöre. Im Nu waren sie alle ausnahmslos von der ganzen Szenerie gefangen. Und im Mittelpunkt des Festes steht die Gondel, sie ist sozusagen der Hauptakteur.

Es gibt mehrere Wettbewerbe: eine Regatta für die jungen Ruderer, für Frauen die Regata delle Donne, dann die Regata delle Caorline, und schließlich als Höhepunkt die Regata dei Gondolini. Die Damenregatten sind erst in den letzten Jahrzehnten Programmpunkt geworden, erfreuen sich aber inzwischen großer Beliebtheit, wenn die Ruderinnen, alle stehend in den schnittigen Booten, den Kanal durchfurchen. Sie müssen genauso wie alle anderen Wettkämpfer sieben Kilometer wettkampfmäßig rudern. Eine höchste Kraftanstrengung. Während man die Regattaboote vom Start weg durch das Markusbecken bis zur Ca' Foscari mit dem Zielband nur einmal sieht, sehen von dort aus die Zuseher diese Boote zweimal, einmal bei der Fahrt bis zum Wendepfahl beim Bahnhof und zurück bis zur Ziellinie bei der Ca' Foscari.

Die sogenannte Regata delle Caorline wird benannt nach einem bestimmten Bootstyp mit sechs Rudern, wie sie vor allem von den Inselbewohnern benutzt werden. Inzwischen gehören auch Frauen zur Bootsbesatzung. Jedes der Boote war in einer anderen Farbe gestrichen, denn so war der Verlauf des Rennens leicht zu erkennen, und über Lautsprecher wurde ständig die Platzierung sowie jede Veränderung angegeben. Wetten wurden abgeschlossen, wer beim ersten Durchlauf an der Spitze sei. Pfeilschnell flogen die Boote über das Wasser, angefeuert von den Zuschauern, die einzelnen Boote jedoch besonders von den Bewohnern der jeweiligen Insel, die dieses Boot stellte, unter anderem von Pellestrina, von Sant' Elena, von Murano, von Burano… Es konnten auch von einer Insel zwei Boote oder mehr gemeldet werden. Die Boote waren rot, violett, weiß, grün und die Ruderer wurden von den Menschenmassen angefeuert, einzelne noch durch persönliche Zurufe von Freunden „gedopt".

Den Abschluß machte schließlich die Regatta der Regatten, die „Regata dei Gondolini". Die Boote waren mit je zwei Gondolieri besetzt, die diese schnittiger gebauten Renngondeln durch das Wasser des Canal Grande trieben. Ein Ereignis mit hohem sportlichen Einsatz, wenn man bedenkt, daß für diese Regatta die Gondolieri einen Monat lang auf jede andere Arbeit verzichten müssen und damit ohne Verdienst bleiben, um sich ganz dem Training widmen zu können. Daran erkennt man erst recht, wie ernst die Regatta genommen wird. Und der „Platzsprecher" berichtete stolz, welche

Gondolieri im jeweiligen Boot schon an wieviel Regatten teilgenommen und welche Preise gewonnen hatten. Ich erlebte eine Regatta, wo der älteste Teilnehmer mit seinen achtundvierzig Jahren schon zwanzig Regatten gefahren war, wobei er dreizehn erste Preise gewonnen hatte.

Als nun diese Boote daherkamen, war der Lärm unbeschreiblich. In Sprechchören wurden die Ruderer angefeuert. Auf manchen Zuschauerplätzen wären die Menschen mitunter fast handgreiflich geworden, wenn der Applaus gerade einem Boot galt, das hier vor Ort nicht hoch im Kurs stand. Der Kommentator berichtete unentwegt über die spannenden Duelle, die Positionskämpfe zwischen den einzelnen Booten, die nun zum Endspurt ansetzten. Das Siegerpaar lag einander lachend und weinend in den Armen. Nun, das Training hatte sich gelohnt. Der Siegespreis betrug eine hohe Summe, gar nicht zu reden von der Ehre und der Standarte, welche die ersten vier Boote erhielten. Nach ihrer Rangfolge erhalten die einzelnen Gondeln ein abgestuftes Preisgeld, wobei es noch Zwischenprämien gibt, ähnlich dem Radfahren, so beispielsweise eine Prämie für die Gondel, die zuerst am Palazzo Grassi vorbeifährt, usw. Das vierte Boot erhält nach alter Tradition ein lebendes Ferkel. Vielleicht soll dieses Ferkel an den Wettbewerb vor Hunderten von Jahren erinnern, der zwischen den Gondolieri diesseits und jenseits des Großen Kanals stattfand, einem Wettbewerb im Schweineschlachten. Das letzte Boot bekommt außer der nun schon sehr bescheiden gewordenen Geldprämie einen Truthahn.

Der Ursprung dieser Regatta liegt sieben Jahrhunderte zurück. Sie galt in all den Zeiten als das volkstümlichste Fest Venedigs, und das ist heute noch genau so. Dem Venezianer rinnen Schauer über den Rücken, wenn die Boote, nachdem sie die Ziellinie durchfahren haben, zur Ehrentribüne gleiten und die Gondolieri ihre Ruder zum Gruß himmelwärts erheben.

Das Rennen war zu Ende, nicht aber das Schauspiel. Nun erst zeigte sich, wie die Polizei vorgesorgt hatte, denn kaum war das letzte Boot vorbeigefahren, schloß sich dahinter eine dichte Kette von Booten. Der ganze Kanal wurde nun lebendig, zum brodelnden Hexenkessel; man sah kein Wasser mehr, nur eine Menschenmasse, die sich immer näher an das Ziel, die Ca' Foscari, schob. In den Booten, die schon stundenlang vor der Regatta im Kanal vertaut waren, hatten die Menschen regelrecht getafelt. Gegessen und getrunken, vor allem getrunken. Das hatte natürlich gleichfalls die Stimmung angeheizt. Hell jauchzend jubelten die Zuschauer, als von einem Sandolo ein Ruderer in den Kanal fiel und schrie, aber nicht um Hilfe, sondern aus Angst um seine Chiantiflasche, die er mit der einen Hand hoch über das Wasser hielt. Kaum in das Boot gezogen, entglitt dem Betrunkenen das Ruder, er selbst flog gleich wieder hinterher. So ging das Schauspiel weiter...

Es dauerte noch eine gute Stunde, bis der Lärm auf dem Canal Grande verebbte und die Besucher heimwärts strömten. Ein großer Tag war vorbei.

Der öffentliche Verkehr durch den Canal Grande und das Markusbecken konnte wieder aufgenommen werden. Das Stadtleben hatte wieder begonnen.

„Man könnte vor Begeisterung über Bord fallen, denn die Wirklichkeit läßt alle Verheißungen der Reisebücher banal erscheinen. Venedigs Schönheit ist echt. Man bedauert nur, daß sogar bei dem Schneckentempo der Gondel die Kristallglas- und Marmorszenerie zu schnell vorüberschwebt, so daß man beim Anblick immer neuer Schönheit an einer Art visueller Verdauungsstörung leidet... Ich las einmal auf einer Mauer in der Nähe meines Hotels in Kreide geschrieben: Venedig ist eine Gondel, die tanzt und sich wiegt; es ist aus Sonne, Stein, Gold und Liebe gemacht." So schrieb Bemelmans in seinem Buch „The Best of Times". Und das ist auch der Grund, warum ich bei der Regatta so lange verweilt habe. Hier feiert nicht nur ein traditionelles Volksfest Jahr für Jahr fröhliche Urständ. In diesem Fest offenbart sich Venedig mit seinem ganzen Charme, mit seinen Eigenschaften und Leidenschaften. An diesem Tag steht die Gondel, dieses traumverlorenste Fahrzeug aller Zeiten, im Mittelpunkt. Auch wenn der Preis sehr hoch ist, denn die Gondoliere vermarkten diesen erlebnisreichen Tag perfekt.

Wahrzeichen der Stadt

LA GONDOLA

Wer hätte nicht einen flüchtigen Schauder, eine geheime Scheu und Beklommenheit zu bekämpfen gehabt, wenn es zum ersten Male oder nach langer Entwöhnung galt, eine venezianische Gondel zu besteigen?

Thomas Mann, Der Tod in Venedig

„La Gondola!" Gondola ... Gondola ... Ein Wort, das auf der Zunge zerschmilzt. Man hört den langgezogenen Ruf und versteht, daß der Komponist Richard Wagner gerade von diesem Ausruf sagen konnte: „Ein tiefes Seufzen stieg immer lauter werdend bis zu einem langgedehnten Oh! Und endete mit dem Ausruf Venezia! Der Eindruck wich nicht von mir bis zur Vollendung des zweiten Aktes von Tristan."

Um die siebenhundert Gondeln sind es heute; zehntausend waren es im 16. Jahrhundert. Diese kleinen, eleganten Boote – klein, gemessen an der Größe der Paläste, an denen sie vorbeigleiten – sind ein Wahrzeichen der Stadt. In der Gondel spiegelt sich wiederum venezianische Eigenart. Aus ursprünglich gewöhnlichen schmalen Booten, die zum Warentransport in dem engmaschigen Adernnetz der venezianischen Kanäle bestimmt waren, hatte sich dieser spezielle Bootstyp herauskristallisiert. Und so wie sich kein Venezianer über den anderen erheben sollte, machte das berühmte Dekret dem Luxus der Gondeln ein Ende, um ihnen ohne Unterschied die schwarze Farbe zu geben. Ungewiß ist die Herkunft des Wortes Gondola: Es wird vom lateinischen *cimbula,* Nachen, aber auch vom griechischen *kondu,* Tasse, abgeleitet und ist erstmals in einem Dogendekret des Jahres 1094 erwähnt, in welchem die Bewohner des Städtchens Loreo aufgefordert wurden, geschmückte Gondeln für den Dogen bereitzustellen. Und noch mehr: Die venezianische Asymmetrie ist auch hier zu finden. Eine Gondel ist 11 Meter lang, 1,40 Meter breit, wiegt 500 Kilogramm und kostet heute 25.000 Euro. Sie ist also gar nicht so klein, wie sie am Wasser den Eindruck vermittelt. Erst bei der Gondelfahrt durch die Kanäle merkt man, wie schwierig es oft ist, das Boot zu manövrieren. Acht verschiedene Holzarten werden zum Bau einer Gondel verwendet, deren Längsseiten asymmetrisch sind, denn die rechte ist 24 Zentimeter kürzer als die linke, wodurch die charakteristische Neigung des Bootes entsteht, die aber das Rudern erleichtert. Seit 1881 die erste Vaporetto-Linie errichtet wurde, ging die Zahl der Gondeln zurück.

Heute existieren noch fünf Werkstätten, besser gesagt kleine Bootswerften, in denen Gondeln gebaut werden. Einer dieser Gondelbauer erzählte mir, das Alltagsgeschäft seien Reparaturarbeiten. Bei ihm laufen pro Jahr zwei neue Gondeln vom Stapel. Zufällig kam ich gerade am Tag des Stapellaufs vorbei. Die Großfamilie des Bootsbauers, Freunde und natürlich der Auftraggeber mit seinem Anhang hatten sich eingefunden, und inmitten reparaturanfälliger Boote war eine Tafel aufgebaut, an der kräftig gefeiert wurde, als die neue Gondel von ihrem Stapel ins Wasser gerutscht war und einer der Arbeiter vorführte, wie gut das neue Boot im Wasser lag und zu rudern war.

Die Gondolieri nennen den Bug der Gondel „Ferro da prora“; das blanke Eisen sei das Sinnbild des Dogenhutes. Eine andere Deutung wiederum besagt, das Blatt stelle mit den sechs Zacken die sechs Sestieri, die Stadtbezirke, und dem einen Zacken, der in das Boot rage, die Giudecca dar. „Poppa“ ist das Heck, auf dem der Gondoliere steht und sein Boot mit eleganten Bewegungen vorantreibt. Dieses Rudern wird auch stolz „voga alla Veneziana“ genannt. Der Gondoliere ist sein eigener Unternehmer, die Gondel sein Privatbesitz, wobei heute oftmals zwei Gondolieri gemeinsam ein Boot besitzen. Nur wer Mitglied des Syndikates ist, darf Gondoliere sein, und jeder einzelne zahlt freiwillig seinen Beitrag; gerät er in Not, erhält er dafür aus einem Fonds Hilfe. Schon von Beginn an war der Gondoliere Mitglied einer Partei – in einer Stadt, die keine Parteien kannte, eine Ausnahmestellung –, er war nämlich Castellani oder Nicolotti, das heißt, er gehörte entweder zum Stadtteil östlich des Canal Grande, mit der Insel Castello, oder zum Stadtteil südlich des Canal Grande, mit der Insel San Nicolò.

Mich interessierte die Frage, was denn die Gondolieri im Winter tun. Die einhellige, scherzende Antwort war: Sie trinken, trinken! Einzig ein Hotelier zeigte auf zwei Männer, die im Winter einen zweiten Beruf ausübten, den des Maurers. Wie aber auch er versicherte, seien diese Arbeitswilligen in der Minderzahl, denn der Gondoliere verdiene genug, um sich nach der Saison dem Dolcefarniente, dem süßen Nichtstun, hingeben zu können. Doch ich glaube, daß diese Antwort geschönt war, denn man sieht, wie manche Gondolieri verzweifelt um Fahrgäste buhlen. Andererseits sind die Tarife ja nicht gerade billig ...

Die Technik verschonte aber selbst die Gondel nicht. Wie war ich doch verblüfft, als ich eines Tages einen Gondoliere aufnahm, mich zu einer der Inseln zu rudern. Elegant und gewandt tat er dies auch, bis er aus dem Kanalgewirr in die Lagune kam. Da legte er plötzlich das Ruder in das Boot, lächelte verschämt und hob einen Holzdeckel hoch, zog unter meinem Sitz einen Außenbordmotor hervor, hängte ihn ein und – Rrrrrr, los ging die Fahrt. Vor der Insel verlief derselbe Vorgang nun umgekehrt, und würdig gondelten wir in den Hauptkanal.

„Man muß mit der Zeit leben", meinte der Gondoliere, fügte jedoch sofort hinzu: „In der Stadt, da hasse ich jedes Motorboot, da gehört es nicht hin!"

Mit dem doppelten Boden war er mit doppelter Moral doppelt so schnell und verdiente mehr ...

Diese Art des „Ruderns" ist inzwischen verboten worden. Auch in den Kanälen wurde und wird versucht, motorbetriebene Boote fernzuhalten. Doch auch in Venedig nützen Verbote so wenig wie an jedem anderen beliebigen Ort.

Bootsfahrt durch die Geschichte

CANAL GRANDE

Auf dem Canal grande betten
Tief sich ein die Abendschatten,
Hundert dunkle Gondeln gleiten
Als ein flüsterndes Geheimnis.

Aber zwischen zwei Palästen
Glüht herein die Abendsonne,
Flammend wirft sie einen grellen
Breiten Streifen auf die Gondeln.

Conrad Ferdinand Meyer, Auf dem Canal Grande

Gondola! Steigen Sie bitte ein in die Gondel! Vorsicht! Der Gondoliere reicht Ihnen hilfreich die Hand, dennoch schwankt das Boot beängstigend. Aber keine Angst! Breitbeinig balanciert der Bootsführer das Gleichgewicht aus. Nun, ein paar Wasserspritzer werden Sie sicher abbekommen, weil irgendwo ein Motorboot Wellen schlägt.

Es gibt zwei grundverschiedene Arten der Gondelfahrt. Beiden ist gleicherweise der Vorzug zu geben: Der einen durch den Canal Grande, um vom weichen Sitz der Gondel aus die Paläste zu bewundern, und der anderen durch die kleinen Seitenkanäle, unter einer Vielzahl von Brücken hindurch, einer stimmungsvollen Fahrt, bei der die Eindrücke mit jeder Windung eines Kanals wechseln.

Die Gondelfahrt vom Markusplatz durch den Canal Grande bis zu einem anderen Ende, also durch das ganze gekrümmte „S“, ist für mich jedesmal ein Erlebnis, eine Fahrt durch die Geschichte Venedigs. Der Gondoliere treibt das Boot mit ein paar Ruderschlägen vom Molo von San Marco weg, vorbei an der Landzunge der Zollstation, Punta della Dogana, wo früher die Waren ausgeschifft und verzollt wurden, und einer Gruppe prächtiger Paläste, meist gotisch verziert, in denen heute Hotels oder Büros untergebracht sind, vorbei an der Ca' Giustinian, dem Sitz des Städtischen Fremdenverkehrsamtes. Schon erhebt sich zur Linken die barocke Symphonie der Kirche Santa Maria della Salute. Etwas weiter rechts ein freier Platz, mit einer Kirche im Hintergrund, Santa Maria Zobenigo, die ein Beispiel dafür ist, wie man den Namen der Heiligen dem des Stifters hinzufügte, meist einer Adelsfamilie. An dieser Stelle wurde übrigens unter der Wasseroberfläche eine Kette über den Kanal gespannt, um die Einfahrt von Raubschiffen zu verhindern. Gleichfalls zur Rechten erhebt sich die Ca' Corner, 1532 von dem Bildhauer und Architekten Jacopo Sansovino erbaut. Auf der anderen Seite des Kanals, der Ca' Corner fast gegenüber, baumbeschattet das massige Untergeschoß eines Palastes, der nie fertiggestellt wurde: die Ca' Venier dei Leoni – Palazzo Venier der Löwen. In seinem Garten sollen einst Löwen gehalten worden sein. Der Palazzo kam in den Besitz der amerikanischen Kunstsammlerin Peggy Guggenheim, die darin ihre Galerie der Kunst des 20. Jahrhunderts untergebracht hatte. Heute ist hier eine Dependance des New Yorker Guggenheim-Museums.

An die Ca' Corner schließt das einst berühmte Casino delle Rose, das Haus der Rosen an, auch Casetta rossa, rotes Häuschen genannt. Es war Eigentum des Prinzen Hohenlohe und diente zu Beginn des 19. Jahrhunderts dem Bildhauer Antonio Canova als Studio. Während des Ersten Weltkrieges schrieb hier der Dichter Gabriele d'Annunzio sein Werk „Notturno". Der gegenüberliegende freie Platz San Vio erinnert an eine der unzähligen venezianischen Legenden. Hier wurde gegen Ende des 13. Jahrhunderts die kleine Contessa Tagliapietra geboren, die ein frommes Leben führte. Als die Eltern ihr verboten, allzu oft zu einem Geistlichen der Kirche San Maurizio auf der anderen Seite des Kanals zur Beichte zu gehen, und den Fährleuten untersagten, die Tochter überzusetzen, habe die Contessa ein Tuch auf das Wasser gebreitet und sei darauf wie in einem Boot über den Kanal geglitten. Unmittelbar an dieser Stelle überspannt jetzt die Accademia-Brücke den Kanal. Die heutige hölzerne Bogenbrücke wurde im Jahr 1932 erbaut, vorher hatte hier eine 1854 von den österreichischen Herren Venedigs errichtete Eisenkonstruktion gestanden.

An der linken Uferseite sehen wir nun die alte Kirche und Abtei der sogenannten Barmherzigkeit, seit 1807 als Galerie der Akademie die größte Gemäldesammlung Venedigs. Ebenfalls zur Linken erhebt sich die Ca' Rezzonico. Der englische Dichter Robert

Browning erwarb diesen Palast im Jahr 1888, heute ist er als Museum zugänglich. Nicht weit davon entfernt liegt – auf derselben Seite – der Palazzo Foscari, Sitz der Universität für Handelswissenschaften. Zur Rechten hingegen sehen wir die Kirche San Samuele, deren Campanile ein typischer altvenezianischer Bau ist. In seinem Schatten wurde Casanova geboren. Gleich daneben erhebt sich der Palazzo Grassi, der im Mai 2005 von dem bretonischen Milliardär François Pinault gekauft worden ist, der hier seine in nur dreißig Jahren entstandene, weltberühmte Sammlung zeitgenössischer Kunst in Wechselausstellungen zeigt. Doch weiter auf der Kanalroute: es beginnt die Kurve des Großen Kanals mit den Palästen der Mocenigo; hier wohnte auch Lord Byron, den Venedig nicht nur seiner Dichtkunst wegen schätzte, sondern noch mehr seiner vielen Liebschaften wegen – um sein Herz stritten stets gleichzeitig mehrere Venezianerinnen – und Dank seiner Leistung, als erster Mensch die Lagune vom Lido bis San Marco und den gesamten Großen Kanal durchschwommen zu haben.

Zur Linken leuchtet die klassische Konstruktion des Palastes Coccina-Tiepolo, auf der anderen Kanalseite sehen wir gleich darauf den riesenhaften Palazzo Grimani. Bescheiden wirkt daneben der Palazzo Martinengo, in dem einst der „Lederstrumpf"-Autor Fenimore Cooper wohnte. Nun fährt die Gondel an den Palästen Farsetti und Loredan vorbei. Beide Paläste dienen der Gemeindeverwaltung. Und jetzt wuchtet die Rialtobrücke über den Kanal. Hier, zwischen dem grauen Palast der Camerlenghi aus dem 16. Jahrhundert und dem etwas rötlichen und massigen Fondaco dei Tedeschi, ändert der Canal Grande zum zweitenmal seine Richtung. Dieser zweite Bogen der S-Kurve ist weniger berühmt als der erste, doch überreich an Kunst und Geschichte. Dem malerischen Fischmarkt gegenüber liegt die Ca' da Mosto, Sitz des Nobile und Seefahrers Alvise da Mosto, der 1455 das Kap Verde umschiffte. Vom 16. bis zum 18. Jahrhundert war dieser Palast als „Leon bianco" – weißer Löwe – das bekannteste Hotel der Stadt, in dem auch Kaiser Josef II. abstieg. Und nicht weit davon erblicken wir nun das Märchen des Canal Grande, die Ca' d'Oro, Traumbild eines Adelspalastes. Dieses „Goldene Haus", vom Kaufmann und Patrizier Marino Contarini in der ersten Hälfte des 15. Jahrhunderts errichtet – und zwar im buchstäblichen Sinn des Wortes, da der Bauherr selbst den Architekten und Steinmetzen die Anordnungen gab –, versinnbildlichte die höchste Ausdrucksform koloristischer Architektur, auch wenn die echten Vergoldungen verschwunden sind. Auf der linken Seite erheben sich die Paläste Corner della Regina und Pesaro aus dem 17. Jahrhundert. Den Palazzo Pesaro, ein prächtiger Barockbau von Baldassare Longhena, hatte Giovanni Pesaro zu bauen begonnen und seine Familie verpflichtet, dieses riesige Haus auch nach seinem Tod fertigzustellen. Achtundfünfzig Jahre betrug die Bauzeit, durch Stehzeiten unterbrochen. Longhena erbaute inzwischen das riesige Grabmal für Giovanni Pesaro, der 1659 als Doge gestorben war, in der Frari-Kirche. Heute sind in dem Palast das Museum für moderne Kunst und auch das Museum für orientalische Kunst untergebracht. Der Palazzo Corner della Regina wurde erst im 18. Jahrhundert errichtet anstelle des alten Palazzo Corner, aus dem Caterina Cornaro stammte, die Königin von Zypern wurde. Auf der rechten Seite ist der Palazzo Vendramin Calergi, einer der reichst dekorierten Adelssitze, Anfang des 16. Jahrhunderts errichtet, zu bewundern, dem der Baukünstler Vincenzo Scamozzi einen eleganten Seitenflügel im frühen 17. Jahrhundert hinzufügte. Berühmt ist der Palazzo, weil hier am 13. Februar 1883 Richard Wagner verstarb. Heute lockt die Spielbank die Fremden an. Die Räume, die Richard Wagner bewohnte, können übrigens besichtigt werden.

Bei der Einmündung des Canale di Cannaregio liegt der Palazzo Labia nur mit seiner Seitenfront am Canal Grande; doch diese Schmalseite ist dekorativer gestaltet als die Längsseite. Hier ist der Ballsaal mit den berühmten Fresken von Tiepolo, die Geschichte von Antonius und Kleopatra. Die Rettung dieser Fresken ist der italienischen Rundfunkgesellschaft RAI zu danken, die diesen Palazzo erworben und aufwendig restauriert hat.

Viel, viel mehr ließe sich von der Fahrt durch den Kanal erzählen, von dem Reichtum der Farbe, der Formen und der Kunstwerke. Nicht zu reden von der Geschichte dieser Bauwerke und den Familien, die sie errichten ließen. Fast jeder Palazzo hat eine geschichtsträchtige Vergangenheit. Und der Blick wird stets abgelenkt durch das Geschehen auf dem Kanal selbst. Da tutet ein Vaporetto, ein Motorboot der Polizei rauscht vorbei, in steifer Livree führt der Diener eines Hotels soeben angekommene Reisende in einer Motorbarke zu einem der Luxushotels, in einer über und über blumengeschmückten Gondel sitzt ein Brautpaar, gefolgt von einer ganzen Gondelflottille, mühsam manövrieren Lastkähne durch das Gewirr, beladen mit Baumaterial, mit Lebensmitteln, mit Obst und Gemüse, mit allem, was es überhaupt zu transportieren gilt. Gleichzeitig ist die Müllabfuhr unterwegs und ein Spezialboot mit einem Fangkorb, mit dem geradezu vergeblich versucht wird, all den umherschwimmenden Unrat aufzufischen und in das Boot zu leeren.

O ja, auch heute noch herrscht lebhaftes Treiben! Wenn auch die Pracht vergangener Jahrhunderte fehlt – der Canal Grande ist die Hauptverkehrsstraße der Stadt geblieben.

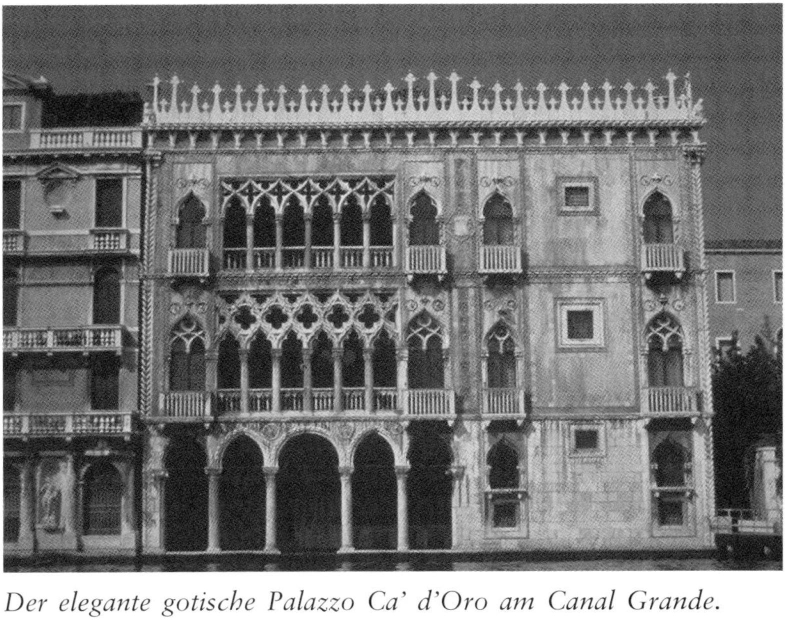

Der elegante gotische Palazzo Ca' d'Oro am Canal Grande.

Noch immer bezaubert das Settecento

DIE CA' REZZONICO

Man durchwandelt die Stadt; überall Größe, Stolz, Reichtum, Weltherrschaft. Palast an Palast, fast alle gleich gebaut. Zwei Eingänge, einer auf dem Kanal, der andere ans Land. Im ersten Geschoß ein großer mit Marmor gepflasterter Saal, dessen eine Wand ganz aus Fenstern besteht, von außen mit Säulen geziert, wert, breitere Straßen zu zieren, alles düster, ernst, streng. Diese Massen tragen den Charakter der Republik. Man möchte weinen, wenn man die Namen hört und die Reste sieht.

Franz Grillparzer, Reisetagebücher

An Eurem Tor ist eben abgestiegen
ein junger Venezianer, welcher kommt,
die nahe Ankunft seines Herrn zu melden,
von dem er stattliche Begrüßung bringt;
das heißt, nebst vielen art'gen Worten, Gaben
von reichem Wert; ich sahe niemals noch
solch einen holden Liebesabgesandten.

Shakespeare, Der Kaufmann von Venedig

Meine Freunde hatten festgestellt, mir fehle noch eine entscheidende Begegnung, ohne die „man" Venedig nicht kennt. Ich lächelte zwar, doch der Freundeskreis hatte beschlossen, mir die Ca' Rezzonico vorzuführen. Eine Dame erklärte sich bereit, sozusagen als „Bärenführer" mitzugehen. Vielmehr mitzugondeln, denn sie fand, nur die Zufahrt mit der Gondel sei stilgemäß, um den Palazzo zu besichtigen. Geschäftig erklärte sie mir, daß die Ca' Rezzonico seit 1936 öffentlich als Museum des Settecento zugänglich sei. Zahlreiche Adelsfamilien hätten aus ihrem Besitz Schaustücke beigesteuert, um den Palast wieder so einzurichten, wie die Familie eines Nobile eben im 18. Jahrhundert gewohnt und gelebt habe. Die Dame schwärmte, was verständlich ist, besonders von den Kostümen jener Zeit, von der prunkvollen Kleidung, dem Reichtum der Farben und des Schmuckes. Und dann lachte sie: „Die Zeichensprache dürfen Sie nicht vergessen." Fragend blickte ich sie an.

„Unsere Damen des Settecento hatten eine eigene Zeichensprache, je nachdem, wie sie das Schönheitspflästerchen setzten. Die Fliege auf der Nase bedeutete Keckheit, am Augenwinkel Leidenschaft, auf der Lippe Galanterie, auf der Stirn Würde und am Mundwinkel Gefährlichkeit." Unwillkürlich schaute ich meiner Begleiterin ins Gesicht. „Nein, nein", lachte sie, „in unserer ideenarmen Zeit gibt es auch das nicht mehr." Wie sie mir versicherte, sei mit Hilfe eines solchen schwarzen Tupfens manches Rendezvous einer verheirateten Dame mit ihrem Galan zustande gekommen. Dies erinnerte mich an Lorenzo Da Ponte, der in seinen offenherzigen Memoiren berichtete, daß er eines Abends sich, so wie immer, halb maskiert in einem Café aufhielt, als ein Gondoliere hereinkam, sich umschaute und ... Aber lassen wir Da Ponte selbst erzählen: „Als sein Blick auf mich fiel, gab er mir einen Wink, ihm zu folgen. Er führte mich nun an das Ufer des nahe gelegenen Kanals und bat mich, in eine Gondel einzusteigen, die auf der entgegengesetzten Seite des Cafés angelegt hatte. In der Meinung, darin meine Freundin zu finden, weil sie mich zuweilen an dieser Stelle abholte, stieg ich ohne Zögern ein und setzte mich an die Seite der Vermeintlichen. Die Nacht war sehr finster ... Bei der gegenseitigen Begrüßung bemerkte ich am Klang der mir unbekannten Stimme, daß der Gondoliere sich geirrt haben mußte. Nachdem ich mich gesetzt hatte, nahm ich ihre Hand, um sie zu küssen. Dabei merkte ich sogleich, daß sie voller war als die meiner Freundin. Sie bemühte sich eiligst, ihre Hand zurückzuziehen, aber ich hielt sie mit sanfter Gewalt zurück und versicherte der Unbekannten, daß sie nichts zu befürchten habe ... Wir hatten beide einige Zeit geschwiegen. Sie schien mich jedoch mit einer Empfindung zu betrachten, die der meinigen nicht unähnlich war. Das gab mir Mut, und ich sagte ihr all die angenehmen Dinge, die man unter ähnlichen Umständen schönen Damen zu sagen pflegt ..."

Meine Begleiterin lachte lauthals, als ich ihr diese Szene wiedergab. Es war die richtige Stimmung, um den Palazzo zu betreten. Dieser Besuch ist ein intimer Blick in das Leben einer Patrizierfamilie zur Zeit der verfeinerten Kultur. Der Bau dieses Palazzo ist in der zweiten Hälfte des 17. Jahrhunderts von der Familie Bon nach einem Entwurf von Baldassare Longhena begonnen worden. Doch der Architekt starb, und der Patrizier Bon geriet überdies in wirtschaftliche Schwierigkeiten und verkaufte den unvollendeten Bau an die Familie Rezzonico, Bankiers genuesischer Abstammung, die sich mit der riesigen Summe von 100.000 Dukaten 1687 in das Goldene Buch der Adelsfamilien eingekauft hatte. Giorgio Massari erhielt den Auftrag, den Palast fertigzubauen, und die besten Künstler wurden zur Gestaltung der Innenräume herangezogen. Schon der äußere Anblick bietet wieder die schwerelose Grazie venezianischer Baukunst. Eine breite Steintreppe führt vom Innenhof in den „Salone da ballo". Dieser Ballsaal, der Mittelpunkt des ersten Stockes, umgeben von einer Flut kleinerer Säle und Repräsentationsräumen, war das Zentrum des offiziellen gesellschaftlichen Lebens. „La bella figura", den guten Eindruck machen auf Freunde, Geschäftspartner und Gäste, das war die Aufgabe dieser Zimmerflucht. Hier lebte die Familie nicht, aber hier verlebte sie viele Tage, besser gesagt wohl noch viel mehr Nächte. Das Deckengemälde von Crosato, Apollo mit den vier Erdteilen, lenkt den Blick nach oben. Das Auge schweift über den reichen Stuck, eine Vielzahl von Wandgemälden, das riesige Wappen der Familie und über den marmornen, buntgemusterten Boden, auf den das Licht, das durch die breiten Fenster einfällt, feurige Kringel zeichnet.

Meine Begleiterin und ich waren die einzigen Besucher. Der Aufseher schloß die Vorhänge und ließ den gewaltigen Kronleuchter aufflammen, der den Saal in gleißendes Licht tauchte. Früher brannten hier hunderte von Kerzen, heute sind es Glühbirnen. Zwei der Luster in diesen Sälen sind unnachahmliche Meisterwerke. Einer, ein riesenhaftes Blumenbukett, ein Glaskronleuchter aus Murano, läßt glauben, jede einzelne Blume sei echt, in einer solchen Vielfalt züngeln die Farben. Ein anderer, aus Holz und vergoldetem Eisen, breitet seine Arme gleich der Krone eines knorrigen Baumes aus. Ein Thronsaal erinnert daran, daß aus dieser Familie mit der Wahl Carlo Rezzonicos zum Papst Clemens XIII. der höchste Würdenträger der römischen Kirche hervorgegangen ist. Doch die Familie selbst betrachtete die Heirat des Papstneffen Lodovico Rezzonico mit Faustina Savorgnan als das größere Ereignis, denn es bedeutete die Verbindung mit einem der ältesten Adelsgeschlechter Venedigs. Giovanni Battista Tiepolo malte zu diesem Anlaß 1758 ein Deckengemälde, auf dem Apoll das Paar in einem Sonnenwagen zu einer Figurengruppe fährt, welche die vereinigten Wappen der Savorgnan und Rezzonico tragen.

Ich schloß die Augen, und dennoch schimmerte das Licht der Prunkräume durch die Lider. Obwohl es so still war, konnte ich mir lebhaft vorstellen, wie Gondel um Gondel anlegte, um die Gäste abzusetzen, wie Diener geschäftig umhereilten und Lakaien mit Kandelabern beiderseits der Treppe standen, um den Ankommenden ein Willkomm zu leuchten. Wie der Hausherr im prunkvollen Vorraum seine Gäste begrüßte, im Ballsaal ein Orchester musizierte und die Kavaliere mit ihren Damen durch die Flucht der Räume wandelten, vom Zuckerwerk naschten, das ihnen befrackte Diener reichten, sich auf einer der kostbar geschnitzten Sitzgarnituren zu einem Plausch oder Umtrunk niederließen, um dann in den nächsten Saal zu schlendern, wo ein hoher Würdenträger gleichsam hofhielt. Dazu die Farbenfreudigkeit der Kleidung, und zwar nicht nur Spitzen und Schmuck der Damen, sondern auch die bestickten Festanzüge der Kavaliere, die an der Seite ihre verzierten Degen trugen. Am Ende der Zimmerflucht traten dann vielleicht der eine oder andere der Herren in das Empfangszimmer, das Besprechungszimmer, Arbeitszimmer oder die Bibliothek, blätterte in den Büchern mit pergamentenen Einbänden, in den Wiegendrucken, Kostbarkeiten der Buchmacherkunst, oder in den Büchern mit den Dichtungen der Angehörigen dieser Familie, die Muse und humanistische Bildung beweisen wollten. Vielleicht saß der Hausherr auch mit einem besonderen Gast an dem riesigen geschnitzten Schreibtisch, um ein heikles Handelsgeschäft abzuwickeln, währenddessen sich die Damen und übrigen Gäste im Ballsaal vergnügten.

Im Mezzanin eines Palastes, unterhalb des ersten Stockes, befanden sich die Wohn- und Wirtschaftsräume; in der Ca' Rezzonico war hier auch die Wohnung eines Kardinals. Im zweiten Stock lebte die Familie. Diese Räume sind wesentlich kleiner, denn im Winter mußte die Familie sie doch halbwegs warm bekommen, da es – wie in allen Palästen – keine wirkliche Heizung gab. Die riesigen dekorativen Kamine vermochten nicht Wärme für die großen Räume zu spenden. Kohlenbecken „erwärmten" die Räume. Das Schlafzimmer war mit einem Vorhang in einen Alkoven abzuteilen, in eine holzgetäfelte Nische, selbstverständlich farbenprächtig verziert und mit Schnitzwerk versehen, ebenso waren die dahinterliegenden kleinen Ankleideräume der Dame des Hauses an den Wänden und an der Decke mit Holz verkleidet, sowie auch der Fußboden, um den Zimmern etwas Wärme zu geben. Repräsentativ ist die Eingangshalle in die Privatgemächer, da man auch im Winter nicht auf Geselligkeit verzichten wollte. In diesem zweiten Stock des Palastes sind nun eine große Zahl von Gemälden des Settecento zusammengetragen, die typische Szenen dieses galanten Jahrhunderts wiedergeben. Auch hier erstrahlen glanzvolle Deckengemälde, und die Namen der Künstler sprechen für sich: Tiepolo, Guardi, Longhi. Ein Raum ist Kasperlfiguren, den Pulcinelli, gewidmet, die Domenico Tiepolo so gerne malte – und womit er die Sucht nach allzuviel Ausschmückung verspottete. Sie vollführen ihre Streiche, klatschen, schlagen Purzelbäume, schaukeln usw. Auch in anderen Gemälden machte sich Tiepolo über die Torheiten der Mode lustig.

Das dritte Stockwerk der Ca' Rezzonico hat mehr den Charakter eines Museums. Früher beherbergte es die Räume der Dienerschaft. Eine Adelsfamilie hatte vierzig bis fünfzig Bedienstete – Lakaien, Dienstmädchen, Gondolieri, Küchenpersonal – die alle in dem obersten Stockwerk ihre Wohnräume hatten. Gemessen an heutigen Wohnverhältnissen war sichtlich genügend Platz da, und wiederum weist sich Venedig als die Stadt aus, in der die Untergebenen großzügig behandelt wurden, im Gegensatz zu vielen anderen Fürstentümern dieser Zeit. Im dritten Stockwerk ist jetzt eine große Sammlung von Keramiken ausgestellt, darunter sind Stücke der venezianischen Porzellanfabrik Cozzi und der Fayencewerkstätten von Bassano und Este, jedoch auch Wiener Augartenporzellan, Stücke aus den sächsischen Manufakturen und ebenfalls Terrakottaentwürfe für Skulpturen. Ein Marionettentheater, das in keinem Palazzo fehlen durfte, zeigt die große Rolle dieser Kleinkunst im damaligen Leben – immerhin schrieben prominente Dichter eigens Stücke für diese Bühnen, die sich eines ungeheuren Zulaufs erfreuten. Daneben ist die erste Apotheke Venedigs, die einst in der Nähe des Markusplatzes stand, aufgebaut. Das Museum besitzt zudem eine Kostümsammlung, in der besonders die Robe für das verlobte Fräulein auffällt, ein weißes Spitzengebilde, in das zwei ineinander verschlungene Herzen gestickt sind, und die Bautta, der berühmte Maskenmantel mit Kapuze und der weißen, schnabelförmigen Gesichtsmaske, Ausgehkleidung für viele Monate des Jahres. Es war

Mode, in das Spielkasino, in das Kaffeehaus oder zum Spaziergang in Maske zu gehen, um sich in der Anonymität leichter unterhalten zu können. Ein alter Herr erzählte mir vor vielen Jahren, dieses Maskentragen sei nach dem Ersten Weltkrieg durch ein Dekret abgeschafft worden, weil „uns zu viele Siziliani hiergeblieben sind und unter Maske nichts als Diebereien“ vorgenommen hätten. Dies war auch der vorläufige Tod des so weltberühmten venezianischen Karnevals. Erst in unserer Zeit feiert er wieder fröhliche Urständ.

Reichtum und verschämte Armut lebten eng nebeneinander. Die Ca' Rezzonico gehörte einer – man kann sagen neureichen – Familie, die sich in den venezianischen Adel eingekauft hat. Hinter dem Palazzo beginnt der Pfarrsprengel der Kirche San Barnabà, in dem verarmte Adelige vom Staat Wohnungen zugewiesen erhielten, Menschen, die zu stolz waren, um von ihrer Hände Arbeit zu leben, was übrigens den Verlust des Adelspatentes nach sich gezogen hätte, aber gleichzeitig zu dumm, um ein Staatsamt auszufüllen. Sie behielten den ererbten Sitz im Großen Rat und ließen sich vom Staat Unterkunft und eine kleine Unterstützung geben, die ihnen ein bescheidenes Drohnenleben ermöglichte.

Doch zurück in die Ca' Rezzonico. Beim Abschied wendete ich den Blick: Hinreißend wirkt dieser Palast in seiner Kostbarkeit. In der Eingangshalle, geschmückt mit Säulen, Figuren und Marmor, ist eine Gondel des galanten Jahrhunderts aufgebockt, mit jener Überdachung, die für Schlechtwetter – aber auch für geheimnisumwitterte Liebesfahrten diente. Daneben steht ein Hochsitz auf zwei Rädern, eine Art Rikscha, die von Dienern gezogen wurde. Wie man allerdings damit in Venedig weiterkommen wollte, blieb mir ein Rätsel. Wahrscheinlich gehörte dieses Fahrzeug einst in eine der Sommervillen auf dem Festland, wohin sich die Patrizierfamilien nach dem Ende des Karnevals zurückzogen, um während der Fastenzeit dort ungeniert weiterzufeiern. Aufwärts der Brenta und anderer Flüsse, die in die Lagune münden, wurde das Gebiet bis zum Fuß der Alpen mit Landsitzen des venezianischen Adels, den Villen, dicht bebaut. Es muß eine Unzahl solcher Sitze gegeben haben, inmitten riesenhafter Ländereien. Für den reichen Venezianer, der außerhalb des Hauses ja kaum Platz für sich hatte, muß es ein Genuß gewesen sein, sich auch als Grundherr fühlen zu können;

allein in der Gegend von Treviso sollen dreihundert solcher Villen gestanden haben. Heute noch gibt es Fahrten mit dem Burchiello, einer Barke, zu den Sommersitzen an der Brenta: Nach der Villa Malcontenta, für die Familie Foscari erbaut, deren Säle mit Fresken aus der Schule Veroneses geschmückt sind. Andere Villen folgen in den Dörfern Oriago, Mira, Dolo, Fiesso d'Artico. Die größte Villa an der Brenta wurde für die Familie Pisani in Stra gebaut. Mit Fresken von Tiepolo geschmückt, mit Bildern und Möbeln jener Zeit ausgestattet, ist diese Villa inmitten eines großen Parkes ein Museum, jedoch ein Museum mit reichem geschichtlichen Hintergrund. Unter anderem war hier zu Ehren König Gustavs III. von Schweden ein Fest gefeiert worden, von dem der König gesagt habe, er hätte weder Phantasie noch Geld, um dies zu wiederholen. Nach dem Niedergang des venezianischen Staates hatte Napoleon die Villa als Sommerresidenz für seinen Stiefsohn und Vizekönig Eugène de Beauharnais erworben, und 1934 hatten Hitler und Mussolini in dieser Villa den Grundstein ihrer Zusammenarbeit gelegt.

Die erhaltenen Villen, die heute Schauobjekte sind, dürfen nicht darüber hinwegtäuschen, daß durch Verarmung, Gleichgültigkeit, aber auch durch Kriegseinwirkung viele Villen verschwunden oder aber verfallen sind. Umgekehrt aber sind viele solcher Besitze durch private Eigner wieder revitalisiert worden.

Der Drang nach dem Festland war verständlich. Hier konnte sich auch eine gewisse Individualität in der Gestaltung ausbreiten. In Venedig selbst war dem Nobile die Linie vorgezeichnet. Er hatte, so er den reichsten Familien angehörte, seinen Palazzo am Canal Grande; jeder einzelne wohl mit einer eigenen Ausschmückung, von der Konzeption her aber im wesentlichen sehr ähnlich. Das Erdgeschoß – besser: das dem Wasser zugewandte Geschoß – war das Warenlager, in das die Boote durch große Tore hineinfahren konnten. Die Gliederung des Hauses erfolgt so, so wie ich sie am Beispiel der Ca' Rezzonico geschildert habe. Im Hofe des Palastes stand immer ein Brunnen – es gab weit über dreitausend Brunnen in der ganzen Stadt –, alle Adelssitze hatten die gleichen flachen Dächer – und, was ganz besonders am Canal Grande auffällt, sie stehen aneinandergereiht wie Zinnsoldaten, und auch das war der Ausdruck einer Geisteshaltung: daß kein Patrizier dem anderen vorgereiht sei, daß jeder einzelne der Bauherren wußte, er war ein wertvolles Glied der venezianischen Gesellschaft, aber er konnte und durfte nicht darüber hinausragen.

Das wird auch an den Häusern sichtbar, die durch ihre aufgelockerte Baustruktur gleichzeitig die Weltaufgeschlossenheit des Venezianers demonstrieren.

Die Insel des Heiligen

SAN FRANCESCO DEL DESERTO

Als der heilige Franziskus, zusammen mit einem seiner Mitbrüder, in die Lagune Venedigs kam, wurde er von einer fröhlichen Vogelschar begrüßt.

Bonaventura, Opera Omnia

Gepriesen seist du, Herr,
durch unsere Schwester, Mutter Erde, die uns
nährt und versorgt
und uns den bunten Strauß
der vielen Blüten und Früchte und Kräuter
schenkt.

Franziskus von Assisi, Sonnengesang

Es ist geradezu paradox: Um zu den Bettelmönchen, den Franziskanern, auf der Isola San Francesco del Deserto zu gelangen, muß man tief in die Tasche, sprich den Geldbeutel, langen. Vor vielen Jahren ließ ich mich in einem schwarzen Sandolo, dem ärmeren Halbbruder der Gondel, von der Insel Burano zur Klosterinsel rudern. Heute hat ein Motortaxi-Unternehmen das Monopol für die Fahrtstrecke von Burano, direkt neben der Schiffsstation, zur Anlegemole der Mönche. Für je zehn Minuten Fahrzeit hin und retour und dazwischen Wartezeit von vierzig Minuten verlangt der Unternehmer 80,– Euro (Stand September 2002).

Zuerst nur als grüner Strich am Horizont der Lagune sichtbar, wurde die Insel immer größer und grüner. Ein neues Traumreich Venedigs tat sich auf, ein Reich der Stille; doch anders als Torcello, wo die Vergangenheit so gegenwärtig ist, gibt die Stille dieses Inselchens den franziskanischen Frieden wieder. Es ist eine heitere Stille. Das Boot glitt in einen breiten Kanal. Nur ein paar Stufen bilden die Anlegestelle, doch darüber erhebt sich ein großes Balkenkreuz, wohl zur Mahnung und zugleich Begrüßung. Kein Liniendampfer legt hier an. Fast fühlte ich mich als Eindringling in die Ruhe dieser Laguneninsel, als ich die wenigen Schritte von der

Anlegestelle die Klostermauer entlang zur Pforte ging. Grell durchschnitt der Glockenton diese Stille, als ich an der Pforte läutete. Es verging einige Zeit, dann hörte ich den gemächlich schlurfenden Schritt eines Mannes. Zuerst öffnete sich ein Guckloch, dann das Tor. Freundlich bat mich ein Bruder im härenen Gewand des Franziskaners einzutreten. Es war mehr als nur der Schritt in irgendein Haus. Wohltuende Kühle umfing mich, und gleichzeitig, gleichsam zur Begrüßung, hörte ich das Gezwitscher einer lieblichen Vogelschar.

Einer Legende nach soll der heilige Franziskus 1220 auf seiner Rückreise aus Syrien hier auf dieser Insel gelandet sein. Sein Wanderstab, den er in die Erde rammte, habe zu grünen begonnen und sei zu jenem riesigen Baum geworden, den die Klosterbrüder ehrfurchtsvoll als Pinie des heiligen Franziskus zeigen. Die Mönche glauben an die Überlieferung. Für sie ist es Tatsache, daß Franziskus hier gewandelt sei. Historisch nicht nachweisbar, ist es aber durchaus möglich, daß die Legende auf Tatsachen beruht. Ausgrabungen in der Klosterkirche, die durch ein Fußbodengitter zu sehen sind, beweisen, daß hier schon kurz nach dem Jahre 1220 das erste Kloster errichtet worden ist, also zu einer Zeit, da die Erinnerung an Franziskus durchaus noch lebendig sein konnte. Kontrastreich steht neben dem alten Klosterbau ein moderner Bau mit Kapelle und Studienräumen. In unermüdlicher Arbeit haben die Mönche ihre Insel zu einem Schmuckstück, zu einem Edelstein der Lagune gemacht. Ein grüner, üppig blühender Garten befindet sich hier, und nirgendwo gibt es so reichen Baumbestand, vor allem sind es die Zypressen, die der Silhouette der Insel das Gepräge geben. Ein Stein in der Klostermauer, mit dem Markuslöwen, trägt das Verbot des Rates der Zehn, auf dieser Insel zu fluchen, zu schwören und zu spielen.

In der napoleonischen Ära hatte man die Mönche vertrieben, die Insel diente als militärisches Bollwerk. Diese Besetzung hatte den Vorteil, daß die Schutzmauern erhöht wurden und so auch heute noch fast allen Hochwassern Trutz bieten. „Wir Mönche wären zu schwach gewesen, Napoleons Soldaten haben das für uns getan“, meinte lächelnd der Padre, der mich zu einem Aussichtspunkt geführt hatte, von dem aus Burano zu sehen ist. Und da entdeckte ich, wie schief der Kirchturm der Insel Burano wirklich ist, dem, wie der Mönch mir versicherte, mit einer Unzahl von Betoninjektionen zu Leibe gerückt worden sei, sonst wäre er längst eingestürzt. Als ich mir in der Folge die Kirchtürme Venedigs näher ansah, konnte ich oftmals feststellen, wie schief so viele von ihnen stehen.

Bei der Rückfahrt lastete die Hitze auf der Lagune, grelle Lichter tanzten auf dem Wasser. Ich war herausgerissen aus dem Traum und Schutz des grünen Eilandes. Das Boot fuhr an einem Wald von Fischreusen vorbei. Burano kam immer näher. Dieses Fischerstädtchen ist ein wahrhaft heiterer Ort. Eine Fundgrube für den Fotografen, denn jede Hauswand strahlt in einer anderen Farbe. Der Kanal, der sich mitten durch die Insel zieht, voll mit bunt bemalten Fischerkähnen, auf denen Netzwerk ausgehängt ist, gibt einen idyllischen Anblick. Der Ort selbst prangte gerade im Flaggenschmuck. Es war blütenweiße Wäsche, die über die Gassen, auf den Plätzen, zwischen den Häusern, an jedem denkbaren Platz hing. Der ganze Ort hatte Waschtag. Daß sich hier eine Malerkolonie angesiedelt hat, machte der Bummel durch Burano verständlich. Aber der ursprüngliche Besitzer der größten Trattoria hatte auch systematisch Maler hierhergezogen. Einst grüßten die Fischerfrauen, die vor den Häusern hocken, mit einem Klöppelsack auf den Knien, sehr freundlich. Heute sind sie meist stumm zu den Fremden, sie sind abgebrüht vom ständigen Bestauntwerden durch die Touristen und vom Herhaltenmüssen als Modell für Urlaubsbilder. Die Kunst venezianischer Spitzenstickerei wird jedoch noch immer auf Burano gepflegt.

Spitzen und bunte Häuser

BURANO

Die Vielfalt aller dieser Arbeiten ist ein Zeugnis vom Geiste und Genie Venedigs… Wenn es perfekt ist, drückt das Bügeleisen den zarten Gebilden Glanz und Glätte auf.

Das venetianische Kunsthandwerk

Die venezianische Spitze wird nur mit dem Faden und der Nadel ohne jegliches als Untergrund dienendes Gewebe gearbeitet. Unzählige Male wird der feine Faden um sich selbst geschlungen, bis daraus die zartesten Gebilde entstehen. Der *punto Veneziana* ist die älteste Spielart dieser völlig frei gearbeiteten Spitzen und entstand in der ersten Hälfte des 16. Jahrhunderts als Weiterentwicklung der schon zur Zeit der Frührenaissance auf Filetnetzen ausgeführten Stickereien und der auf Leinwand gestickten Durchbruchsarbeit. Etwas später fand auch die Klöppelspitze große Verbreitung. Klosterfrauen und in Instituten herangebildete Waisenmädchen wurden zu einem Heer von Spitzenarbeiterinnen. Adelige Damen wetteiferten als Beschützerinnen und Förderinnen dieser anmutigen Kunst, die die Mode revolutionierte und jahrhundertelang der Kleidung ihr eigenes Gepräge gab. Halskrausen und Armstulpen waren die ersten modischen Produkte der Spitzenarbeit. Bald wurden auch Kirchengewänder und Altardecken in feinsten Spitzen hergestellt, und schließlich gehörte zu einer guten Brautausstattung die spitzenverzierte Bettwäsche.

Als an einem klaren Maimorgen des Jahres 1597 eine Gondelflottille die Würdenträger des Staates zum Palazzo Grimani brachte, galt dies der Gattin des Dogen Marino Grimani, der jungen Morosina Morosini, der als Dogaressa die höchste Ehrung widerfuhr, die vor ihr nur zwei Gattinnen von Dogen erlebt hatten: daß nämlich nicht nur der Doge, sondern auch die Dogaressa gekrönt wurde. Dieser Krönungstag war zugleich aber für die Entwicklung des venezianischen Spitzenhandwerks entscheidend, denn die Dogaressa errichtete kurz nach ihrer Krönung in Santa Fosca eine Schule für „Spitzen und andere Sehenswürdigkeiten", wo hundertdreißig Arbeiterinnen ausschließlich für die Dogaressa tätig waren, die mit den Erzeugnissen Kirchen beschenkte und Damen verschiedenster europäischer Höfe.

In diesem ausgehenden 16. Jahrhundert wurden auch erstmals prachtvolle Alben mit Spitzenstickmustern herausgegeben, die sich von Venedig aus über ganz Europa verbreiteten und die venezianischen Spitzen bekannt und begehrt machten. So trug zur Krönung König Richards III. von England Königin Anna einen eigens in Venedig bestellten Spitzenmantel; Katharina von Medici, die Königin der Franzosen geworden war, hatte den Großteil ihrer Ausstattung aus Venedig bezogen.

Dem nüchternen Betrachter ist es klar, daß die Spitze ihren Ursprung ganz einfach ihrer dekorativen Funktion verdankt, der Lust und Sucht nach Schmuck, dem Verlangen nach Verschönerung, aber in Venedig gab es natürlich eine Legende, die der Romantik gebührende Achtung zollte. In der Stadt der Legenden wird erzählt, daß ein junger Seemann, von einer langen Fahrt zurückkehrend, seiner Braut ein eigenartiges Meergewächs als Geschenk mitbrachte, eine Halymenia Opuntia, bei den Seeleuten unter dem Namen „Spitze der Sirenen" bekannt. Doch nur zu kurz war der Urlaub des Matrosen, bald segelte er wieder hinweg. Und das Mädchen, alleingeblieben in seinem Kummer, habe sich zu trösten versucht, indem sie die zarte Pflanze, das einzige Andenken, das ihr geblieben war, mit Nadel und Zwirn nachzuahmen versuchte. So soll die erste venezianische Spitze entstanden sein. Zauberhaft wie diese Legende sind auch die Kunstwerke der Spitzenstickerei, die heute wieder einen gebührenden Platz im internationalen Modeschaffen einnehmen. Die Mädchen und Frauen, unter deren Händen diese Kunstwerke entstehen, verdienen zwar wenig, hätten sie jedoch diese Arbeit nicht, wären die meisten von ihnen, wovon so viele in Heimarbeit tätig sind, ohne Verdienst. Und das Gerede von den erblindeten Augen ist ein Märchen. Auch heute noch wird ausschließlich bei Tageslicht gestickt. Das wird auch durch die Tatsache bestätigt, wie mir Experten sagten, daß es unter den Spitzenstickerinnen kaum Brillenträgerinnen gibt.

Immer neue Muster wurden erfunden, das heißt also immer neue Motive und Stiche. Der Knotenstich, Netzstich, Tüllstich, Hohlsaumstich, der in breiten Schwingungen erhaben gearbeitete Blätterschnitt, der *punto rosa*, der aus ganz kleinen, dicht zusammengesetzten und mit Stäbchen verbundenen Motiven besteht, der *punto in aria* aus Blumen, die ineinander verschlungen sind, und schließlich als Krönung der *punto Burano*, bei dem die eigentlichen Spitzenmotive nicht mehr durch Stäbchen, sondern durch ganz feine, mit der Hand gearbeitete Tüllnetze miteinander verbunden werden. Bei bekannten Künstlern wurden Muster in Auftrag gegeben; Cesare Vecellio, ein Enkel Tizians, lieferte die berühmtesten Entwürfe.

Der Untergang der Republik bedeutete zwangsläufig auch eine Dekadenz der Spitzenkunst. Außerdem führte der große Erfolg der venezianischen Spitzenindustrie zu feindlichen Reaktionen. Das Frankreich Ludwigs XIV., besonders unter dem Wirtschaftsregime Colberts, verbot sogar die Einfuhr venezianischer Spitzen, gründete eigene Manufakturen und bewog durch reichliche Handgelder venezianische Stickerinnen zur heimlichen Ausreise nach Frankreich. Bald darauf wurde auch in Brüssel eine Spitzenindustrie gegründet, und Venedig mußte, so wie beim Gewürzhandel, zusehen, wie es sein Monopol verlor und wie schließlich im 18. Jahrhundert die duftigen Spitzen aus Belgien und Frankreich den Weltmarkt eroberten.

Erst nach dem Jahre 1870 wurde die venezianische Spitzenkunst zu neuem Leben erweckt. Vor allem zwei adelige Damen, Adriana Zon Marcello und Maria Chigi Giovannelli, unterstützt von dem Politiker Paolo Fambri, wollten diese Kunst wieder erstehen lassen. Man fand eine alte Frau in Burano, Cencia Scarparola, die einzige, die noch die Fertigkeit der Spitzenstickerei beherrschte und nun zur Lehrmeisterin einer neuen Generation wurde. Die Scuola dei Merletti im Palazzo Comunale der Insel Burano wurde 1872 gegründet, das Handwerk blühte wieder, und ein Museum zeigt hervorragende Arbeiten. Die Schule selbst wurde 1973 geschlossen; ein Konsortium versuchte sie weiterzuführen, doch etwa zehn Jahre später war endgültig Schluß. Die Konkurrenz aus Fernost ist zu erdrückend geworden.

Als die Schule für das Spitzenhandwerk gegründet wurde, hatte auch ein weitblickender Kaufmann, Michelangelo Jesurum, mit seiner Werkstatt begonnen. Er beschäftige erst einige Stickerinnen, bald aber waren hunderte von Spitzenarbeiterinnen in seiner Schule tätig.

Jedes Produkt der venezianischen Spitzenerzeugung ist Handarbeit. Ein kleines strohgefülltes Kissen gehört zum Handwerkszeug. Es wird zwischen den Knien gehalten. Dann wird ein Papier, auf dem das auszuführende Muster gezeichnet ist, durch eine Unterlage aus Packpapier und Baumwollstoff verstärkt und mit Stecknadeln auf dem Kissen befestigt. Zwischen Papier und Kissen wird nun ein kleiner Holzpflock gesteckt, dann werden die Umrisse des Musters auf dem Papier in raschen Stichen fixiert. Jede einzelne Phase ist eine Kunst für sich. Es gibt – was nach außen nicht sichtbar wird – sozusagen Geheimgrade des Könnens. Spitzenarbeiterin ist nicht gleich Spitzenarbeiterin. Nur langsam rückt sie von Stufe zu Stufe auf, um schließlich den Grad der Vollendung zu erreichen, um das mit den Händen zu gestalten, was für jede Frau ein Spitzentraum ist.

Doch nicht alles, was in den unzähligen Geschäften Venedigs oder auf Verkaufsständen etwa in Burano oder Torcello angeboten wird, stammt aus der Lagunenstadt. Der Massentourismus hat den Bedarf erhöht und gleichzeitig die Preise gedrückt. Dieser Bedarf wird heute in Fernost gedeckt – und in der Lagunenstadt angeboten. Der Unterschied zwischen Importware und originalen Schöpfungen venezianischer Provenienz ist offensichtlich. Das erklärt auch die Preisunterschiede.

Vom Frühjahr an sind die Frauen auf der Insel Burano zu sehen, wie sie vor ihren Häusern hocken und handarbeiten. Neben der Herstellung von Spitzen sind besonders auch viele Klöpplerinnen zu bewundern, deren Finger flink durcheinanderwirbeln und den Zuschauer verwirren, dabei haben die guten Frauen auch noch Zeit für ein Schwätzchen mit ihrer Nachbarin, deren Finger genauso unterwegs sind. Wenn es nicht mehr möglich ist, vor den Häusern oder im Schatten eines Einganges zu arbeiten, dann sind die Arbeiterinnen an den Fenstern zu sehen, die vorhanglos sind, um das Tageslicht auf die Spitzenpolster fallen zu lassen. Schon allein deswegen ist Burano sehenswert, doch ist diese Fischerinsel auch heute noch eine Idylle. Die vielen kleinen aneinandergereihten Fischerhäuser an den Kanälen, in greller Buntheit, weil jedes Haus eine andere Farbe trägt, geben der Insel nach wie vor ein dörfliches Gepräge. Nicht die Kunsthistorie ist hier zu Hause, wenngleich in der Kirche San Martino, einem Bau des 16. Jahrhunderts, in der

Kapelle der heiligen Barbara eine Kreuzigung von Tiepolo, ein Frühwerk des Künstlers, zu sehen ist. Kleine Gaststätten und Restaurants bieten vorwiegend Fischspezialitäten an. Und wenn während der Saison die Menschenmassen, die täglich Burano besuchen, gegen Abend die Insel verlassen haben – dann gehört Burano wieder ausschließlich der einheimischen Bevölkerung. Und das ist ein besonderes Erlebnis.

Alchemie des Glases

MURANO

Aus einem vorn an dem langen Eisenrohr hängenden feurigen Glasklumpen gehen jene kostbaren, hauchzarten Formen hervor, sobald der Mann seinen Atem hineinbläst und die Masse mit den ungefügen Werkzeugen dem Bild entsprechend formt, das ihm im Geist vorschwebt.

Diego Valeri, Guida Sentimentale di Venezia

Einen völlig anderen Charakter wie Burano hat die weit größere Nachbarinsel Murano: Sie ist als Sitz der Glasindustrie weltbekannt. Doch daneben gibt es auch ein zweites Murano: Viele Nobili hatten hier ihre Sommersitze, Kirchen und Klöster blühten auf, der erste botanische Garten Italiens entstand auf dieser Insel, so wie die Anfänge der bodenständigen venezianischen Kunst in der Mitte des 15. Jahrhunderts mit der Familie Vivarini in Murano begonnen haben. Der venezianisch-byzantinische Dom Santi Maria e Donato mit den Fresken aus der Schule der Vivarini, dem Mosaikfußboden aus dem 12. Jahrhundert, dem vergoldeten und bemalten Holzrelief des Hochaltares aus der Zeit etwas nach 1300 und dem Altargemälde von Lorenzo Veneziano ist überaus sehenswert. Der Ursprung der Kirche liegt im dunkeln. Sie ist eine der ältesten in der Lagune und war Domkirche des Bischofs von Torcello. Im 12. Jahrhundert kam dem Patrozinium der heiligen Maria das des heiligen Donatus hinzu; die Reliquien hatte man in Sizilien erworben. Damals entstand wohl der bestehende Bau aus der ersten Hälfte des 12. Jahrhunderts. Eine Barockisierung wurde schon im 19. Jahrhundert zurückgenommen, um den romanischen Ursprung der Kirche zu zeigen. Die Chorpartie ist zweigeschoßig und besitzt an der Außenfassade zwei Arkadenreihen, ein markantes Motiv der venezianisch-byzantinischen Baukunst. Die Kostbarkeit an sich ist der schon erwähnte Mosaikfußboden, gesetzt aus kleinen Marmorstückchen, die zu einem prachtvollen ornamentalen Muster zusammengewachsen sind.

Aber auch die mittelalterliche Klosterkirche der Dominikaner San Pietro Martire, einem der Dominikaner-Heiligen geweiht, ist einen Besuch wert, vor allem die Madonna mit Heiligen von Giovanni Bellini von 1488 an der rechten Seitenwand. Im linken Seitenschiff der Basilika hängen zwei Gemälde von Paolo Veronese, der heilige Hieronymus sowie der heilige Petrus, der der heiligen Agathe im Kerker erschienen ist.

Die große Attraktion von Murano aber ist die Glasbläserei, deren prachtvollste Erzeugnisse im Glasmuseum, dem Museo dell'Arte Vetraria, in der Ca' Giustinian zu bewundern sind.

Murano, ursprünglich Amurianum genannt, zur Erinnerung an eines der Tore von Altinum, war eine Schwesterstadt Venedigs. Murano war jedoch nicht irgendeine Insel, sondern man könnte fast sagen ein Staat im Staate. Die venezianische Signoria war durch einen herzoglichen Castaldo – Verwalter – vertreten und wurde im 13. Jahrhundert durch einen Podestà ersetzt, dem ein Volksrat zugeordnet war.

Die Ursprünge der venezianischen Glasbläserei sind bis heute nicht geklärt. Drei Hypothesen haben dreimal jede Wahrscheinlichkeit für sich. Als die Veneter vom Festland in die Lagune flüchteten, könnten sie die Kunst der Glaserzeugung schon mitgebracht haben, denn in der spätrömischen Kaiserzeit waren an der oberen Adria eine Reihe von Glasbläsern tätig. Das Handelszentrum Aquileja besaß eine Reihe von Glasmanufakturen, wie auch heute noch Ausgrabungen beweisen. Außerdem wurde in Altinum, möglicherweise auch in Padua, Treviso und anderen venetischen Städten, Glas hergestellt. Von dort her kann also die Glasbläserei sehr wohl nach Murano gelangt sein. Eine andere These stützt sich auf die alchemistischen und technischen Studien der Mönche, denn vor allem die Benediktiner des Klosters San Giorgio übten diese Kunst aus, und von einem glasblasenden Mönch dieses Klosters stammt auch der älteste Bericht, und zwar aus dem Jahr 982. Schließlich kann die Glasbläserei auch aus der ravennatisch-byzantinischen Mosaikkunst hervorgegangen sein, denn schon die ersten Kirchen der Lagune, wie das Beispiel Torcello zeigt, waren mit Glasmosaiken bekleidet.

Persönlich glaube ich – als langjähriger Sammler römischer Gläser – an die naheliegendste Version, nämlich die römische Tradition, an die sehr wohl auch die Mönche angeknüpft haben könnten. Nicht nur die Beziehungen zum Festland sprechen für diese Annahme, sondern auch die Methoden und Werkzeuge der Glasbläserkunst, die in Venedig von Anfang an denen der römischen Glasbläserei völlig gleich waren. Jedenfalls weiß man, daß schon um das Jahr 1000 in der Gegend des Markusplatzes Glasbläsereien bestanden haben, die durch ein Staatsdekret vom Jahre 1292 auf die Insel Murano verlegt wurden. Dafür gab es zwei Gründe: In einer Zeit, in der Holz noch einer der wesentlichsten Baustoffe war, bedeutete die Glaserzeugung inmitten der aufstrebenden engen Stadt den ständig drohenden Herd einer Feuersbrunst. Außerdem wollte man diese Industrie, die zu einer der Haupteinnahmequellen aus ganz Europa geworden war, allzu neugierigen Augen entziehen. Strenge Gesetze untersagten die Auswanderung jedes Glasbläsers, der Verrat von Fabrikationsgeheimnissen wurde unnachsichtig bestraft. Der Beruf des Glasbläsers bedeutete aber auch eine sozial sehr ehrenhafte Stellung. So hatten die Glasbläser die Möglichkeit, in Patrizierfamilien einzuheiraten. Gleichzeitig gab es bereits Bestimmungen, um die Gesundheit der Glasbläser zu schützen. So gab es lange arbeitsfreie Zeiten, Schutz für Jugendliche, Renten für ausgediente Arbeiter und vor allem alle sechs Stunden Schichtwechsel. Die Glasbläser waren in einer eigenen Zunft zusammengeschlossen und einer strengen Überwachung unterworfen; die damit betraute Behörde war die Giustizia Vecchia, die ihren Sitz in Rialto hatte. Die Glasbläser besaßen einen eigenen Kanzler, einen Nuntius beim Großen Rat und analog dem Goldenen Buch der Aristokratie ein Libro d'Oro der Glasmacher. Ein besonderes Privileg war auch das Recht der Prägung eigener Medaillen, die neben den Insignien des Dogen jene des Podestà von Murano zeigten, sowie das Wappen der Insel, einen Hahn. Und wie schon erwähnt: Der besonders standesbewußte venezianische Adel konnte in verwandtschaftliche Beziehungen zu den Familien der Glasbläser treten. Und das war wohl die deutlichste Bestätigung dafür, wie sehr der Kaufmannsadel den Glasmacheradel achtete.

Die Zunftordnung der Glasbläser geht auf das Jahr 1271 zurück, als in einem Statut die Normen dieses Handwerks fixiert wurden. Immer wieder abgewandelt, sind heute von der Mariegola, der Zunftordnung, noch mehrere Exemplare erhalten; das Museo Correr besitzt eine Zunftordnung aus dem Jahr 1441, das Museo dell'Arte

Vetraria solche aus dem 16. und 17. Jahrhundert. Im 15. Jahrhundert bestimmte eine Verordnung des Rates der Zehn, daß jeder Glasbläser, der ausgewandert war, zuerst zur Heimkehr aufgefordert wurde. Falls er sich aber weigerte, sollten seine Verwandten in den Kerker geworfen werden. Kam er dann immer noch nicht, so sollte er für vogelfrei erklärt und aus der Welt geschafft werden. Dennoch wanderten im Verlauf der Jahrhunderte immer mehr Glasbläser aus, neue Zentren entstanden in Frankreich, England, Spanien und vor allem auch in Böhmen. Im 16. Jahrhundert, der Hauptblütezeit der Glasproduktion, wohnten auf Murano mehr als 30.000 Menschen, heute sind es, gemeinsam mit den Bewohnern der nahen Insel Sant' Erasmo, keine 6.000 Menschen mehr. Und die Tendenz ist fallend.

Die Meister waren in sechs Zweigzünfte eingeteilt, nämlich in die „Fiolai“ als eigentliche Glasmeister der Mosaikkunst und des geblasenen farbigen und gemalten Zierglases, die „Cristallai“ als Meister des geschliffenen Glases, die „Specchiai“ als Meister des Spiegelglases, die „Margheritai“ und die „Perlai“ als Meister künstlicher Edelsteine und Glasperlen, und schließlich die „Stazioneri“, die Glasverkäufer. Ein Besuch der Glasmanufakturen lohnt sich. Es wirkt fast ein wenig wie Hexerei, wenn ein Bläser aus einem glühenden farbigen Tropfen flugs eines der dünnwandigen Gefäße entstehen läßt, wenn ein anderer Arbeiter mit einer Pinzette aus verschiedenfarbigen Glasklumpen in fabelhafter Geschwindigkeit Tiere formt oder sonst irgendwelche Figuren modelliert. Rohmaterial sind Sand, Soda, Kalk und verschiedene Mineralien, die zur Färbung dienen. Die genauen Rezepte sind natürlich Fabriksgeheimnis. Jedenfalls wird das Gemenge bei etwa 1.300 Grad Hitze geschmolzen, dann wird die Temperatur je nach Bedarf erhöht oder herabgesetzt, um das Material von den Schlacken zu befreien und es in einem halbflüssigen, zähen Zustand bearbeiten zu können. Langsam müssen die dann gefertigten Gegenstände sozusagen nachschwitzen. Sie werden in eigenen Öfen gelagert, in denen die Temperaturen immer mehr herabgesetzt werden. Dieser Abkühlungsvorgang währt zwischen zwölf und sechzig Stunden. Mehr als sechstausend verschiedene Farbtöne stehen zur Verfügung – und es ist heute noch Geheimnis jeder Manufaktur, wie der jeweilige Farbton genau zustande kommt. Ein Geheimnis übrigens, das sich früher nur innerhalb der Familie vom Vater auf den Sohn vererbte, heute sind diese Rezepturen interne Firmengeheimnisse. Grundsätzlich aber sind es noch immer die gleichen Werkzeuge, die schon 3500 Jahre v. Chr. bei den Ägyptern und später den Römern zur Glasbläserei verwendet worden sind.

Rosa Barovier Mentasti, Direktorin der „Scuola del Vetro Abate Zanetti" auf Murano sagte mir, für lange Zeit sei Venedig weit mehr eine orientalische Stadt in Europa denn eine europäische Stadt gewesen, wie das ja in den ältesten Gebäuden und in der Basilika von San Marco evident sei. Damals füllte eine pittoreske multiethnische Menge die Straßen, Plätze und Kanäle, so wie am Ende des 15. Jahrhunderts Vittore Carpaccio dies in seinen Gemälden dokumentiert habe. Der Orient sei damals technisch und kulturell Europa weit voran gewesen. Und Venedig habe nicht nur mit den Erzeugnissen des Orients Handel getrieben, sondern viele Techniken mitgebracht und angesiedelt. Gerade der Einfluß des Orients im Mittelalter sei fundamental für die Entwicklung des venezianischen Glases als wirklich elitäre Kunst. Die mediterane Glastradition stand im Gegensatz zur Tradition des Nordens mit dem Hartglas, welches man wunderschön bearbeitet und geschnitten hat. Im Heißglas wurde Murano zum größten Zentrum der Welt. Die wichtigsten Grundstoffe wurden importiert, wie spezielle Sande, Soda, wie auch das Feuerholz, welches von Istrien und Dalmatien kam. Muranos Ressource bestand in den Menschen, den Experten für Kompositionen, dem Herstellen von Farben.

Das Glasmuseum zeigt Beispiele römischer Glaskunst und venezianische Erzeugnisse ab dem 15. Jahrhundert, denn aus der Frühzeit ist kein einziges Stück erhalten geblieben. Der größte Bestand stammt aus der Blütezeit der Glasbläserei auf Murano aus dem 16. und frühen 17. Jahrhundert. Es ist ein Museum, dessen Besuch sich wahrhaftig lohnt.

Das berühmteste Exemplar der Gläser mit eingeschmolzenen Figuren ist der Hochzeitsbecher, aufbewahrt im Museum. Die Glasfenster der Kirche Santi Giovanni e Paolo in Venedig, gefertigt nach Entwürfen von Bartolomeo Vivarini, legen ein stolzes Zeugnis der Höhe dieser Kunst ab. Gläser mit dünnen Henkeln, schlanke Becher, kleine Körbe ohne Dekoration oder mit einer Zeichnung in Diamantschnitt, Gläser in milchigweißer Farbe, Verzierungen, Girlanden, Vergoldungen; vielfältig sind die Ausdrucksformen einer Kunst, die gerade Murano zu ihrer höchsten Blüte getrieben hat. Glas wurde zum Ausdrucksmittel für traumhafte Formen und Farben. Auch heute noch gibt es hervorragende Arbeiten, nicht nur jene kleinen Mitbringsel, die allerdings zum großen Geschäft geworden sind. Und es gibt Arbeiten, die von gutem Geschmack zeugen und ihn auch ansprechen, nicht nur die etwa für den amerikanischen Markt berechneten goldüberladenen Garnituren.

Gebrauchsgläser aus den ersten Jahrhunderten der Fabrikation in Murano sind nur durch Abbildungen bezeugt. Einzelne Stücke sind aus der zweiten Hälfte des 15. Jahrhunderts, kostbare Gegenstände, die von vornherein als Dekoration dienten und nicht für den Gebrauch bestimmt waren. Diese ältesten erhaltenen Gläser sind von dunkler Farbe, dunkelblau, rot, smaragdgrün oder violett. Darauf malte der Künstler sein Dekor mit Farben, die durch eine zweite Erhitzung verglast wurden. Die Dekors, in glänzenden Farben grün, blau, weiß oder gelb gehalten, bilden ein leichtes Relief. Zierborten, Laubgewinde, Punkte und dergleichen mehr rahmen Figurendarstellungen ein. Als Liebes- oder Hochzeitsbecher, als Erinnerungsschalen dienten diese Gefäße stets einem besonderen Zweck, für den sie eigens gefertigt wurden. Angelo Barovier schuf den schon genannten weltberühmten Hochzeitsbecher, die „Coppa Barovier", auf dem außer dem Hochzeitspaar ritterliche Szenen, der Jungbrunnen und ein Festzug zu sehen sind.

Eine neue Epoche brach mit der Herstellung von Kristallglas an: Durchsichtig, klar, leicht und völlig rein, so wurde der Bergkristall nachgeahmt. Dieses Glas wurde durch einen besonders quarzreichen Sand möglich, die Entfärbung erfolgte durch Mangandioxyd. Gleichzeitig wurden Glaskompositionen in den verschiedensten Farben geschaffen. Hinzu kam als Spezialität der Schliff, die Gravur mit der Diamantspitze oder mit dem Feuerstein auf kaltem Glas. Der venezianische Kronleuchter und der venezianische Spiegel eroberten die Welt. Im Barock wurde die Dekoration als Selbstzweck aufgefaßt, galt mehr als der zum Gebrauch bestimmte Gegenstand, und die schon erwähnten Kronleuchter, die sich aus hunderten von Einzelteilen zusammensetzen, spiegelten in der galanten Welt in Fürsten- und gehobenen Bürgerhäusern das Licht Venedigs wider.

Auch für Murano bedeutete der Sturz der Republik Zerstörung der großen Vermögen, Stillegung vieler Produktionsstätten und Verelendung. Erst nach der Mitte des 19. Jahrhunderts wurde versucht, die einstige hohe Produktion wieder zu beleben. Viele der großen Manufakturen mußten inzwischen schließen, Hallen sind verwaist und die Schlote erkaltet. Der Lebenskampf ist nicht leicht, denn das heutige Umweltbewußtsein hat den Firmen teure und riesige Auflagen vorgeschrieben. Vor allem sind es die Filteranlagen, die für jeden Brennofen angeschafft werden mußten. Hinzu kommt teure Energie, wobei die Versorgung mit Methangas billiger kommt als mit dem Strom der E-Wirtschaft. Heute gibt es etwa einhundert Betriebe mit insgesamt 1.800 Glasarbeitern. Als Großunternehmen können etwa zehn Firmen bezeichnet werden. Auch die Produktion ist kostspielig, denn jedes einzelne Glasstück, das die Werkstätte verläßt, ist Handarbeit. Bei verschiedenen Gläsern beträgt der Ausschuß bis zu siebzig Prozent. Zu hoch? Überlegen Sie doch, wie viele Arbeitsgänge notwendig sind, um beispielsweise ein geschliffenes Weinglas, versehen mit Goldrand und Monogramm herzustellen. Der Kelch wird geblasen, der Stiel und der Fuß geformt, die einzelnen Teile müssen zusammengesetzt und anschließend rund sechzig Stunden langsam in einem Spezialofen abgekühlt werden. Dabei springen schon sehr viele Gläser. Dann beginnt der Schliff. Auch nur ein Schnitt falsch angesetzt oder zu tief geritzt, bedeutet den Verlust eines Glases. Beim Brennen der Goldauflage gibt es neuerlichen Ausfall und so fort. Sogar der Verpacker einer Glasfirma muß ein Spezialist sein, damit die Gläser heil ihr Ziel erreichen.

Zwischen vierzehn und sechszehn Jahre alt ist ein Bursche, wenn er als Lehrling in eine Glasbläserei eintritt. Lange muß er lernen, bis er Gehilfe oder gar zweiter oder sogar erster Meister wird, also Maestrino oder Maestro. Fünfzehn Jahre dauert diese Ausbildung; die meisten Glasmacher sind Gehilfen. Nur wenigen ist es vergönnt, jemals den Titel eines Meisters zu tragen.

Interessant war für mich ein Spaziergang durch die Ausstellungsräume einer der alten Firmen Muranos, der Compagnia Pauly, die sich hinter dem Dogenpalast in einem Palazzo, der ehemals Eigentum der Familie Morosini war, über mehrere Stockwerke ausdehnen. Nebenbei bemerkt: Es ist lohnenswert, sich in einem der Schauräume einen prachtvollen Kamin zeigen zu lassen, der von Sansovino stammt. Interessant ist der Besuch deshalb, weil diese Firma im eigenen „Hausmuseum“ zeigt, was sie im Laufe der Generationen alles erzeugt hat. Faszinierend nicht nur das Spiel von Formen und Farben, sondern der deutlich sichtbar werdende Wandel des Geschmackes. Viele, viele gläserne Kunstwerke können heute kaum mehr hergestellt werden, weil die Produktion zu teuer käme und auch der Käuferkreis fehlt. Ähnlich ist es in Schauräumen anderer prominenter Glasproduzenten, wie etwa Venini, Salviati usw. Aber überall sind heute neben den klassischen auch moderne Formen zu finden. Sicher, noch immer behauptet sich der Pantalone, daneben gibt es eine Vielzahl von kleinen und größeren Tieren, Vögeln, Papageien, Fischen, Schmuck und vieles andere mehr. Kopien römischer Gläser werden angeboten. Sie sind schön – doch es fehlt ihnen die außergewöhnliche Leichtigkeit und der Reflex der Farben, es fehlt der Hauch des Vergänglichen, der einen so seltsam berührt, hält man ein altes römisches Glas in Händen, das dünn wie Papier und auch so leicht ist.

Wenn auch die große Blütezeit Muranos und der Glasbläserei vorüber ist, so ist dieser Industriezweig dennoch wieder zu neuem, kraftvollem Leben erwacht. Im Jahr 1985 wurde das „Consortium Promovetro“ von einer Gruppe von Produzenten künstlerischer Glasarbeiten gegründet, und zwar in zwei Kategorien, nämlich die „Confartigianato“ von Venedig und die „Unindustria“ von Venedig, denen siebzig Firmen angehören. Promovetro soll zur Verbesserung des internationalen Handels mit Glasarbeiten und einem professionellen Marketing für die künstlerischen Erzeugnisse beitragen. Interessant ist, daß diesem Consortium sehr viele Firmen angehören, die erst in den letzten Jahrzehnten gegründet wurden, die aber sowohl klassische Formen produzieren, als auch aktuell moderne Erzeugnisse auf den Markt bringen. Gemeinsam ist den Firmen, daß sie sich verpflichten, hochwertige künstlerische Produkte zu schaffen.

Im 19. Jahrhundert war nach Wiederaufleben der Glasproduktion 1862 eine Glasmacherschule gegründet worden, die jedoch, als Murano aus der Mode kam, nicht mehr existieren konnte. Nun aber ist mit der Glasmacherschule Abate Zanetti eine hochkarätige Ausbildungsstätte existent, in der nicht nur das Handwerk der

Glasbläserei, sondern auch Fächer wie Kunsttheorie, Design usw. gelehrt werden.

Zwei Produktionsfirmen sind unbedingt hervorzuheben: Egidio Costantini, der Gründer der „Fucina degli Angeli“, wird heute der „Dichter des Glases“ genannt. Er hatte einige Jahre nach dem Zweiten Weltkrieg, 1953, die Idee, zeitgenössische Künstler einzuladen, um Entwürfe für Glasplastiken zu schaffen. Er war fähig, die Synthese herzustellen: In ihm ist das tausendjährige Glasmachererbe lebendig, und zugleich ist er ein Kenner und Verehrer moderner Kunst. Nicht Massenware produzieren, das war Costantini von vornherein klar. Meist wurde ein Werk nur in dreifacher Auflage ausgeführt. Ein Exemplar erhielt der Künstler, eines verblieb der Firma oder wurde, so wie das dritte Stück, verkauft. Museen und Sammler der ganzen Welt waren bestrebt, Werke von Max Ernst, Jean Cocteau, Oskar Kokoschka, Pablo Picasso, Marc Chagall, Le Corbusier, Fernand Léger und anderen Künstlern zu besitzen. Nicht jeder Künstler konnte sich dem Werkstoff Glas unterwerfen. Die künstlerische Zeichnung allein genügt nicht; das Geheimnis des Werdens einer Form, die Spannungen des Materials und die Farbwerte und Wirkungen fordern zur Auseinandersetzung heraus. Das gegossene oder geblasene Glas zeigt eine eigene Kraft. Hinzu kommt – und das ist ganz wesentlich – daß der Glasmeister nicht reproduzierender Gehilfe ist, sondern zum Mitschöpfer des Kunstwerkes wird, ohne den der Entwurf Papier bleibt. Meister Costantini hat altersbedingt seine Atelierwerkstatt – im Schatten hinter der Markuskirche gelegen – geschlossen.

Im Jahr 1989 ist die Galerie „Berengo fine arts“ gegründet worden, die über eigene Produktionsstätten auf Murano verfügt. Adriano Berengo kommt nicht aus dem Glasmachergewerbe, doch er überlegte, Kunst und Glas in heutiger Form zu verbinden, und bemüht sich seither, aktuelle Künstler weltweit dafür zu interessieren, Glaskunst zu schaffen, das heißt, die Vorlagen zu liefern, die dann von firmeneigenen Meistern in Gegenwart des Künstlers umgesetzt werden. Inzwischen haben mehr als 600 Figuren in verschiedenen Auflagenhöhen die Manufaktur verlassen. Berengo vertreibt die Exponate nicht nur in eigenen Galerien, sondern nimmt an internationalen Kunstmessen teil und zeigt seine Exponate in hochkarätigen Ausstellungen in internationalen Museen. Er sagte mir, er möchte dem negativen Ansehen venezianischen Glases als Kitschfabrikate entgegensteuern. Künstler wie Ernst Billgren, Pino Castagna, Riccardo Licata, die leider inzwischen verstorbene Kiki Kogelnik, der Wiener Robert Zeppel-Sperl, der Zeichner Paul Flora – natürlich mit seinem berühmten Raben –, Mark Brusse, Ludwig Attersee, Juan Ripollés, Bengt Lindström und viele andere machen einen Besuch der Galerie durch ihre Kunstwerke höchst vergnüglich. Köpfe, abstrakte Formen, Phantasiegeschöpfe und die gläsernen Bambusstäbe Castagnas zeigen, wie Glas zu einem bestechenden Ausdrucksmittel werden kann.

Zur Kunst der Glaserzeugung gehört auch jene der Mosaiken, denn in erster Linie waren es Glasmosaiken, die in Venedig entstanden sind. Die weite Verbreitung des Mosaiks in den nördlichen Küstengebieten der Adria ist den Nachkommen der römischen Mosaikarbeiter zu verdanken, die im 5. und 6. Jahrhundert von Rom nach Ravenna übersiedelt sind. Wiederum war es der Ansturm der Langobarden, der auch die Mosaikkünstler in die Küstengebiete getrieben hatte. Venedig, an der Nahtstelle zwischen Orient und Okzident gelegen, nahm alle Einflüsse frühchristlicher und mittelalterlicher Kunstrichtungen auf: die der römischen Klassik getreue Kunst von Ravenna, die eher metaphysische byzantinische Richtung und die von der weströmischen Welt kommenden Strömungen. Dem Lokalcharakter angepaßt, bildete sich ein von den fremden Vorbildern unabhängiger Stil. Gegen Ende des 11. Jahrhunderts war eine Art venezianische Mosaikschule entstanden. Gerade am Markusdom kann man die verschiedenen Stilrichtungen feststellen, die im Verlauf von sieben Jahrhunderten ihren Niederschlag gefunden haben. Und wie überall in Venedig ist trotzdem ein harmonisches Ganzes entstanden.

Die große Feuersbrunst des Jahres 1419 rettete die Mosaikkunst, indem sie zerstörte. Das klingt paradox, ist es aber nicht. Die damalige Zeit zog dem Mosaik bereits andere künstlerische Ausdrucksmittel, nämlich Fresken und Gemälde, vor. Die Prokuratoren von San Marco aber waren starrköpfig. Sie wollten die zerstörten Mosaikbilder wiederherstellen und riefen eigens zu diesem Zweck eine neue Mosaikschule ins Leben. Die Manier war zwar eine andere, denn man wollte nun auch im Mosaik der Malerei folgen. So wurden gerade die Mosaiken von San Marco von der zweiten Hälfte des 15. Jahrhunderts an bis zum 18. Jahrhundert Spiegelbilder der Entwicklung der venezianischen Malerei. Lorenzo Lotto, Tizian oder Palma der Jüngere haben Entwürfe zu den Mosaiken geliefert. Daß mitunter auch noch gut erhaltene alte Mosaiken ersetzt wurden, ist schade, aber wohl mit dem Feuereifer zu erklären, der der Kunstrichtung jeder Zeit innewohnt. 1806 erlosch die Mosaikschule der Markuskirche, erst seit einigen Jahrzehnten gibt es wieder eine Neubelebung dieser alten Kunst – denn der Dom wird bestimmt wieder restauriert werden müssen, und das wird für lange Zeit so bleiben.

Eine ganz andere Kunst, die in Venedig selbst faktisch erloschen ist, ist die Herstellung von Majoliken. Im 16. Jahrhundert begann Venedig mit einer eigenen Fabrikation, aber erst im folgenden Jahrhundert gelangte die venezianische Majolikaerzeugung zu einer gewissen Bedeutung; die Geschicklichkeit venezianischer Töpfer, verbunden mit ständiger Förderung von Seiten der Regierung, brachte der einheimischen Majolika um 1750 auch weitverbreitete Anerkennung. Die Brüder Johann und Peter Bertolini in Murano und Geminiano Cozzi in Venedig selbst waren berühmte Töpfermeister, die auf ihren Drehscheiben der Tonerde phantastische Formen gaben. Wenn der Ton getrocknet war, wurde er bei 900 Grad im Ofen gebacken, dann mit dem Pinsel dekoriert und wiederum bei 900 Grad gebrannt, wodurch die Glasur mit dem Ton zur Einheit verschmolz. Mit Gold dekorierte Stücke mußten bei etwa 700 Grad noch ein drittes Mal gebrannt werden, denn nur so blieb das mit dem Pinsel flüssig aufgetragene Gold haltbar. Heute kommen die in so großer Vielfalt angebotenen Keramiken nicht mehr aus Venedig, sondern von der Terra Ferma, besonders von Bassano di Grappa, wo eben nicht nur der berühmte Grappa-Schnaps aus Weintrester, sondern in einer Unzahl von Kleinst- und Mittelbetrieben Majoliken gebrannt werden. Übrigens ist Bassano auch noch durch seinen jährlichen Karnevalszug bekannt, zu dem auch die Venezianer strömen.

Krustentiere, Enten, Mönche und Inseln

LAGUNENFAHRT

Ich fuhr bis Pellestrina, gegen Chiozza über, wo die großen Baue sind, die die Republik gegen das Meer führen läßt. Sie sind von gehauenen Steinen, und sollen eigentlich die lange Erdzunge sichern, welche die Lagunen von dem Meere trennt; ein höchst nötiges und wichtiges Unternehmen.

Goethe, Tagebuch der italienischen Reise

Ich bin schreibfaul. Ich betrachte das stille Meer und die ferne Landzunge des Lido, die das Meer von der Lagune trennt und gegen die das Meer mit dumpfem Gebrüll anbrandet. Eine helle Linie bezeichnet den Kamm jeder Woge; der volle Mond strahlt über diesem ruhigen Schauspiel; die Luft ist so rein, daß ich das Takelwerk der Schiffe in Malamocco auf dem hohen Meer sehe; und dieser romantische Blick eröffnet sich vor der zivilsierten Stadt.

Stendhal, Reise in Italien

Venedig ist von der Lagune umgeben. Doch Lagune ist nicht gleich Lagune. Sie wechselt ihren Charakter, ihre Vegetation und Tierwelt. Das größte Feuchtbiotop Italiens umfaßt 55.000 Hektar, gemeinsam mit den Lagunen von Marano und Grado zieht sich ein Lagunenband der oberen Adria entlang, das einst bis nach Ravenna reichte. Das Ökosystem der Lagune beruht auf der gegenläufigen Bewegung der Gezeiten, der Meeresströmungen und der vielen Flüsse und sonstigen Wasserläufe, die in die Lagune münden, und schließlich auf den Veränderungen durch den Menschen mit dem Bau von Deichen und Kanälen. So wechselt die Lagune auch streckenweise ihr Gesicht durch das wiederholte Auftauchen von Sandbänken. Der Wasserspiegel verändert sich durch den unterschiedlichen Salzgehalt in den Wasserflächen zwischen den Sandbänken. Und dieser Salzgehalt ist auch bestimmend für das Leben von Tieren und Pflanzen. Wo Süßwasser vorhanden ist, wachsen Schilf, verschiedene Binsengewächse und Bäume, etwa die Schwarzerlen. Dort, wo der Boden stark salzhaltig ist, können nur halophile – salzliebende – Pflanzen gedeihen, wie Salzkraut, die Simse oder die gemeine Strandnelke. Das salzhaltige Wasser bestimmt auch die Art der Krustentiere und Fische, und hier hausen Säbelschnäbler, Vögel die sich im Brackwasser wohl fühlen. Vor allem gibt es hier Enten, die nach Fischen jagen, sowie Kormorane und Reiher. Abseits der Ballungszentren und dem industriellen Küstenstrich Marghera bietet die Lagune dem, der an Natur und an Tieren interessiert ist, eine ganze Reihe von Plätzen, die nach wie vor weitgehend unberührt sind. So beispielsweise Valle Perini nördlich von Torcello, Richtung Altino, wo übrigens eine bedeutende archäologische Stätte besichtigt werden kann. Die Perini-Bucht ist jedoch ausschließlich mit dem Boot zu erreichen; in ihr steht noch ein „casone", ein typisches Fischerhaus. In diesem Teil der Lagune sind Löffelenten, Spießenten, Krickenten, Wasserläufer, Uferschnepfen, verschiedene Arten von Reihern, Teichrohrsänger und viele andere Vögel angesiedelt. Hingegen ist im südlichsten Teil der Lagune das internationale Naturschutzgebiet des Valle Averto mit reichen Tierbeständen, vor allem mit schon selten gewordenen Vogelarten, die hier ihre Nistplätze haben, zu bewundern. Dieses Naturschutzgebiet ist auch mit dem Auto von Venedig entlang der Strada Romea über den Ort Lugo zu erreichen, aber auch mit einem Vaporetto. Übrigens ist der Großteil der Lagune durch Vaporetto-Linien erschlossen.

Ganz anders ist jener Teil der Lagune zwischen dem Markusbecken und dem Lido mit Inseln wie San Giorgio Maggiore, La Grazia, San Clemente, Sacca Sessola, San Servolo, San Lazzaro, Santo Spirito oder Poveglia, und das sind nur die größeren Inseln. Einige waren Sitz von Krankenanstalten, weshalb diese einstigen Spitalsinseln auch heute noch „Isole del Dolore" – Inseln des Schmerzes – heißen. Zum Teil sind die alten Krankenanstalten und Bauten der Inseln verschwunden oder neuer Verwendung zugeführt, oder es liegen andere Projekte vor. Vor allem Hotelanlagen sollen einem gehobenen Qualitätstourismus dienen, zum Beispiel auf Sacca Sessola oder San Clemente. Für die Insel Poveglia wiederum ist eine Campusanlage für Jugendliche, vor allem Studenten, geplant. San Servolo erhielt Restaurierwerkstätten für Gemälde und Denkmäler. So erhalten brachliegende Inseln neue Bestimmungen und werden aus dem Dämmerschlaf und einer Zeit des Verfalls gerissen. Hinzu kommen eine ganze Legion von Inseln in der Lagune, die nur kleine Flecken bilden, mit einer Villa, einer Ruine oder auch ohne jeden Bau.

Empfehlenswert ist natürlich ein Besuch der Isola San Giorgio Maggiore, die San Marco unmittelbar gegenüberliegt. Denn vom Campanile dieser Kirche aus gibt es wohl den schönsten Blick auf Venedig. Das ganze Panorama der Stadt bietet sich dar. Noch schöner als vom Campanile des Markusplatzes, von dem man ja inmitten der Stadt den Rundblick genießt, weitet sich das Gesamtbild Venedigs, aber auch der Blick weit über die Lagune.

Auf San Giorgio Maggiore war einmal eine Saline, später war sie ein einziger Weingarten. Schließlich ließen sich Mönche des Benediktinerordens hier nieder und begannen von der Insel aus die Missionierung Ungarns. Im 10. Jahrhundert erstand die erste Kirche, deren Neubau im 16. Jahrhundert Andrea Palladio begonnen und Scamozzi vollendet hat. Auch diese Kirche ist gleichzeitig ein Museum venezianischer Malerei, vor allem die Fülle der Werke von Tintoretto überrascht. Die Insel beherbergt die „Giorgio-Cini-Stiftung".

Der Weg dieser Insel zu ihrer heutigen Bestimmung war weit. San Giorgio hatte stets eine gewisse Bedeutung, denn in der Liste der 135 Äbte, die das Benediktinerkloster während seines Bestandes 824 Jahre lang regierten, kommen die Namen fast aller großen Familien Venedigs vor. Wenig bekannt ist, daß nach dem Tode Papst Pius VI., der nach der Gefangennahme durch Napoleon 1799 im Exil starb, der österreichische Kaiser diese Insel als Sitz für das Konklave ausersah. Vom 1. Dezember 1799 an saßen 37 Kardinäle, abgeschlossen von aller Welt, auf dieser Insel, um dann am 14. März 1800 mit Luigi Barnaba Chiaramonti Papst Pius VII. zu erwählen, der ein Konkordat mit Napoleon schloß und den Korsen auch zu Notre Dame in Paris zum Kaiser krönte. Es war jene historische Feier, bei der Napoleon im letzten Moment dem Papst die Krone aus der Hand nahm, um sie sich selbst aufzusetzen. Von dem Konklave an verfiel die Insel, denn das Kloster wurde auf Napoleons Befehl aufgehoben. Weit später machte ein Techniker von sich reden, der einen Ballon konstruieren wollte und seine Werkstatt auf San Giorgio aufschlug. Dann übernahm das Militär die Herrschaft, und kurze Zeit befand sich dort das Ausbildungszentrum für Froschmänner der italienischen Marine. Knapp nach Kriegsende, 1945, verlor der Großindustrielle Conte Vittorio Cini, einer der Gründer des Industriegebietes um Porto Marghera, seinen einzigen Sohn durch ein Flugzeugunglück. Um das Andenken an seinen Sohn Giorgio zu ehren, pachtete Vittorio Cini die Insel San Giorgio vom Staat und gründete dort eine Marine-Ausbildungsschule, eine venezianische Kunstgeschichtsschule, ein Zentrum für Geschichtsstudien, eine Bibliothek, eine Konzerthalle und schuf ein Freilichttheater. Er ließ die Klostergebäude restaurieren, vor allem das von Palladio geschaffene Refektorium, in dem vorher eine Tischlerei etabliert war. Die Wiederherstellungsarbeiten dauerten Jahre. San Giorgio ist ein Schmuckstück der Lagune, ein Eiland, auf dem aus aller Welt Menschen zu kultureller Begegnung zusammenströmen. Jahrhundertelang war die Silhouette von San Giorgio Maggiore ein Wahrzeichen Venedigs – durch die Stiftung des Conte Cini ist sie das Wahrzeichen einer Insel der lebendigen Kultur geworden.

Ein Kleinod ist auch die Isola San Lazzaro degli Armeni. Es war die Insel der Aussätzigen, die 1717 von den von den Türken vertriebenen armenischen Mönchen, den Mechitaristen, besiedelt wurde. Von hier aus kamen Mitglieder des Ordens auch nach Wien, um in der Kaiserstadt eine berühmt gewordene Zweigniederlassung, berühmt vor allem durch die exquisite Druckwerkstätte, zu gründen. Und die Mönche lassen heute als einzige den venezianischen Ruf der hohen Kunst des Buchdrucks weiterleben. Einst weltberühmt, ist in ganz Venedig von dieser Druckkunst, außer den kostbaren Werken in den Bibliotheken und Museen, nichts geblieben. Auf San Lazzaro haben die Mönche eine Druckerei errichtet, die Werke in fast vierzig Sprachen drucken kann. Ihre Bibliothek umfaßt etwa 50.000 Bände und Handschriften. Eine Kuriosität des Klosters war überdies die dort produzierte Rosenmarmelade. Aus diesem Grund war San Lazzaro im Sommer auch ein wahrer Rosengarten. Die Mönche haben die Produktion dieser Marmelade jedoch eingestellt.

Der Lido, zwölf Kilometer lang, ist das Hauptbollwerk Venedigs gegen die Adria. Diese langgestreckte Insel, seit jeher ein Vorort Venedigs – von hier aus brachen auch die Kreuzfahrer ins Morgenland auf –, war ein ruhiges, verschlafenes Eiland, von dem die Dichter des 19. Jahrhunderts noch voll Begeisterung berichteten. Erst um die folgende Jahrhundertwende geschah die große Verwandlung zum Kurort und Strandbad internationalen Rufes. Der Großvater Carlo Goldonis besaß auf dem Lido ein kleines Theater – wohl ein be-

Bunte Fischerhäuser auf der Insel Burano.

Venezianisch-byzantinischer Dom von Murano, SS. Maria e Donato (12. Jahrhundert).

Glaskunst aus Murano: „Frauen", Installation für das Europäische Parlament in Brüssel von Elvira Bach, 2001.

Glaskunst aus Murano: „Multi-striped Head" von Kiki Kogelnik, 1999.

scheidener Vorläufer des internationalen Unterhaltungsrummels, der hier nun Jahr für Jahr herrscht. Große Hotelkästen siedeln auf dem Lido, vielfach noch mit dem Flair der Belle Époque, darunter Gebäude mit dem damals so beliebten „orientalischen Stil“. Weite Golfanlagen stehen zur Verfügung, und die Filmfestspiele lassen den Lido zum internationalen Treffpunkt werden.

Der kleine Ort San Nicolò auf dem Lido hat in der venezianischen Geschichte seine besondere Bedeutung, denn unmittelbar vor seinen Mauern fand alljährlich die Vermählung des Dogen mit dem Meere statt. Auf den meisten Darstellungen dieses Ereignisses sehen wir deshalb im Hintergrund San Nicolò. Ein Fußweg führt von San Nicolò zu einer Riesenplantane mit einem Durchmesser von fast dreieinhalb Meter, dem „Teufelsbaum“, der nicht nur der mächtigste Baum der ganzen Lagune, sondern auch ein beliebter Platz für Stelldichein ist. Der Ort selbst beherbergt einen der ältesten jüdischen Friedhöfe Europas, der im Jahr 1389 angelegt wurde.

Zwischen San Nicolò und dem Arsenal liegt das berühmte Inselfort Sant' Andrea. Aus Verona hatte der Rat im 16. Jahrhundert den Architekten Michele San Micheli kommen lassen, um gegen die Türken gewappnet zu sein, gegen Sultan Suleiman II., der in Ungarn eingedrungen war und nun vor den Toren Wiens stand. Micheli baute seine Festung fünf Stockwerke hoch, um einen kreisrunden Hof angelegt und mit fünf Bollwerken versehen. So viele Kanonen schauten aus den Löchern, daß die Venezianer bei all der Pracht vorerst ablehnten, den Architekten zu bezahlen, weil sie das Werk zwar sehr schön fanden, aber zugleich meinten, es müßte einstürzen, würden alle Kanonen auf einmal abgefeuert. Doch der Architekt ließ die Kanonen laden und zur Einweihung alle gleichzeitig abfeuern. Es gab zwar einen Höllenlärm in der Lagune, aber das Fort stand unerschütterlich. Von Sant' Andrea war auch der Schuß gegen den napoleonischen Hauptmann gefallen, der in die Lagune einfahren wollte. Das Fort ist leider immer noch militärisches Sperrgebiet und jede Besichtigung verboten.

Malamocco, einst Sitz der Dogen, ist ein kleiner Fischerort, in dem nichts mehr an die einstige Bedeutung erinnert. Die Flut hat die blühende Handelsstadt für ewig vernichtet.

Beiderseits des Lidos öffnen sich die großen Pforten in die Lagune: Porto di Lido und Porto di Malamocco. Danach führt die langgestreckte Insel von Pellestrina zum südlichsten und dritten Eingang in die Lagune, dem Porto di Chioggia, venezianisch auch Chiozza genannt. Pellestrina, ein bescheidener Ort, auch in unserer Zeit noch ein Hort der Ruhe, ist Zwischenstation auf dem Wege nach Chioggia, der bezaubernden Stadt der Fischer, die ihrer Kirchen wegen auch künstlerisch bedeutsam ist.

Auf den äußersten Inseln gegen die Adria sind die berühmten Murazzi entstanden, die Bollwerke aus riesigen Felsbrocken, die die Lagune vor dem Meer schützen sollen, was sie auch bis zu jenem denkwürdigen 4. November 1966 getan haben, von dem noch ausführlich zu sprechen sein wird. Ein Spaziergang, vor allem auf den Murazzi von Pellestrina, zeigt die Größe der Arbeit, die der untergehende Staat geleistet hatte. Es war die letzte große Aufgabe, welche die Republik bewältigte. 1781 war der gewaltige Dammbau abgeschlossen, wenige Jahre vor der Zerstörung des Staates. Ein Spaziergang kommt einem Wandeln am Horizonte gleich. Der Blick zurück in die Lagune fängt sich an einer der Inseln, das Festland ist zu erahnen, aber der Blick voraus führt in die Unendlichkeit des Meeres. Mit welcher Hoffnung von hier aus Schiffe und Handelsbarken in See stachen, und mit welcher Freude heimkehrende Seeleute, oft nach Jahren, wohl das Ende ihrer Reise begrüßten!

Für den Venedigbesucher, der von einem der Badeorte oberhalb Venedigs kommt, gibt es keinen schöneren Eintritt in die Königin der Adria, als mit dem Wagen über Jesolo nach Punta Sabbioni zu fahren, das Auto unter schattenspendenden Bäumen und Rebenranken abzustellen und mit dem Dampfer durch die Lagune nach San Marco zu fahren. Die Lagunenfahrt mit der Ankunft am Molo ist das Erlebnis, das jeder Reisende hatte, bevor es Eisenbahn- und Autobrücke gab.

Doch zurück zur Stadt, zum Zentrum, zu Venedig selbst. Die Giudecca ist eine große Insel, insgesamt ein Konglomerat von acht Inselchen. Kein Gast dieser Stadt wird es bereuen, mit dem Traghetto auf die Giudecca überzusetzen. Diese alte Insel war bevorzugter Bauplatz des Adels, vor allem als Platz für die Sommerfrische, und ist heute zum Großteil Arbeiterviertel, jedoch gleichfalls schon mit Hotels durchsetzt. Sie gibt noch ein unverfälschtes venezianisches Bild. Gar nicht zu reden von dem Kunstwerk der Erlöserkirche Il Redentore, die Palladio nach dem Ende der Pest 1576 erbaute und die wiederum eine kunsthistorische Fundgrube ist. Die Glockentürme gleichen muslimischen Minaretts, von ihnen erklangen die Glocken, wenn alljährlich Doge und Signoria ihren prunkvollen Besuch abstatteten, für den extra eine Schiffsbrücke zur Insel geschlagen worden war. Alljährlich begehen die Venezianer am dritten Sonntag im Juli diesen Festtag. Tagsüber wird die Kirche besucht, und am Abend befindet sich wohl jedes Boot, das in Venedig aufzutreiben ist, auf dem Wasser. Man ißt Maulbeeren, in Venedig „mori del Redentore" genannt, und viele rudern noch zum Lido hinüber, um als Abschluß den Sonnenaufgang zu erleben.

Die frühere Abgeschiedenheit der Giudecca – beispielsweise zog im Jahr 1529 der aus Florenz verbannte Michelangelo hierher, um gleichsam als Einsiedler zu leben –, der „grüne Erholungsort", ist nicht mehr vorhanden, abgesehen von Privatgärten, die auch heute noch mit einer Mauer umschlossen auf der Insel liegen.

Ein Beispiel für die industrielle Architektur des 19. Jahrhunderts ist die weite Anlage des „Molino Stuky", es ist die Mühle einer ehemaligen Nudelfabrik, ein roter Backsteinbau, der nun auf dem Wege ist, für Wohnungen sowie eine Hotelanlage mit Konferenzsälen adaptiert zu werden.

Über den Namen der Giudecca ist viel gerätselt worden. Man glaubte, hier sei die erste jüdische Siedlung gewesen. Doch das stimmt nach neueren Forschungen nicht. Bis 1254 hieß die Insel übrigens „Spinalunga". Aber auch die Überlieferung, wonach der Name von „iudegá" (venezianisch für „giudicati" = „Verurteilte") kommt, ist nicht wirklich gesichert.

Die größte Insel der Lagune ist Sant' Erasmo. Bis zum 19. Jahrhundert war sie direkt zur Adria offen, doch nach der Errichtung der Deiche an den Hafenmündungen und dem Bau des Küstenstrandes von Punta Sabbioni gelangte Sant' Erasmo in den Innenbereich der Lagune. Es ist die grüne Lunge der Lagune, eine Insel mit ländlicher Atmosphäre, mit Gemüsepflanzungen, Blumengärten und selbst Weingärten. Hier sind auch Überreste der Festung Sant' Erasmo mit dem Torre Massimiliana, erst 1797 von napoleonischen Truppen errichtet und unter österreichischer Herrschaft fertiggestellt, wobei die Österreicher 1832 noch den Turm aufrichteten. Den Namen hat er von Erzherzog Maximilian von Habsburg, der hier 1848 während des Aufstandes des Risorgimento Zuflucht genommen hatte.

Östlich von Sant' Erasmo schließt die künstliche Halbinsel Punta Sabbioni die Lagune ab. Treporti ist eine alte Inselansiedlung, die ursprünglich auf drei Inseln verteilt war. Von hier aus sind die Barene, Sandbänke, und einsame Lagunen leicht zu erwandern.

Le Vignole, ursprünglich hieß die Insel Isola delle sette vigne, also Insel der sieben Weinberge, ist auch heute eines der wichtigsten Ausflugsziele der Venezianer selbst in die Lagune.

Groß ist die Zahl der „verlorenen Inseln". Es sind heute unbewohnte Inseln, die früher einmal besiedelt und zum Teil auch wesentlich größer waren. Madonna del Monte wurde Anfang des 14. Jahrhunderts von Benediktinerinnen besiedelt. Die Kirche wurde im 19. Jahrhundert zerstört, und zu Beginn des 20. Jahrhunderts wurde im Kloster eine Pulverfabrik errichtet. Heute liegen die Reste brach. Sant' Arian und die nahegelegenen Inseln La Cura und Santa Cristina waren ein dichtbesiedeltes Eiland mit etlichen Kirchen. Auf Sant' Arian war auch ein Kloster, in das viele Damen des venezianischen Adels eintraten. Die Nonnen zogen 1439 nach Torcello um, die Gebäude verfielen. Jahrhunderte hindurch wurde die Insel als Beinhaus für die Begräbnisinsel San Michele verwendet.

San Michele ist auch der Abschluß der Lagunenfahrt, eine kleine Insel, mittig zwischen Venedig und Murano gelegen. Dorthin führt der letzte Weg des Venezianers. Auf der Begräbnisinsel bleiben die Gebeine zehn Jahre lang, bevor die Überreste in einem Gemeinschaftsgrab bestattet werden. Auf San Michele darf dauernd nur verbleiben, wer ein Privatgrab besitzt. Diese Insel war im 13. Jahrhundert von Kamaldulenser-Mönchen besiedelt worden, deren Kloster in napoleonischer Zeit, also zu Beginn des 19. Jahrhunderts, aufgelöst wurde. Ende des 19. Jahrhunderts wurde die Insel zum zentralen Friedhof bestimmt. Die Kirche und der Kreuzgang von San Michele sind Teile des alten Klosters, eine der frühesten Renaissancearchitekturen in der Stadt; durch eine Verbindungstür ist die Cappella Emiliana zu erreichen, der einzige Renaissancerundbau des 16. Jahrhunderts in Venedig. Der Grundriß besteht aus einem Hexagon, von einer Kuppel überwölbt, und die Wände sind mit steinernen Altären besetzt.

Friedhöfe sind oft ein Stück Kulturgeschichte. So ist es auch mit San Michele. Ein Spaziergang durch die Friedhofsinsel bringt Namen in Erinnerung: Schon beim Haupteingang steht das Denkmal des gebürtigen Salzburgers Christian Doppler, Physiker und Mathematiker, der 1853 in Venedig gestorben ist. Die Gräber von Ezra Pound oder dem weltberühmten Tänzer und Choreographen Sergej Diaghilew oder des Komponisten Igor Strawinsky sind Zeugen kulturgeschichtlicher Vergangenheit. Mehrfach wandelt der Friedhof sein Gesicht, von Prunkgräbern zu einfachen Gelegen für Mönche und Nonnen, dem Friedhof der Orthodoxen oder die Gräber venezianischer Familien, die aus der langen Geschichte bekannt sind.

San Michele: Noch einmal wird der venezianische Mensch dem tragenden Element anvertraut. Eine Leichengondel führt den Sarg über das Wasser der Lagune zur Aufbahrungskirche. Selbst das Schwarz dieser Gondel ist feierlicher, die Gondolieri tragen eine eigene Tracht, der Sarg erstickt unter einer Fülle von Kränzen und Blumen. Vielfach ersetzt das Motorboot die Gondel. Doch für mich war dieser Anblick von einer ungeheuren Symbolkraft. Selten schließt sich ein Lebenskreis so offenkundig: Das Meer ist die Herrscherin, Venedig aber die Herrscherin der Meere, die Serenissima und die letzte Fahrt mit dem Totenschiff führt das besonders eindrucksvoll vor Augen.

Sie schufen die Pracht

ARCHITEKTEN UND BILDHAUER

Es wird mir schwerer, Dir von den venezianischen Malern zu sprechen, als von den anderen. Von ihren Bildern hat man keine Lust zu zergliedern und zu urteilen; wenn man es tut, tut man es nur mit Gewalt. Die Augen genießen, das ist alles ...

Hippolyte Taine, Reise in Italien

Alles wird, alles ist hier schließlich Malerei ... Diesem Himmel, diesem Wasser, dieser Luft, die auf geheimnisvolle Weise Stein und Ziegel und deren Liniengefüge in reine Farbe, in ausgesprochen malerische Werte verwandeln, kann eben nichts, aber auch gar nichts widerstehen. Denn aus Malerei ist das innerste Wesen und Sein dieser Stadt gebildet.

Diego Valeri, Guida Sentimentale di Venezia

Von den drei Schwestern Architektur, Bildhauerei und Malerei gewann in Venedig die Malerei als letzte Glanz und Ansehen. Ursprünglich bestand im Lagunenbereich keine spezielle Kunstform; nach altem Brauch standen wohl auch auf den Inseln in den Gassenecken Statuen und in der Mitte der Siedlungen Kirchen. Zuerst war es der byzantinische Stil, unverkennbar durch seine Rundbögen, erhöht durch ein Einschubstück, die das Gesicht der Stadt prägten. Hinzu kamen Bogen in Hufeisenform, Kapitelle mit eleganten Blätter- oder Figurenornamenten, wobei kostbarer farbiger Marmor verarbeitet wurde. Die Romanik setzte sich in Venedig viel weniger durch als auf dem Festland. Die dicken, schweren Mauern – charakteristisches Merkmal dieser Epoche – waren wohl auch für die venezianische Bauweise wenig geeignet. Die Gotik aber wurde in ihrer eigenen venezianischen Ausprägung zum entscheidenden Baustil der Lagunenstadt. Der Spitzbogen als das Grundelement erhielt sein orientalexotisches Aussehen, und seine Funktion, das Gewicht der Massen nach unten abzuleiten, ist durch die Wendung in das Dekorative sehr stark erweitert worden. Der Spitzbogen eignete sich vor allem zu den zwei großen Gegebenheiten: Wasser und Licht.

Die Renaissance war der Stil der Glanzzeit Venedigs – des späten 15. und 16. Jahrhunderts –, erkennbar an den Bauten mit klassischen, manchmal auch schweren Linien und in den Statuen und Denkmälern. Triumphe feierte diese Bauepoche in den Gewölbe-, Decken- und Wandmalereien mit traditionsgemäßen lokalen Motiven. Das Barock des 17. Jahrhunderts schuf in der Salute-Kirche sein Meisterwerk; die neue Klassik des 18. und 19. Jahrhunderts restaurierte – und verdarb vielfach, was an überkommenem Erbe vorhanden war.

Mit dem Architekten und Bildhauer Niccolò Pisano in der Mitte des 13. Jahrhunderts und dem Maler Giotto um 1300 begann im wesentlichen die Loslösung der italienischen Kunst von Byzanz. Nicht so jedoch in Venedig, denn Venedig war nicht Italien, obwohl es nur unweit von Padua, der Wirkungsstätte Giottos, gelegen war. Das drastische Merkmal der Los-von-Byzanz-Bewegung Venedigs war das Fenster, das um die Mitte des 14. Jahrhunderts in die Markuskirche gebrochen wurde, zum Zeichen der geistigen Wandlung, weg von der Mystik des Ostens.

Der Kunstgeschichte bleibt es vorbehalten, die Namen der Baumeister, Architekten und Bildhauer zu verzeichnen, die an der Ausschmückung der Serenissima, der Durchlauchtigsten Stadt der Lagune, gearbeitet haben. Ich möchte nur einige der Namen erwähnen, auf die der Besucher unentwegt stößt: Filippo Calendario war einer der wenigen namentlich bekannten Architekten und Bildhauer des Palazzo Ducale; Giovanni Bon und sein Sohn Bartolomeo – beide mitunter auch Buon geschrieben – schufen die Porta della Carta des Dogenpalastes und waren maßgeblich am Bau der Ca' d'Oro beteiligt. Der Sohn errichtete auch die Kirche San Rocco, die im 18. Jahrhundert umgebaut wurde, und schuf als Bildhauer in der zweiten Hälfte des 15. Jahrhunderts die Verkündigung über dem Hauptportal der Kirche Madonna dell'Orto. Die Brüder Jacobello und Pierpaolo Masegne schufen im 14. Jahrhundert den Balkon an der Lagunenseite des Dogenpalastes. 1483 wurde Antonio Rizzo zum Staatsarchitekten bestellt und ihm die Gestaltung der Hoffassade des Dogenpalastes übertragen. 1498 wurde er von Pietro Lombardo abgelöst, der das Gesicht Venedigs in der frühen Renaissance prägte. Der florentinische Architekt Jacopo Sansovino (um 1486–1570) – in jener Zeit waren Architekten und Bildhauer idente Berufe – wurde zur wichtigsten gestaltenden Persönlichkeit der Renaissance. Von ihm stammen die Zecca, die Münze, und die Libreria auf der Piazzetta sowie der Palazzo Corner und der Palazzo Manin. Seine Schüler Alessandro Vittoria (1525–1608) und Girolamo Campagna (um 1552–1623) schufen eine Fülle von Werken. Von Andrea Palladio (1508–1580), dem Erbauer der Redentore und der Kirche San Giorgio Maggiore, wie des Klosters, das heute Sitz des Kunstmuseums Accademia ist, war schon die Rede. Er war ein von der Antike durchdrungener Mensch an der Schwelle des Barocks. Daher sind seine Nachfolger auch große Architekten des Barocks: Vincenzo Scamozzi (1552–1616), der ursprüngliche Planer des Domes von Salzburg, und sein Nachfolger Baldassare Longhena (1598–1682), der erste in Venedig geborene große Architekt, der die Santa Maria della Salute und die Ca' Rezzonico erbaut hat. Ein anderer Venezianer, Giorgio Massari, errichtete im 18. Jahrhundert den Palazzo Grassi.

Dem Betrachter wird auffallen, wie sich der venezianische Formungswille so stark erwies, daß er nicht nur jedem Einfluß standzuhalten vermochte, sondern jede Kunstrichtung aufnahm und sie in einem eigenen Geist nachbildete, ja weiterbildete. In Venedig wurde vor allem der koloristische spätrömische Geschmack verewigt, während ihn die übrige Welt aufgab. Nun, gerade diese Art aber paßte genau zu einer Stadt inmitten des Wassers. Der Kunsthistoriker Sergio Bettini meinte völlig zu Recht in einer Untersuchung über die Wirklichkeit des Kunstwerks Venedig: „Etwas Luftiges und Meerverbindendes gehört tatsächlich zur spätromanischen paläochristlichen Kunst, die völlig in Bogengänge, Säulenhallen, Marmorverkleidungen und Einlegearbeiten, Transennen und Durchbrochenheiten gelöst ist. Die Mosaiken der Wände, der Belag der Fußböden haben in ihrer durchscheinenden Klarheit marinen Charakter und scheinen wie gewaschen: als hätte sich die Flut erst eben aus diesen Kirchen am Inselstrand zurückgezogen und Teppiche von Kies, farbigen Steinchen und Perlmuttermuscheln zurückgelassen, die in ihren Lineamenten die Spuren der Wellenbögen bewahren."

Venezia in den Götterhimmel erhoben

DIE MALEREI

> ... habe mir die Venezianer angesehen: sie sind von unbeschreiblich konsequenter Farbigkeit; man fühlt, bis wohin es im Tintoretto geht. Fast noch weiter als bei Tizian. Und so bis ins 18. Jahrhundert hinein, wo ihnen nur der Gebrauch des Schwarz abgeht, um zu einer Manetschen Skala zu kommen. Guardi hat es übrigens; es war unvermeidlich mitten im Hellen, seit die Gesetze gegen den Aufwand die schwarzen Gondeln anbefohlen hatten.
>
> *Rainer Maria Rilke, Briefe aus den Jahren 1907 bis 1914*

Erst das 15. Jahrhundert brachte Venedig eine eigenständige Malerei, und zwar nicht nur im Hervortreten bodenständiger Künstler, sondern mindestens im ebensolchen Maße durch den Zuzug fremder Künstler aus dem ganzen italienischen Raum in die Metropole an der Adria. Warum die Maler kamen? Allein schon die Einzigartigkeit dieser Stadt mußte für das Künstlerauge verlockend sein. Hinzu kamen das weltstädtische Fluidum und die Freigebigkeit einer Regierung, die darauf bedacht war, auf allen Gebieten die erste Geige zu spielen. Außerdem darf nicht vergessen werden, daß für einen Künstler viele der kleinen und kleinsten Fürstenhöfe des italienischen Raumes zu eng und zu wenig entwicklungsfähig waren.

Um den Dogenpalast zu schmücken, hatte sich 1409 die Republik Gentile da Fabriano und seinen Gehilfen Antonio Pisano, genannt Pisanello, aus Umbrien geholt. Zweifellos hat die Lieblichkeit dieser Landschaft, der der heilige Franziskus entstammte, die Linie venezianischer Malerei mitgeprägt. Zwei der Schüler Fabrianos, nämlich Michele Giambono und vor allem Jacopo Bellini und dann dessen Söhne Gentile und Giovanni Bellini wurden die eigentlichen Begründer bodenständiger venezianischer Malkunst.

Um diese Zeit, gegen die Mitte des 15. Jahrhunderts, hatte sich auf der Insel Murano eine eigene Malschule gebildet. Und es erscheint ganz natürlich, daß diese Schule gerade in Murano entstand, wo ja bereits die Kunst der Glasmacherei zu Hause war. Es waren die Maler Antonio, Bartolomeo und Luigi, auch Alvise genannt, Vivarini, die versuchten, sich vom byzantinischen Einfluß zu befreien.

Um das Jahr 1500 begann man mit Ölfarben zu malen, ein entscheidender Faktor in der Entstehungsgeschichte der venezianischen Malerei. Denn die Ölfarben waren, ganz anders als die Temperafarben, dazu geeignet, mit ihrer Leuchtkraft das Bild Venedigs widerzuspiegeln.

Ungefähr in der Mitte des 15. Jahrhunderts ließ sich Antonello da Messina, ein Schüler des Holländers Jan van Eyck, in der Lagunenstadt nieder. Ob er diese Malweise mitgebracht hat oder die Anekdote auf Wahrheit beruht, daß Bellinis jüngster Sohn in Holland Werkspionage betrieben habe, ist nicht entscheidend. Wichtig ist das Faktum. Die Wiedergabe des wirklichen Lebens. Die Gemälde der venezianischen Schule atmen nicht die religiöse Innigkeit etwa der umbrischen oder toskanischen Schule, haben aber die Schönheit, heitere Natur und lebensfrohe Sinnlichkeit. Man kann es nur stets von neuem wiederholen: die venezianische Malerei war das getreue Abbild Venedigs selbst. Farbenpracht, Lichteffekte, Kühnheit der Perspektive, Darstellung der überaus klaren Luft, der Dämmerung, der Wirkung der Gegensätze, eben alles, was die Stadt selbst ausstrahlt. Daß in einer solchen Atmosphäre auch die Heiligenbilder mehr als Schöpfungen lebensfroher, ja heidnischer Künstler scheinen, ist kein Wunder in einer Republik, die von Ketzerverbrennungen, Glaubenskriegen, Selbstkasteiungen und mystischer Frömmelei verschont geblieben ist, um einem heiteren, lebensbejahenden Christentum zu dienen.

Und es kam soweit: Venedig und Malerei wurden zwei gleichbedeutende Worte. Die venezianische Kultur war ja auch eine typische Kultur der Farbe und eine Welt ohne Grenzen.

Der jüngste Bellini, Giovanni, vielfach Gianbellin genannt, um 1430–1516 lebend, ist zum realen Begründer der venezianischen Malerei geworden, die von ihm über Giorgione, Tizian, Tintoretto, Veronese, Lotto und Bassano bis zu Tiepolo, Canaletto und Guardi reichte. Interessant sind die Verflechtungen, denn als Gianbellin am Höhepunkt war, starb der letzte Vivarini aus jener Familie, die die goldgrundigen, ikonenhaften Tafeln geschaffen hatte, vergessen von seiner Umwelt. Als Gianbellin starb, stand längst schon der Stern seines Schülers Tizian am Malerhimmel. Dieser Giovanni Bellini war zugleich auch der erste in jener langen Reihe von Malern, die ein unwahrscheinlich reiches Lebenswerk hinterlassen haben. Venedig besitzt allein vierzig seiner Madonnenbilder. Von seinem Bruder Gentile, der nahe dem Rialto wohnte und der mit Vorliebe das Leben auf den Gassen und Plätzen in seinen Bildern festhielt, wird eine bezeichnende Anekdote berichtet: Sultan Mohammed II. hatte ihn an seinen Hof geladen und beauftragt, die Enthauptung Johannes des Täufers zu malen. Damit Gentile Bellini nach einem Modell malen konnte, ließ der Sultan in Gegenwart des Meisters einem Sklaven den Kopf abschlagen.

Der Schüler von Gentile Bellini, Vittore Carpaccio, gleichfalls ein realistischer Maler, vollendete einige Bilder seines Lehrers. Er schuf für die Scuola di Sant' Orsola Bilder aus der Legende der heiligen Ursula und für die Scuola San Giorgio degli Schiavoni Szenen aus dem Leben der Heiligen Georg und Hieronymus. Die zwei bedeutendsten Schüler Gianbellins aber wurden Giorgione und Tizian.

Giorgione, geboren 1477, war der Begründer der venezianischen Profanmalerei. Aus seinem reichen Werk sind nur mehr etwa zwei Dutzend Bilder bekannt, Bilder voller Phantasie. Schon im Jahre 1510 raffte die Pest den Maler hinweg, jene Seuche, die in ihrer zweiten Welle, mehr als sechs Jahrzehnte später, auch Tizian das Leben kosten sollte.

Giorgione, mit vollem Namen Giorgio da Castelfranco, trat schon mit zehn Jahren in die Werkstatt Gianbellins ein, um jedoch von Anfang an gänzlich unabhängig seinen Weg zu gehen. Temperamentvoll modellierte er mit dick aufgetragener Farbe, mit den leuchtendsten und sinnlichsten Farben. Die Landschaft war nicht Zugabe, sie rückte nun in den Mittelpunkt. Trunkenheit der Sinne in der mächtigen Natur, das atmen seine Bilder aus. Gabriele d'Annunzio schrieb von ihm, der der gesamten Malerei solch großen Anstoß gegeben hat, von dessen Leben aber nichts bekannt ist: „Kein Dichterschicksal auf Erden ist dem seinen vergleichbar. Alles über ihn bleibt im dunkeln; einige Leute haben sogar seine Existenz als solche geleugnet. Sein Name steht auf keinem gesicherten Werk. Trotzdem ist die gesamte venezianische Kunst von der Offenbarung seiner Kunst entflammt worden. In der Kunstgeschichte bedeutet Giorgione das Auftreten des Feuers. Wie Prometheus verdient er den Namen Feuerträger." Dieser Künstler war nur 33 Jahre alt geworden.

Tiziano Vecellio, um 1477 in Pieve di Cadore, einem kleinen Ort am Südabhang der Dolomiten, geboren, war der Nachfolger, ja Vollender des Stils Giorgiones. Gleichfalls als zehnjähriger Junge nach Venedig in die Malerlehre gesandt, blieb er eine Zeitlang in der Mosaikwerkstätte des Sebastiano Zuccato, malte dann bei Gentile und schließlich bei Giovanni Bellini. Obwohl Giorgione gleich alt war, wählte ihn Tizian schließlich zu seinem Lehrmeister, denn sein Freund war damals schon auf dem Höhepunkt seines Schaffens – und das hatte Tizian erkannt. Nach Gianbellins Tod wurde Tizian offizieller Staatsmaler der Republik. Steil aufwärts führte ihn sein Weg. Seine Porträts, Heiligenbilder, Allegorien, Madonnen wurden ihm aus den Händen gerissen. Als der Maler zwei Jahrzehnte lang sein Versprechen nicht einhielt, für den Großen Saal des Palazzo Ducale ein Schlachtengemälde zu liefern, verurteilte ihn 1537 der Rat der Zehn zu Rückerstattung seiner Einnahmen als Makler des Fondaco dei Tedeschi. Innerhalb eines Jahres malte nun Tizian die Schlacht von Cadore, ein Gemälde, das allerdings schon 1577 durch eine Feuersbrunst vernichtet wurde. Doch die Strafe wurde ihm erlassen. Ob religiöser Maler, Künstler des Dekors, der mit den Perspektiven der Architektur spielte, Landschaftsmaler oder Porträtist, stets entstand ein neues Meisterwerk. Und er schuf eine ungeahnte Fülle von Werken. Von Papst Paul III. mit Ehren überhäuft, verlieh ihm Kaiser Karl V., den Tizian 71jährig, die Alpen mitten im Winter überquerend, beim Reichstag in Augsburg traf, die Würde eines Pfalzgrafen und das Recht, als einziger den Kaiser malen zu dürfen. Bis in seine letzten Lebenstage war Tizian voll schöpferisch tätig. Als er in seinem hundertsten Lebensjahr der Pestwelle zum Opfer fiel, ordnete der Staat an, daß Tizian nicht, wie sonst alle Pestopfer, verbrannt, sondern feierlich in der Frari-Kirche beigesetzt werde, wo er sich drei Jahre zuvor gegen Lieferung einer Pietà ein Grab bestellt hatte.

Hatte Giorgione mit der Auflösung der „Masse" in einen Akkord von Farbe und Licht begonnen, so gestaltete Tizian diese Werte noch gesättigter, entschiedener, einheitlicher – und noch meisterhafter. Er brachte die malerische Ausdrucksform der Renaissance zur Lösung. In seiner schier unerschöpflichen Kraft ewiger

Erneuerung wirkte er geradezu als das Genie, das in die Geheimnisse der Natur eingedrungen war. Gleichzeitig aber war der Maler der menschlichen Fülle ein Mann, der ewig an der Sonne lebte und diese Sonne in seine Bilder übertrug.

Tizian hat alle seine Schüler und Freunde überlebt, so Jacopo Negretti, genannt Palma Vecchio, Paris Bordone und schließlich Lorenzo Lotto, um 1480 in Venedig geboren und 1556 gestorben.

Kurze Zeit war Jacopo Robusti, 1518 in Venedig geboren, Schüler Tizians, der ihn – der Biograf Ridolfi berichtete, wegen Eifersucht auf das keimende Genie – bald verabschiedete. Unter dem Namen Tintoretto, Färberlein – sein Vater war Färber –, wurde der Maler wohl zum produktivsten Künstler Venedigs, der große und zahlreiche Flächen brauchte, um seine überströmende Vorstellungskraft austoben zu können. Als Kind schon hatte er die Wände der väterlichen Färberei mit Kohlezeichnungen beschmiert und dann mit Stoffarben ausgemalt. Tintoretto modellierte Figuren aus Ton und Wachs, drapierte sie mit Stoffen, setzte die Puppen in aus Karton geschnittene Häuser mit Fenstern, um Perspektive, Licht und Schatten studieren zu können. Andere Figuren hängte er wie Marionetten an Fäden und ließ sie baumeln, um dann die Beleuchtungseffekte zu betrachten. Er experimentierte mit Licht und Schatten, so oft sich ihm eine Möglichkeit dazu bot. Und er malte. Er malte unentwegt. Als in seinem Wohnviertel Cannaregio die Kirche Santa Maria dell'Orto renoviert wurde, beschwor er den Geistlichen, ihn die Chorwände bemalen zu lassen. Der Padre weigerte sich, denn er hatte Angst vor den Kosten, doch Tintoretto war bereit, lediglich für den Materialpreis zu malen. Er raffte Aufträge, Ruhm war ihm wichtiger als Geld. Er wollte malen, er mußte malen. Er war angeblich kein angenehmer Mensch, schwierig im Umgang, doch die Umwelt schien ihm gleichgültig zu sein, solange er nur eine Fläche bemalen konnte. 1548 bestellte die Scuola von San Rocco, die zur Pflege der Pestkranken gegründet worden war, bei ihm ein zwanzig Fuß breites Bild über das Markuswunder. Immer mehr Szenen aus der Legende dieses Heiligen folgten, und als die Bruderschaft ein Gebäude errichten ließ und einen Wettbewerb veranstaltete, gewann ihn Tintoretto. Während seine Mitbewerber Modelle vorlegten, wie sie die Säle ausstatten wollten, malte Tintoretto eine Leinwand in originaler Größe, ließ sie heimlich an der Decke eines Saales befestigen und enthüllte sie am Tage der Entscheidung. Tintoretto wurde bald Mitglied dieser Scuola und mit der Ausschmückung des gesamten Gebäudes beauftragt. Als Entgelt erhielt er eine Rente von einhundert Dukaten jährlich, unter der Bedingung, zumindest jedes Jahr ein Bild zu liefern. 21 Jahre arbeitete der Maler an dem gewaltigen Werk, das 62 Gemälde umfaßt.

Gigantisch ist die Galerie seiner Dogenporträts, vielfältig sind die Meisterwerke der Mythologie oder die große Zahl der Tafelbilder, denen eines gemeinsam ist: Tintoretto wiederholte sich nie, gestärkt von seiner ungeheuren Vitalität und Schöpfungskraft, bezaubert von den Kontrasten von Licht und Dunkel und von der Verbindung des Wahrhaften und des Phantastischen. Gleichzeitig aber wirkte er oftmals gequält von der Wirrnis des Lebens; die Malerei des Barocks kündigte sich in ihm an. Venedig ist mit Werken Tintorettos sozusagen überfüllt. Will man ihn kennen, muß man die Scuola Grande di San Rocco besichtigen, die Chiesa Santa Maria dell'Orto – und sein letztes großes Werk, das „Paradies“ im Saal des Großen Rates im Dogenpalast.

Trotz der reichen Farbe und dem Zauber, den seine Werke ausstrahlen, ist Tintoretto sozusagen die dunkle und grandiose Seite der venezianischen Pracht, im Gegensatz zu Veronese, dem Gestalter einer ausgelassenen und lebhaften Malerei.

Paolo Caliari, 1528 in Verona geboren, ist unter dem Namen Veronese weltberühmt und wohl der kennzeichnendste Maler der Serenissima geworden. Sein Vater war Bildhauer. Mit 27 Jahren versuchte Veronese in Venedig sein Glück. Auf Grund einer Empfehlung an den Prior des Klosters San Sebastiano durfte er fünf Gemälde in der Sakristei malen. Daraufhin beauftragte man ihn, auch die Deckenfresken zu schaffen. Was für Tintoretto die Scuola Grande di San Rocco gewesen war, wurde für Veronese die Chiesa San Sebastiano. In seinen Profanbildern wiederum brachte der Künstler eine Ausgelassenheit und eine Geschmeidigkeit der Linienführung mit, die eine Tradition begründeten, die nach ihm Tiepolo fortführte. Sein Bruder Benedetto Caliari malte gewöhnlich die Architekturhintergründe, Veronese füllte sie mit seinem farbenfrohen Pinsel. Veronese war es auch, der die „Apotheose Venedigs“ für die Decke im Saal des Großen Rates malte. Darin zeigte er sein perspektivisches Können, die Farbenfreude und Schönheit der Figuren, die Gestaltung des Lichtes, und er malte mit einer Heiterkeit, die unvergleichlich war. Tizian, vierzig Jahre älter als Veronese, küßte ihn, wenn er ihn traf, um damit dem Genius der Malerei zu huldigen. Ja, Veronese war wohl der Höhepunkt dieser venezianischen Malerei. Kein Wunder also, daß gerade er Venedig in den Himmel der Götter aufgenommen hat.

Als Veronese 1588 starb, war es nur ein Maler, Leandro Bassano, 1557–1623, der in das 17. Jahrhundert hinüberragte, stöbernd in den verborgenen Lagern des folkloristischen Genres, das Tier als Inhalt eines Bildes entdeckend und gleichfalls mit dem Licht spielend. Bassano aber hat die Hintergründe mit Schatten überladen. War dies Zufall? Oder das Eingeständnis des steten Niederganges des Lagunenreiches? Ob Zusammenhänge bestehen oder nur hineingedichtet werden, mag dahingestellt bleiben. Jedenfalls folgte eine Zeit malerischer – man könnte sagen – Müdigkeit, bis im Settecento von brillanten Virtuosen der Farbe ein glanzvoller, neuer Aufstieg begann.

In diesem 18. Jahrhundert war Venedig die einzige Stadt Italiens, die eine originale Malschule hatte. Sebastiano Ricci, Giovanni Battista Piazzetta sind nur zwei Namen aus der Fülle der in Venedig schaffenden Künstler, die alle in ganz Europa Ansehen genossen, aber alle von einem Namen abgelöst wurden, von einem Mann, der sie überstrahlte: Giambattista Tiepolo, 1696–1770. Von ihm hieß es, er führe ein Gemälde in kürzerer Zeit aus, als ein anderer brauche, um seine Farben zu reiben. Um eine Wette zu gewinnen, malte er die zwölf Apostel in halber Lebensgröße in zehn Stunden. Dieser Tiepolo hatte eine burleske Einbildungskraft, gab bizarren Launen nach, doch auf seinen Bildern überfluten Glanz und Sinneslust alles. Überall herrscht Freude und vor allem Licht, das Licht des Himmels, des Wassers, das ganze Licht von Venedig. Was für die anderen gilt, gilt erst recht für ihn, und um zu malen, kannte er nur ein einziges Argument: Venedig! Kein Wunder, daß Tiepolo reich wurde, denn die noble Welt riß sich darum, Decken und Wände der Paläste von ihm bemalen zu lassen. Masken, Galeeren, kissentragende Pagen, Obelisken, Amoretten, Karneval, Neger, Heilige – Tiepolo malte. Die Farben glühten unter seinen Händen, wen durfte es verwundern, daß dieser künstlerischen Phantasie die wunderschöne, weißhäutige Gondolieretochter Christina Modell stand zur Jungfrau Maria, zur heiligen Helena, Katharina, Lucia, aber auch zu Kleopatra, Iphigenie, Ariadne und anderen Gestalten, daß sie mit Seiden, Brokaten, Spitzen – aber auch mit nichts anderem am Leib als einem Kameen-Armband – gemalt worden ist.

Unter seinen Kindern ragte Domenico Tiepolo, 1727–1804, hervor, der ein Abbild seines Vaters im Wesen und im Können war, vermehrt noch durch die Gabe dämonischer Pinselführung.

Eine ganz andere Kunst brachte die Spitzennäherin Rosalba Carriera, 1675–1757, zur Blüte. Mit achtzehn Jahren begann sie, Miniaturen zu malen, bald warben um sie Könige, Fürsten und die Damen des Adels, damit „die Carriera" sie porträtiere. In ihren so kleinen Kunstwerken war etwas ganz besonders Duftiges, wie ein Kolibri unter den Vögeln. Die Farben setzte sie hauchdünn, wie Blütenstaub. Nun, diese Kunst mußte im galanten Jahrhundert zur großen Mode werden, in einer Zeit, in der Schönheit die wichtigste Tugend war: „... ein Freund Rosalbas erzählte von ihr, sie habe trotz ihrer Klugheit, ehe sie zu malen begann, keine andere Beschäftigung gehabt, als Muster für die sogenannten venezianischen Spitzen zu entwerfen. Als die Spitzen aus der Mode gekommen seien, sei sie in Schwierigkeiten geraten; denn weder sie noch ihre Eltern wußten, wovon sie leben sollten. In dieser Not riet ihr ein französischer Maler namens Jean Steve, der die gerade in Mode gekommenen Tabaksdosen bemalte, sich der gleichen Beschäftigung zuzuwenden ... So haben große Wirkungen oft kleine Ursachen", schrieb Paul-Jean Mariette in seinem Buch „Abècèdaire".

Dieser Künstlerin gesellte sich Pietro Longhi, 1702–1785, sozusagen der Goldoni der Malerei, als Schilderer der Sitten dieser Stadt hinzu. Er berichtete in seinen Bildern von den Szenen des täglichen Lebens, vom Treiben dieser recht bunten Welt. Von Longhi sagte der Franzose Mariette in seinem gerade zitierten Buch so treffend: „Er fand Gefallen an Konversationsszenen, Fest und Maskeraden, in einem Wort: an allem, was sich im privaten Bereich abspielt. Er war sich mit sicherem Urteil klar darüber, daß es ihm nicht gelingen würde, Historienbilder großen Stils zu malen. So beschränkte er sich auf sein eigenes Gebiet, fand Anklang ..."

Mit wenigen Strichen skizzierte Longhi Mienen und Gehaben jener, die er mit dem Pinsel belauschte; wie zwei Mädchen einander ein süßes Geheimnis zuflüsterten, wie der Kavalier seine Dame begrüßte, ja, Longhi schilderte in seinen intimen Bildchen die Venezianerin: aus dem Bett springend, bei der Toilette, vor dem Spiegel, beim Besuch, beim Empfang des Schneiders, des Perückenmachers, wie ein livrierter Diener einen Liebesbrief überbringt und noch vieles mehr.

Aber auch die Stadt selber, Venedig, rückte mehr denn je in den Mittelpunkt: Antonio Canal, 1697–1768, genannt Canaletto, sein Neffe Bernardo Bellotto und sein Schüler Francesco Guardi haben die Plätze, Brücken, Kanäle, Menschen, Umzüge und Staatsakte gemalt. Diese Künstler schilderten, was sie sahen. Sie fügten fast nichts hinzu, sie brauchten auch nichts hinzuzufügen. Venedig gab alles: die Kulisse, den Anlaß und die Farben. Und immer wieder verschieden. Die Farben schwelgten und erst recht die Schattierungen. Und jeder der drei Künstler fand seine eigene Note. Canaletto in einer, man könnte sagen, kurz angebundenen Form, Bellotto genau porträtierend, und Guardi impressionistisch, die Farben leicht hingesetzt. Sie schilderten Venedig in Ölfarben, Tempera, Aquarell, Pastell, Tusche und in Radierungen.

Vedute nennt heute die Kunstgeschichte die Wiedergabe bestimmter landschaftlicher Situationen, und zwar einer Landschaft, die topografisch genau lokalisierbar ist. Die Vedute war die Verewigung der künstlerischen Eindrücke des Italienreisenden, denn dieser brachte von der damaligen „Grand Tour" Veduten und Stiche als Souvenir mit. Und gerade Venedig lieferte bilderreiche Sensationen, denn all die Feste, Empfänge und Szenen, die in den Veduten festgehalten wurden, waren mehr als billiges Vergnügen, es war der lebendige venezianische Mythos.

Canaletto gab der venezianischen Vedute jedoch die klassische Form. Durch ihn wurde sie zum selbständigen Kunstwerk. Theodor Hetzer sagte davon in einem Essay: „Es ist etwas grandios Weiträumiges, Aufgeräumtes, Festliches und Feierliches in seinen Bildern. Der Canal Grande wird zur Wasserstraße, zur Via Triumphalis, von stolzen Palästen bekränzt, das Bacino di San Marco zu einer Art Wasser-Platz, zum schön geformten majestätischen Hafen, von Schiffen, Barken und Booten belebt."

Bellotto und Guardi haben auch das andere Venedig gesehen. Nicht nur das Festliche und Feiernde, sondern die abseits gelegenen

Kanäle, die stillen Winkel. Zu diesen Malern des Settecento gesellten sich die Künstler mit dem Stichel, zwar von Canaletto und Guardi überragt, aber doch von hohem künstlerischem Ansehen, wie zum Beispiel Lovisa, Viero, Furlanetto, Visentini oder Marieschi.

Daß die Vedutisti am liebsten das bewegte Getriebe des Canal Grande schilderten, belebt von Gondeln und Barken, oder etwa den Menschentrubel auf der Piazzetta ist selbstverständlich. Aber immer blieb bei ihnen die Architektur, die Venedigs Landschaft ausmacht, das Hauptanliegen.

Die Künstler des 19. Jahrhunderts – besonders die französischen Impressionisten – haben Venedig viel freier dargestellt. Dennoch aber gab es venezianische Vedutenmaler, die nach wie vor getreu das lokale Kolorit eingefangen haben. In der „Galleria Internazionale d'Arte Moderna" im früheren Palazzo Pesaro sind die Maler des 19. und 20. Jahrhunderts zu sehen; abstrakte Werke der Biennale, Arbeiten prominenter Ausländer wie etwa von Bonnard, Matisse, Rouault oder Chagall. Die Venezianer Giacomo Favretto und Guglielmo Ciardi – der Maler der Lagune – haben eine eigene venezianische Malschule begründet, die durchaus bestehen kann. Placido Fabris, Marco Moro, der vor allem in seinen Stichen die Palazzi und Kirchen verewigte, und viele andere Meister, bekannt und weniger bekannt, lohnen die Aufmerksamkeit, den Zauber der Malerei des 19. Jahrhunderts zu entdecken.

Venedig ist der Kunst auch im 20. und im beginnenden 21. Jahrhundert treu geblieben. Nicht nur, daß viele Maler in Venedig leben und arbeiten, zumindest zeitweise Ateliers beziehen, besteht schon seit 1895 die „Mostra Biennale Internazionale d'Arte Moderna", die alle zwei Jahre Künstler aus aller Welt vereinigt, um die Tendenzen der Bildenden Künste in unserer Zeit auszuweisen. Das weite Areal der Biennale unterhalb des Arsenals, auch mit Grünflächen versehen, enthält eine Reihe von verschiedenen nationalen Pavillons, die zum Teil Architekturgeschichte geschrieben haben. Die Biennalen dienen der weltweiten Avantgarde. Sicher, die Qualität ist umstritten – der Wert auch, doch ist dies nicht die Schuld Venedigs, sondern eine Eigenschaft unserer Zeit. Die zeitgenössische Kunst ist in sich zerrissen. Kritiker sprechen oft vom Ende der Malerei. Neben die klassischen Kunstformen Malerei, Bildhauerei usw. sind modernste Ausformungen wie Installationen, Aktionismus und mehr getreten. Doch die Biennale bleibt im Gespräch. Daß aber auch heute zweifellos Werte geschaffen werden, bleibt unbestreitbar. Dies zeigt ein Besuch im Palazzo Guggenheim.

Der Palazzo Guggenheim heißt in Wirklichkeit Palazzo Venier dei Leoni und liegt am Canal Grande. 1748 hatte ihn die Familie Venier, der zwei Dogen entstammten, zu bauen begonnen. Geplant war ein riesiger Palazzo, von dem jedoch nur das Erdgeschoß errichtet wurde. So blieb er ein „Palazzo non compiuto", ein unvollendeter Palast. Ein exzentrisches Bauwerk – und so waren auch stets die Bewohner. Die Marchesa Luisa Casati, Dichterin, Freundin d'Annunzios, Aktmodell von Kees van Dongen – sie wird auf dem Bild von ihren beiden großen afghanischen Windhunden flankiert –, bewohnte den Palast, hielt dort sehr freizügige, rauschende Feste ab und besaß im Garten einen „Löwen" – in Wirklichkeit war es ein Leopard. 1938 kaufte die Viscountess Castleross den ziemlich ramponierten Palast – und fügte der Skandalchronik Venedigs neuen Ruhm hinzu. Ein Jahr später ging das renovierte Gebäude an Douglas Fairbanks jun. über, später diente es Offizieren der Besatzungsmächte als Behausung, zuerst der deutschen, dann der britischen und schließlich der amerikanischen Armee. 1949 kaufte Peggy Guggenheim, amerikanische Millionenerbin, Kunstsammlerin, Galeristin, Muse einer legendären Schar von Künstlern, den Palazzo. Bald war sie nebst ihrem „Hofstaat" – Künstlern, Kunstbegeisterten und Nichtstuern aus aller Welt – in ganz Venedig bekannt. Ein bißchen spöttisch und doch zugleich liebevoll nannte sie das venezianische Volk „la Principessa" oder auch „l'ultima Dogaressa", die letzte Dogaressa, als Frau, die nicht nur Geld nach Venedig, sondern auch unter die Leute gebracht hatte. Bis nach ihrem Tod im Jahr 1979 zeigte sie in ihrem Palazzo ihre wirklich beeindruckende Privatsammlung moderner Kunst in vielen Räumen des Erdgeschoßes und in den dazu ausgebauten Räumen des Untergeschoßes. Vom Bildhauer Marino Marini hatte sie ein Roß mit einem Reiter, der verzückt die Arme ausbreitet, erworben. Die Plastik steht nach wie vor oberhalb der Steinstufen des Entrees vom Canal Grande aus. Um die Ekstase zu betonen, hatte Marini den Reiter mit einem erigierten Penis versehen. Als er die Skulptur für Peggy Guggenheim gießen ließ, wurde der Penis separat angefertigt, um ihn nach Belieben an- oder abschrauben zu können. Je nachdem, welche Gäste erwartet wurden. Nebenbei: Da dieser abschraubbare Teil zu oft abhanden kam, ist er inzwischen fest verschweißt worden.

Die Sammlung zeigte die persönlichen Vorlieben der Sammlerin, darunter natürlich Werke von einem ihrer Ehegatten, Max Ernst, und von dem durch sie geförderten abstrakten Künstler Jackson Pollock, Werke von Giacometti, von Calder und einen Gedenkraum mit Arbeiten ihrer Tochter Pegeen, die aus ihrer Ehe mit Laurence Vail stammte und freiwillig aus dem Leben schied. Die Sammlung, die Peggy Guggenheim an mehreren Tagen der Woche der Öffentlichkeit zugänglich machte, gab ein persönliches Bild dieser exzentrischen Frau. Erbe des Palazzos und der Sammlung war schließlich das New Yorker Guggenheim-Museum, das im Palazzo Venier dei Leoni eine Zweigstelle eingerichtet hat. Zwar wurde die sehr persönliche Ausstellung abgebaut, sie ist aber nach wie vor einen Besuch wert. Inzwischen wurde auch das Gebäude hinter dem Palazzo erworben, um einen Museumsshop und ein Café sowie einen weiteren Zugang zu ermöglichen. Werke des Kubismus, der Surrealisten, der abstrakten Expressionisten, Konstruktivisten und ein Skulpturengarten zeigen Künstler vor allem der Klassischen Moderne. Peggy Guggenheim selbst ist im Garten ihres früheren Ansitzes begraben. Ihre Urne ruht neben ihren vierzehn „geliebten Babys", ihren Hunden…

Unübersehbar ist, daß schließlich die ganze Stadt eine Galerie ist. Kaum eine Trattoria hat es sich entgehen lassen, den Grundstein für eine Kunstsammlung zu legen, was immer auch der Padrone darunter versteht. Die Bilder sind mehr oder minder gut, und manches Opus mag dem Wirt Entgelt für ein Mahl gewesen sein. Die Gastwirte dieser Stadt haben noch immer ein Herz für Maler, viele „schreiben an", nehmen Bilder in Zahlung, und dies sicher nicht nur, weil für den Touristen der Kunstmaler irgendwie zu dieser Stadt gehört, sondern vielmehr wohl, weil in diesen Menschen Liebe zur Kunst naturgegeben ist. Etliche Trattorien sind bereit, diese Bilder wieder zu verkaufen, noch mehr aber sammeln. Bild an Bild sind die Wände vollgepfropft, und – auch dies mag eine legitime Spekulation sein – der eine oder andere Maler hat im Lauf der Jahrzehnte Karriere gemacht, und der Wirt besitzt Werke, die heute kaum mehr zu bezahlen sind.

Das Paradebeispiel dafür ist die Trattoria „La Colomba“, die Taube. Ich saß in einem der Räume, und während ich auf eine Spezialität der venezianischen Küche wartete, auf die gebackene Meeresspinne, zählte ich, daß allein in diesem Zimmer einhundertachtundsechzig künstlerische Entwürfe für Menükarten hingen. Wie mir der Hausherr erzählte, hatte er mehrmals einen „Concorso Internazionale Menu la Colomba“ durchgeführt, und Künstler aus aller Welt hatten sich an diesen Wettbewerben beteiligt. Es gab zwar nur geringe Preise, doch die Originalität des Bewerbes und der Name des Lokals als Treffpunkt einer internationalen Künstlerwelt waren ausschlaggebend gewesen. Viele Entwürfe wurden als Menükarten gedruckt. Der Eigentümer des Lokals besitzt, was wenig bekannt ist, eine feine Sammlung moderner Kunst mit Bildern etwa von Kokoschka, Chagall, Tancredi, Carrà oder Cocteau. Die Sammlung hatte Arturo Deana, damals Chef der Colomba, begonnen, als er nach dem Krieg einer der Wiederbegründer der Biennale gewesen ist.

Die Kunst lebt also auch heute in Venedig, nicht nur der Andenkenkitsch, die Flut schlechter Konfektion und plumper Fälschungen. Der Kunstfreund findet ebenso seriöse und hervorragende Galerien, wobei die Preise dem internationalen Niveau entsprechen.

Überraschungsfunde, die hin und wieder vorkamen, gibt es kaum mehr. Ich erinnere mich, als ich vor fast vierzig Jahren während eines Winteraufenthaltes Zeit und Muße hatte, in den Läden herumzustöbern. In einer abseits gelegenen Gasse fand ich einen Laden mit hunderten Bildern, Zeichnungen, Radierungen, Kleinkram, schlecht gelagert, viele miserable Machwerke – und darunter durchaus ansprechende, ja ausgezeichnete Bilder. Plötzlich entdeckte ich drei kleine Leinwandfetzchen, Stücke aus einem ehedem sichtlich größeren Bild, das zerstört worden war und von dem eben nur diese Fragmente übriggeblieben waren. Sie stellten drei Heilige dar, ganz typisch Farbstudien für eine Freskomalerei. Bezaubernd ausgeführt, leuchtend in den Farben, und trotz des eher schäbigen Zustandes konnte ich diese Stücke nach langem Feilschen für billiges Geld erstehen. Die Untersuchung durch einen Experten gab mir recht, daß dies eindeutige Reste einer Malerei aus dem Settecento sind, so wie ich angenommen hatte, Studien für ein Fresko. Der Name des Malers bleibt im dunkeln... Übrigens, der Laden existiert schon seit vielen Jahren nicht mehr.

Alter und moderner Kunst, beiden begegnet der Wanderer unentwegt. An jeder Kirche sind kleine Tafeln befestigt, auf denen die Namen der Meister verzeichnet sind, deren Werke das Gotteshaus zieren. Venezianische Kunst erleben, heißt, durch die Stadt zu pilgern, von Kirche zu Kirche, von Palazzo zu Palazzo, von Scuola zu Scuola, und die vielen verschiedenen Bildersammlungen und Museen zu besuchen.

An der Spitze steht eines der berühmtesten Museen der Welt, die „Accademia" am Canal Grande, wo Venedigs Kunst vom Anbeginn bis in das ausgehende 18. Jahrhundert versammelt ist. In dieser Akademie ist ein malerisches Universum vereinigt. Sie gleicht einem Band venezianischer Kunstgeschichte, die einen Gesamtüberblick gibt. Doch es ist kaum möglich, bei einem Besuch die zahllosen Kunstwerke zu erfassen. Man muß wieder und wieder kommen, um sich vorzutasten in diese Wunderwelt der Bilder und Farben.

Im Jahr 1750 schlossen sich die Maler und Bildhauer Venedigs auf Initiative von Giambattista Piazzetta zu einer Künstlerakademie zusammen, und schon sechs Jahre später wurde sie unter der Führung ihres ersten Präsidenten Tiepolo staatlich anerkannt. Damals hatte die Akademie ihren Sitz im Fondaco della Farina neben der früheren Zecca. Nach der Auflösung der Republik wurde die Akademie an den Canal Grande verlegt, und nun kam neben der Funktionen als Lehranstalt und Veranstaltungsort von Wechselausstellungen eine dritte Säule, das systematische Kunstsammeln, hinzu. Den Grundstock bildeten zuerst viele Gemälde aus aufgelassenen Kirchen. Der zweite große Aufschwung erfolgte durch das habsburgische Österreich, als 1815 zahlreiche von Napoleon geraubte Werke zurückgeführt wurden. Hinzu kamen private Stiftungen, als wichtigste 1816 die Sammlung der Familie Molino, 1838 die der Contarini oder 1850 die der Familie Renier. Wer oder was auch immer in Venedigs Kunst Rang und Namen hatte, ist in diesem Museum vertreten.

Karitative Bruderschaften

DIE SCUOLA GRANDE

> ... finden sich unter den respektabelsten und gottesfürchtigsten Glaubensgemeinden sechs Bruderschaften, für gewöhnlich als die Scuole Grandi bekannt ... in vielem jenen einer Akademie oder einer öffentlichen Schule ähnlich, wo man christliches Tun und Handeln lernt und ausübt, zum Wohle der Seelen der Brüder, sowohl der Lebenden wie der Verstorbenen, sie sind den Armen von großem Nutzen und tragen zum Ruhme Gottes bei.
>
> *Sansovino, Venetia città Nobilissima*

Wenn in Venedig von Malerei gesprochen wird, werden sofort die karitativen Bruderschaften in Erinnerung gerufen, die zu den großen Auftraggebern zählten. Die sogenannten Scuole Grandi und die Scuole Piccole sind spezielle Einrichtungen, die auf das 13. Jahrhundert zurückgehen. Das Wort Scuola bedeutet zwar Schule, kann aber nicht mit Schule übersetzt werden. Die venezianische Scuola ist eine Art religiöser Zunft, eine Vereinigung von Laien zum Zwecke wohltätiger Ziele, verbunden mit religiösen Andachtsübungen. Die Mitglieder dieser Scuola verpflichteten sich zu bestimmten Diensten, zu gegenseitiger Hilfe. Sie zahlten regelmäßige Beiträge und verwendeten ihre finanziellen Überschüsse zur Ausschmückung der Bruderschaftshäuser, deren Reichtum heute noch zeigt, mit welchem Eifer die Mitglieder an diesen Vereinigungen hingen.

Hervorgegangen sind die Scuole aus der bigotten Flagellantenbewegung, deren Zentrum ursprünglich Perugia war. Die strenge Form der Geißelung wurde aber in Venedig zum bloßen Ritual. Die Scuole Grandi hatten eine breit geschichtete Mitgliederschaft. Adelige, Bürger, einfaches Volk waren zugelassen – aber keine Kleriker. Der Adelsschicht wurde nicht gestattet, leitende Ämter in den Scuole innezuhaben. Jede einzelne Scuola Grande hatte zwischen fünf- bis sechshundert Mitglieder; als die Republik zerstört wurde, gab es sieben solcher Vereinigungen.

Jede Scuola Grande war „quasi eine eigene Republik“, wie Francesco Sansovino schrieb. Diese Schulen wurden in enger Nachbarschaft zu religiösen Orden errichtet, so die Scuola von San Marco neben Santi Giovanni e Paolo, Sitz der Dominikaner. San Rocco entstand in der Nähe der Frari-Kirche, also der Minoriten, usw. Die Bruderschaften entwickelten eine überaus rege Bautätigkeit und wollten in eifrigem Wettbewerb einander übertreffen. Denn die besten Architekten wurden engagiert, gleichfalls die besten Maler, die Fassaden wurden reich geschmückt und gegliedert. Der untere Saal einer Scuola ist eher einfach, versehen mit einer Balkendecke, im ersten Stock war der Kapitelsaal – überaus reich dekoriert –, daneben lag der sogenannte Albergo, ein Raum, in dem der Verwaltungsrat zusammentrat und wo die Schätze und auch die Reliquien, die jede Scuola sammelte, verwahrt wurden. Die Geldmittel, die dafür aufgebracht werden mußten, waren gewaltig. Jedes Mitglied mußte eine Aufnahmegebühr zahlen und ständige Beiträge abliefern. Dazu kamen riesige Schenkungen und Vermächtnisse. Mitunter wurden die Bruderschaften dafür gerügt, auch verspottet, weil der verschwenderische Umgang mit den Geldern für immer prächtigere Säle und Kunstwerke verhinderte, den eigentlichen karitativen Aufgaben nachzukommen.

Die erste Gründung, um 1260, war jene der Scuola di Santa Maria Grande della Carità. Der heutige Bau stammt aus der Mitte des 15. Jahrhunderts. Tizians Gemälde „Tempelgang Mariä" kann an seinem ursprünglichen Platz bewundert werden, denn der Kapitelsaal ist heute ein Teil der Accademia.

Als zweite wurde die Scuola Grande di San Marco gegründet, und zwar unmittelbar nach jener der Scuola Grande di Santa Maria della Carità. Die neue Bruderschaft hatte demonstrativen Zulauf, war sie doch dem Schutzheiligen der Stadt, Markus, geweiht. Nach einem Brand Ende des 15. Jahrhunderts entstand die Scuola, wie wir sie heute sehen – doch ist sie zum Eingang für das städtische Krankenhaus umgewandelt worden, unmittelbar neben der Dominikanerkirche. Kurz nach der Scuola di San Marco war bereits die nächste Bruderschaft, etwa 1261, gegründet worden, die Scuola Grande di San Giovanni Evangelista, neben dem Hospiz, das unter der Patronanz der Patrizierfamilie Badoer stand. Die Schule gewann sofort an Bedeutung, weil im Albergo eine Reliquie „des wahren Kreuzes" aufbewahrt wurde, die viele Menschen anzog. Die herrlichen Gemälde dieser Scuola wurden 1820 in die Accademia übersiedelt.

Die Scuola della Misericordia hat eine unglückliche Baugeschichte, denn nie hatte man genügend Geld, um je fertig zu werden. Die Aufgaben der Bruderschaft wurden vernachlässigt, schließlich mußte man alle Einkünfte in den Bau stecken. Auch heute sind Ziegelmauern ohne Putz zu sehen – trotzdem ist der ebenerdige Saal sehr eindrucksvoll.

Die Scuola Grande di San Rocco, 1478 gegründet, also knapp zwei Jahrhunderte nach den ersten, war als fünfte Bruderschaft die letzte der ursprünglichen Scuole. Zwei weitere sind später aus dem Status einer Scuola Piccola aufgestiegen. Der heilige Rochus war als Schutzheiliger der Pestkranken natürlich ein zugkräftiger Name. Und jeweils, wenn die Seuche aufflammte, erhielt die Scuola große Schenkungen. Die Bruderschaft selbst war schon früher gegründet worden und versammelte sich in der Frari-Kirche, in die der von den Venezianern in Montpellier gestohlene Leichnam des Pestheiligen gebracht worden war, dem 1489 bis 1508 eine eigene Kirche gebaut wurde, in der seine Gebeine über dem Hochaltar in einem gläsernen Schrein beigesetzt sind. Zum Rochusfest am 16. August wird alljährlich für die feierliche Prozession zwischen der Kirche und der Scuola auf dem San Rocco-Platz ein Baldachin – „Tendon del Doge“ genannt – errichtet.

Die Scuola Grande di San Rocco ist wohl die prächtigste, verschwenderisch im Bau und in ihrer Ausstattung. Nach der Mitte des 16. Jahrhunderts vollendet, begann die künstlerische Innenausstattung. Tintoretto wurde zum Hauptmaler, der in mehr als zwanzig Jahren den grandiosen Bilderzyklus der Scuola geschaffen hat. Das Originalbild, das Tintoretto für den Wettbewerb statt lediglich einer Skizze malte, ist die Kreuzigung, die an der Wand gegenüber dem Eingang zu bewundern ist. Schon der Saal im Erdgeschoß hat eine besondere Ausschmückung, nämlich acht Gemälde Tintorettos, und ebenso von einmaliger Pracht ist der Kapitelsaal mit seinen Gemälden an den Wänden und der grandiosen Deckenmalerei. Man kann sich Spiegel ausleihen, um so die Deckengemälde leichter betrachten zu können und nicht andauernd den Kopf verdrehen zu müssen. Geschichten des Alten und Neuen Testaments und Szenen aus dem Leben des heiligen Rochus sind dargestellt.

Die Erzbruderschaft der Scuola Grande di San Rocco blieb als einzige von den napoleonischen Verordnungen verschont und somit bis heute aufrecht. Es gibt ungefähr 350 Kapitularordensbrüder, darunter auch Frauen, die sich jährlich zur Hauptversammlung unter der Leitung ihrer Cancelleria treffen, die sich aus dem Guardian Grando, dem Guardian da Matin, dem Vicario als Kanzler und weiteren elf Mitgliedern zusammensetzt und nach wie vor sozialen Aufgaben dient.

Neben diesen Scuole Grandi gab es die kleineren Bruderschaften, die Scuole Piccole, ähnlich den großen Brüdern, aber eben bescheidener. Vor allem Franziskaner und Dominikaner unterstützten diese Scuole, die sich zum Ziel setzten, vor allem den Armen zu dienen, Hungernde zu speisen. Bis zu vierhundert solcher kleiner Schulen gab es, nur wenige hatten eine eigene Kirche oder einen eigenen Sitz; einige dieser Scuole Piccole existieren noch heute.

Etwa sechzig Mitglieder hatte so eine Scuola Piccola, darunter waren Kaufleute, Händler, Handwerker und vor allem „Arsenalotti" – Werkleute aus dem Arsenal. Dem Adel war die Mitgliedschaft untersagt. Die Scuole San Todaro und dei Carmini sind zu Scuole Grandi erhoben worden wegen ihrer Bedeutung und ihrer großen Mitgliederzahl. In diesen kleinen Bruderschaften lebte vor allem das Zunftwesen. Einige Zunfthäuser gibt es noch, etwa die Scuola dei Calzolai, also der Schuhmacher, ein spätgotischer Bau gegenüber von San Tomà, oder die Scuola dei Mercanti, also der Kaufleute, in der Nähe von Santa Maria dell'Orto. Und auf dem Campo bei Santa Margherita steht beispielsweise noch die kleine Scuola dei Varotari, 1725 neu erbaut als Zunfthaus der Gerber.

Die Zünfte waren ein wesentlicher Teil der Sozialstruktur; das Zunftwesen stand unter der Aufsicht der Giustizia Vecchia. Die Zünfte, Arti genannt, mußten ab etwa 1200 ihre Statuten der Behörde vorlegen. Es gab mehr als hundert Zünfte, die nicht nur die Ausbildung überwachten oder die Qualität der Waren kontrollierten, sie waren gleichzeitig auch religiöse Gemeinschaften. Sie hatten für die Mitglieder und deren Familien zu sorgen, vor allem für Witwen und Waisen, und sie organisierten unter anderem auch Begräbnisse.

Die Scuole und die Zünfte waren also wesentliche Einrichtungen für eine funktionstüchtige Stadt.

Ausdruck fröhlichen Glaubens

DIE MUSIK

Man singt auf den Plätzen, auf den Straßen und auf den Kanälen; die Kaufleute singen, wenn sie ihre Waren anpreisen, die Arbeiter singen, wenn sie die Werkstätten verlassen, die Gondolieri singen, wenn sie auf ihre Kundschaft warten.

Carlo Goldoni, Memoiren

Von überall her hört man nur Gesänge; wenn zwei Menschen, selbst aus der niedersten Klasse, eingehängt lustwandeln, scheinen sie sich in Musik zu unterhalten; im Wasser, auf den Gondeln ist es ebenso; keine Melodie ohne eine zweite Stimme; keine Arie, die nicht ein Duett wird.

Charles Burney, Musical Tour

Auf der Piazza fängt ein Mann aus der Hefe des Volkes, ein Schuster, ein Schmied in den Kleidern seines Standes eine Arie an; andere Leute seiner Art gesellen sich zu ihm und singen diese Arie mit, und zwar mit einer Treffsicherheit und Genauigkeit, die man schwerlich in der besten Gesellschaft unserer nördlichen Länder antrifft.

Grosley, Observations

Nicht umsonst haben Historienschreiber und Reisende, Poeten und Literaten die Musik bejubelt. Legendär war der Ruf der Gondolieri, die auch in einem Wettstreit die besten Sänger dieser Zunft bestritten. Als ich einmal über die Autobrücke zum Piazzale Roma kam, den Wagen in der Garage abstellte, hörte ich vor dem Parkhaus fasziniert einem Burschen zu, der, am Gehsteig hockend, voller Leidenschaft im schönsten Belcanto Opernarien sang. Natürlich gibt es auch Gekrächze und Gebrüll, aber dieser Sänger ist kein Einzelfall. Auch heute nicht. Auch nicht neben tragbaren Radiogeräten, die so laut Musik der jungen Generation verströmen. Immer noch ist in der ganzen Stadt, den Gassen, Plätzen und auf den Kanälen Musik. Die Stadt verführt zur Musik, ist sie selbst doch Stein gewordene Musik.

Die bodenständige venezianische Musik begann am 12. Dezember 1527, als der Doge Andrea Gritti den Musiker Adrian Willaert,

1490–1562, zum Kapellmeister von San Marco ernannte. Willaert schuf die venezianische Schule, und zwar jene harmonisch-malerische Satzweise, die durch den Gegensatz des Klanges hoher und tiefer Stimmgruppen entstand. Aus seinem Schülerkreis ragte Andrea Gabrieli, 1510–1586, hervor, der auch sein Nachfolger wurde und die doppelchörige Motette zu ihrem Höhepunkt führte. Erstmalig verwendete er für die Kirchenmusik auch Instrumente – Violinen, Gamben, Flöten, Zinken und Posaunen –, wodurch die venezianische Kirchenmusik ihren so heiteren, diesseitigen Inhalt erhielt, als lebendiger Ausdruck fröhlichen Glaubens. Sein Neffe Giovanni Gabrieli, 1557–1613, vollendete den Stil der venezianischen Schule in seiner monumentalen Festlichkeit, entsprechend der bildenden Kunst eines Tintoretto und Veronese. Die großen Kompositionswerke von Heinrich Schütz sind durch ihn beeinflußt worden. Es folgte Claudio Monteverdi, 1567–1643, damals schon 46 Jahre alt, als Maestro di Capella di San Marco mit dreihundert, dann vierhundert Dukaten Jahresgehalt und freier Wohnung in der Canonica der Markuskirche. Monteverdi folgte dieser Berufung gern, die seiner unsicheren Existenz am Hof von Mantua ein Ende machte. Hinzu kam gerade in dieser Zeit, 1637, die Eröffnung des ersten großen Opernhauses, San Cassiano, wo seine Opern erfolgreich aufgeführt wurden. Monteverdis Gesamtwerk umfaßt Madrigale, Opern und eine Fülle von Kirchenmusik. War bei ihm schon die Arie zu einem Glanzstück geworden, so lösten seine Schüler Francesco Cavalli, 1602–1676, der fünfzig Opern komponierte, darunter den berühmten „Jason", und Marc' Antonio Cesti, 1623–1669, die Arie aus der Oper und machten sie zum eigenständigen Kunstwerk; als Lied für meist schon bestimmte Sänger.

Zu den Namen, die heute in der Musikwelt hervorragenden Glanz haben, gehört natürlich auch Tommaso Albinoni, 1671–1750, der Opern, Kantaten, Arien und eine Fülle von Instrumentalmusikstücken komponierte.

Der genialste und fruchtbarste Komponist des italienischen Barocks war jedoch Antonio Vivaldi, 1678–1741, der allein mehr als dreihundert Solokonzerte komponierte und seine Violinsoli auch jeweils selbst spielte.

Alessandro Marcello, 1684–1750, war ein Universalgenie, dichtete, malte, komponierte, war Philosoph, Mathematiker, Sänger und

Instrumentalist. Bei seinen Hauskonzerten führte er seine eigenen Werke auf, von denen jedoch nur wenige erhalten blieben. Baldassare Galuppi, 1706–1785, Buranello genannt, komponierte fast siebzig Opern, und in seinem Werk ist sehr viel von der komödiantischen Seite venezianischen Wesens, von der Opera buffa, enthalten.

Keiner dieser Musiker aber war so besessen von seiner Arbeit wie Antonio Vivaldi, von dem man sagte, daß er als Priester plötzlich vom Altar weggelaufen sei, um eine Melodie niederzuschreiben, die ihm gerade eingefallen war. Seit einigen Jahrzehnten gibt es eine richtiggehende Vivaldi-Renaissance, denn noch 1901 war in einer Musikgeschichte verzeichnet: „Vivaldi war ein fleißiger, aber seichter Componist. Eine ungemessene Menge von Conzerten flossen aus seiner Feder; einen bedeutenderen Inhalt vermochte er ihnen nicht zu verleihen; sie sind gewandt und sicher in der Form, doch gedankenarm und strotzend von leerem Figurenwerk." Welch falsche Einschätzung! Vivaldi war, wie schon gesagt, Priester, aber er war gleichzeitig Geiger zu San Marco, Violinlehrer am Waisenhaus „Ospedale della Pietà", jedoch auch Opernunternehmer und sein eigener Impresario, Komponist, Dirigent und Geiger. Seine fast dreihundert Violinkonzerte schrieb er vor allem für die Pausen zwischen den Akten seiner Opernaufführungen.

In den Jahren zwischen 1926 und 1930 gelang es der Nationalbibliothek von Turin in einer bis dahin unbekannten Notensammlung dreihundert Konzerte Vivaldis zu finden. Insgesamt sind 443 vollständige Werke überliefert!

In Venedig lehrten in den Konservatorien auch die besten Lehrer, Scarlatti, Porpora, Sacchini, in dieser Stadt schrieben große Komponisten wie Händel, Gluck, Donizetti, Puccini, Cimarosa, Paesiello, Rossini und natürlich Wagner und Verdi ihre Werke. Ende des 17. Jahrhunderts gab es neben den elf Schauspieltheatern sieben Opernhäuser. Große Berühmtheit errang das Theater „La Fenice", das anstelle des Theater San Benedetto, 1773 ein Raub der Flammen geworden, erbaut wurde. 1836 brannte auch dieses Opernhaus ab, erstand aber schon ein Jahr später in neuer und noch größerer Pracht. Ende Jänner 1996 brannte das Opernhaus völlig ab. Es war eine Brandlegung von zwei Elektrikern, deren Firma einem Pönale wegen verzögerter Arbeiten entgehen wollte. Die Brandstifter wurden inzwischen zu je vier Jahren Gefängnis verurteilt – der Wiederaufbau jedoch verzögerte sich, vor allem auch durch den Konkurs der großen deutschen Baufirma, die den Wettbewerb zum Wiederaufbau nach einer EU-weiten Ausschreibung gewonnen hatte. Ende Dezember des Jahres 2003 soll, wie mir ein Mitglied der Stadtregierung im Frühjahr 2002 versicherte, das Opernhaus wieder in Betrieb gehen. La Fenice ersteht wieder in alter Schönheit. Dieses Opernhaus hat eine Vielfalt triumphaler Premieren erlebt, hier war aber auch Verdis „Traviata“ bei der Premier durchgefallen, hier wirkten die berühmtesten Künstler und Dirigenten, und Jahr für Jahr vereinigte das internationale Musikfest Komponisten und Interpreten, seit 1949 der damals 82jährige Arturo Toscanini das Eröffnungskonzert der „Internationalen Festspiele zeitgenössischer Musik“ dirigierte.

Improvisation als Trumpf, der Karneval

DIE COMMEDIA DELL'ARTE

> Gewiß, ich muß meine Verwandten im Herrn lieben, um so mehr, als sie arm sind ... Aber ich muß immer getrennt von ihnen leben, als ein Beispiel für den im übrigen gutmütigen Klerus von Venedig, der aus den verschiedensten, zum Teil entschuldbaren Gründen allzu viele Familienmitglieder bei sich aufgenommen hat, was für ihre seelsorgerliche Aufgabe im Leben, im Tode und nach dem Tode kein geringes Hindernis bedeutet.
>
> *Angelo Roncalli, Patriarch von Venedig,*
> *später Papst Johannes XXIII., Geistliches Tagebuch*

Der Patriarch kannte sein ihm untergebenes Volk. Wie sich die Familien zusammendrängen, wie sie aneinander hängen. Es war stets so im Laufe der Geschichte. Deshalb gab es soviele Cafés, deshalb die steten Menschenansammlungen und das Bedürfnis, seine eigenen vier Wände zu verlassen, um in Gesellschaft zu sein. Nur durch diese Lebensart konnten auch die vielen Theater existieren, vor allem die Commedia dell'arte mit ihrem vorerst jahrmarktartigen Charakter. Tag für Tag spielten die Wander-Marionettenbühnen. Die Venezianer waren weit mehr auf ihren Plätzen als in der Kirche zu Hause. Kein Wunder, daß die Unterhaltung um die Affären einer Schauspielerin kreiste, daß ein neues Stück eine öffentliche Diskussion auslösen konnte oder die Anstellung einer Ballerina zur Staatsaffäre wurde.

In der Commedia dell'arte waren es vor allem die beiden Figuren des Pantalone und des Dottore von Bologna, die hustend, spukkend, geizig und zahnlückig ihre Streiche ausheckten. Arlecchino und Brighella, der eine schlau, der andere dumm, waren das ideale Dienerpaar, der eine hörte das Gras wachsen, der andere ließ vor Schreck das Geschirr fallen. Der weiße Piero und der schwarze Scaramuccio, der stotternde Tartaglia, der ewig schlemmende Francatrippa, Pulcinella, Cassandro und natürlich der Mohr waren Figuren dieser Komödien, mit einem Gefolge von Dienern, Bauern, Ganoven, Schulmeistern, Bettlern, Lebemännern, adeligen Hopfenstangen. Boshaft und geistreich, Mimen, Tänzer, Musiker und vor allem Komödianten, das waren die handelnden Personen. Und Dichter. Denn eine kleine Begebenheit, ein hingekritzelter Text eines kurzen Vorwurfes genügten, um sofort den Komödien aktuellen Inhalt zu geben. Die Improvisation war Trumpf.

Diese Komödienfiguren gibt es nun wieder. Alljährlich im Karneval stolzieren sie durch ganz Venedig.

Der Ursprung des venezianischen Karnevals liegt in den altrömischen Saturnalien, den riesigen Maskenfesten, die jeweils zur Jahreswende gefeiert wurden. Gerade in Venedig war der Karneval zu hoher Blüte gekommen: Zwar blieb das Ende der Karnevalszeit mit dem Aschermittwoch, dem christlichen carne vale (Abschied vom Fleisch), unangetastet als Beginn der Fastenzeit und als Vorbereitung auf Leiden, Sterben und Auferstehung Christi; jedoch wurde in Venedig der Beginn des Karnevals immer weiter nach vorne gerückt, in den Oktober, so daß fast ein halbes Jahr Maskenzeit war. Und im turbulenten ausgehenden 18. Jahrhundert, dem Settecento, wurde für viele venezianische Damen und Herren die Maske zum Alltagsspiel, um einem Flirt nachzugehen, das Spielcasino zu besuchen – oder sonstige Besuche zu machen, die vertraulich bleiben sollten.

Zweihundert Jahre lang ruhte der Karneval nach dem Zusammenbruch der Serenissima. In den späten siebziger Jahren des 20. Jahrhunderts gab es tastende Versuche, ihn wieder zu beleben. 1979 war es soweit: Theaterleute, Bildhauer und Maler drückten der Stadt ihren Stempel von neuer Lebenslust auf. Und die Venezianer gehorchten, frohlockten und spielten mit. Schon 1980 strömten massenhaft Fremde zum Karneval, und am 21. Februar 1982, dem Karnevalssonntag, zernierten um 16.30 Uhr Carabinieri die „Brücke der Freiheit“, die das Festland mit der Lagunenstadt verbindet; erstmals wurden Sonderzüge in Mestre gestoppt. Seitdem mußte die Stadt in der Karnevalszeit schon öfters für den Touristenstrom gesperrt werden. Warum hat dieser venezianische Karneval so eingeschlagen? Hier wurde der Traum der Menschen vom anderen Ich verwirklicht, vom Dabeisein und doch Nicht-gesehen-Werden, vom Hineinschlüpfen in ein anderes Wesen, von der Erlösung von Alltagssorgen. Bei Fastnacht und Karneval am deutschen Rhein, in Basel und anderen Orten ist dies ja auch so. Aber in Venedig ist es doch noch anders. Hier ist der Karneval elegant, geprägt von Kultur, er ist die Wiederaufnahme einer jahrhundertelangen Tradition, er ist eine Verbeugung vor der Geschichte.

Großartig sind die Masken, die da auf den Plätzen und Gassen zu sehen sind. Künstler schaffen sie, ebenso wie die Kostüme. Vor allem aber sind eben die klassischen Masken der Commedia dell'arte gegenwärtig: Pulcinella mit der langen Nase, die weißgesichtige Colombina, der bunte Arlecchino und der Pantalone. Ganze Familien kommen maskiert. Und natürlich tragen zahlreiche Menschen vor ihren Gesichtern die klassische venezianische Ausgehmaske, die „bautta". Das allein wäre jedoch zu wenig, obwohl das Flanieren, das Paradieren, das Sich-sehen-Lassen, das gegenseitige Begrüßen zum Zeremoniell dieses Karnevals gehört. Hinzu kommt eine Vielfalt von Veranstaltungen, von geplanten und spontanen. Da ist der Gaukler, dort der Musikant, hier der Pantomime und dort der Tänzer. Die ganze Stadt spielt. Auf den Plätzen und in verschiedenen Räumlichkeiten gibt es Theateraufführungen, dabei dürfen die klassischen Stücke der Komödienschreiber Venedigs nicht fehlen. Wer als Fremder diesen Karneval besucht, sollte nicht nur im irren Gedränge auf dem Markusplatz und seiner Umgebung verweilen, denn was noch viel mehr fasziniert, sind die Feste in den einzelnen Stadtteilen. Hier ist unverfälscht der venezianische Karnevalsgeist zu erleben. Ob es nun der Gesangsverein, die Musikkapelle, ein Pfarrverein oder was immer für eine Gruppe ist, das Volk spielt mit. Nein, es spielt nicht, es ist Teil dieses Karnevals, den es sonst nicht gäbe. Selbst im stillen Ghetto haben sich kleine Karnevalsfeste etabliert mit Musik, Wein und ungesäuerten Broten.

Die Gefahr für diesen Karneval sind wir, die Fremden. Man braucht die Touristen, um eine sonst tote Zeit zu beleben. Massen aber erschlagen die Ursprünglichkeit und Festlichkeit. Die Verantwortlichen der Stadt sinnen auf Lösungen. Sie haben noch keine gefunden. Das einzige Mittel bisher ist, die Stadt wegen Überfüllung rigoros zu sperren. Wer aber den „Carnevale" besucht hat, weiß, daß den Venezianern etwas glückte, was selten ist: nahtlos an eine uralte Tradition anzuknüpfen, die jahrhundertelang brachlag. Ja, mehr noch, dieser Tradition neue Impulse zu geben. Und die Venezianer zeigen, daß sie immer noch in der Improvisation perfekt sind.

Venedig wird zur Szenerie

CARLO GOLDONI

> Die venezianischen Dialektkomödien sind wie holländische Bilder, das heißt, sie sind voller Wahrheit und schildern die gemeinen Sitten des kleinen Volkes, die Wollust und das Glück, das dem Sturze der Republik voranging. Die Sitten der guten Gesellschaft könnten prächtige Komödien abgeben; ich kenne dreißig Anekdoten tollster Art, die aber nicht im geringsten abstoßen ... In allen Charakteren von der schlichten Fantesca bis zum Dogen finde ich die Anlage zum Glück. Ich wüßte nichts, was die Engländer mehr in Wut versetzt als diese Anekdoten. Dies glückliche Volk wußte seit hundert Jahren, ohne es auszudrücken, daß nur das Schädliche lasterhaft ist ...
>
> *Stendhal, Reise in Italien*

Die Commedia dell'arte, die Stegreifkomödie, mußte sterben, weil ein Komödienschreiber auftrat, der durch seine Dichtkunst die alten Typen von der Bühne verdrängte, um sie durch Menschen aus Fleisch und Blut zu ersetzen: Carlo Goldoni. Am 25. Februar 1707 in Venedig geboren, schrieb er mit neun Jahren sein erstes Theaterstück, dem unzählige Komödien – wahrscheinlich zwischen zweihundert und dreihundert an der Zahl – folgten. Nicht einmal Goldoni selbst konnte sagen, wieviele Stücke er eigentlich geschrieben hatte. Vielfältig waren seine Begabungen und Interessen; erst mit 41 Jahren wandte er sich ausschließlich dem Theater zu. Dazwischen erwarb er nicht nur den Doktor beider Rechte, sondern durchzog die italienischen Lande: er studierte in Rimini Philosophie, wohnte in Chioggia, war päpstlicher Seminarist in Pavia, wollte in Modena in den Orden der Kapuziner eintreten, war in Feltre Kriminalgehilfe und ließ sich schließlich in Venedig als Rechtsanwalt nieder. Bald aber übersiedelte er nach Mailand, dann nach Verona, Genua, Florenz, Pisa, um schließlich 1748 wiederum, diesmal als Theaterdichter, in Venedig zu landen. Nach zwölf Jahren Seßhaftigkeit brach sein unsteter Geist wieder durch, Goldoni übersiedelte nach Paris, lernte und schrieb Französisch und meinte lakonisch: „Ich war ja erst dreiundfünfzig Jahre alt."

Goldoni ist Gymnasiast gewesen, Seminarist, Rechtsstudent, Kanzleigehilfe, Staatsanwaltskanzlist, Rechtsanwalt, Arztgehilfe seines Vaters, Sekretär des Residenten von Venedig in Mailand, genuesischer Konsul in Venedig, Dichter und – fast Kapuziner, wie gesagt. Aber alle diese Beschäftigungen hat er mit Humor und jener Art ausgeübt, die das Leben eben auf die leichte Schulter nimmt. Alle seine Ämter waren ihm selbst im Grunde genommen Lustpartien. Ein Beispiel: Als er in Feltre als Kriminalassistent tätig war, nahm er zu seinen Erhebungen irgendwo auf dem Lande eine Schar junger Damen und Herren mit. Diese tolle Gesellschaft veranstaltete Bälle und Konzerte; die Arbeit selbst dauerte dann zwei Stunden, der Reiseweg zwölf Tage und Nächte. Goldoni selbst erzählte in seinen Memoiren, daß etwa seine Tätigkeit beim Strafgericht in Chioggia vor allem darin bestand, „gut zu essen, viel zu spielen, Bälle, Konzerte, Festlichkeiten zu besuchen".

Aber Goldoni wurde auch von manchem Mißgeschick getroffen. Er war das ewige Opfer irgendwelcher Gauner, denen er hereinfiel, leichtgläubig, wie er war, und von einem unausrottbaren Optimismus. Er war also selbst der ideale Typ für eine Komödie. Allem und jedem konnte er noch eine gute Seite abgewinnen. Sein Leben war das eines Abenteurers, hinzu kam die Leidenschaft zum Theater, die er ererbt hatte, denn sein Großvater, ein Jurist, hatte auch ein Theater unterhalten. Schon als kleiner Junge spielte Carlo Goldoni pausenlos mit seinem Marionettentheater, das ihm der Vater gebaut hatte, und mit knapp neun Jahren trat er selbst bei einer Gymnasialaufführung auf. In einer Zeit, in der es längst ein französisches, englisches oder spanisches Theater gab, fand er nichts dergleichen im eigenen Lande. Goldoni hat diese Lücke gefüllt. Die venezianische Ausgabe seiner Werke, die im Jahr 1788 erschien und die Goldoni noch erlebte, denn er starb erst 86jährig im Jahr 1793, zählte 44 Bände. Es war die Lese nach fast vierzig Jahren schriftstellerischer Tätigkeit. Es gab zwar neben guten auch schlechte Stücke, neben Spitzenwerken das Mittelmaß; neben der Prosa die Versform, neben dem klassischen Italienisch die Dialektstücke, Lustspiele, Trauerspiele, Dramen – Goldoni schrieb alles. Und er war der Schöpfer des italienischen Nationaltheaters. Nicht zu Unrecht nannte man ihn den Molière Italiens. Noch immer sind Goldonis Komödien Bestandteil unserer Bühnen: Der Diener zweier

Herren, Das Kaffeehaus, Der Lügner, Mirandolina, Herren im Haus, Viel Lärm in Chiozza usw. Die Personen seiner Stücke waren keine Phantasiegebilde, sondern Wirklichkeiten, Menschen aus Fleisch und Blut, und seine Szenen spielten in allen Lebensbereichen, nicht nur im bislang üblichen Salon oder auf der Piazza. Küche, Keller, Boden, Laden, Hof und Gasse, Spielcasino – alles wurde zur Szenerie. Er selbst schrieb in seinen Memoiren: „All mein Sinnen ist darauf gerichtet gewesen, in der Ausarbeitung meiner Stücke die Natur nicht zu verwässern." Und: „Ich gehe, um mich auf der Piazza San Marco zu unterhalten. Ich begegne unter den Arkaden einem Mann, der sofort meine Aufmerksamkeit erregt und mir den Stoff liefert, den ich suche. Ich komme nach Hause und beginne. Ich brauche viel Intrige, Überraschungen, Wunderbares, Interessantes, Drolliges. Eine Heldin würde wohl mehr Anklang finden, als ein Held. Woher nehmen? Nehmen wir eine Unbekannte. Ich schreibe: Die Unbekannte. Erster Akt. Erste Szene. So begann ich und wußte nicht, ob ein Tempel daraus würde oder eine Halle." Er schrieb binnen drei Tagen ein dreiaktiges Lustspiel; „Festino", fünf Akte und in Versen verfaßt, wurde binnen fünfzehn Tagen ersonnen, geschrieben und aufgeführt. Drei Tage und Nächte brauchte er für seine „Casa nova". Als eine seiner Komödien an einem Faschingsdienstag ausgepfiffen wurde, ließ er eine Schauspielerin vor die Rampe treten, um dem Publikum sechzehn neue Komödien innerhalb des folgenden Jahres zu versprechen. Er hatte den Beifall auf seiner Seite, dabei hatte er noch für kein einziges Lustspiel die Idee, doch das brauchte er nicht, ein neuer Roman, ein Wort, eine Erinnerung, ein komischer Zufall und dergleichen genügten, und so schrieb er auch – nur irrte er damals, denn er lieferte siebzehn statt der versprochenen sechzehn Lustspiele.

Goldoni starb verarmt in Paris, mit einem Werk in der Schublade, das sein besonderes Anliegen war, aber nie verwirklicht wurde, nämlich einem Wörterbuch des venezianischen Dialektes.

Carlo Goldoni ist einer der wenigen Männer, denen Venedig ein Denkmal gegönnt hat; nahe dem Ponte Rialto, auf dem Campo San Bartolomeo steht nun – von Dal Zotto geschaffen – der behäbige Goldoni, die Hand auf seinen Kopf gestützt, mit Lockenperücke und Dreispitz, und lächelt auf die Umwelt herab. Es ist ein wissendes und verzeihendes Schmunzeln, dem Künstler ist es gelungen,

Goldoni den Gesichtsausdruck zu geben, mit dem er wohl an seinem Schreibtisch saß, um den Figuren seiner Komödien Leben einzuhauchen. Die Tauben wissen, daß auch sie zu Goldonis Welt gehörten. Respektlos haben sie den Mann, der sich nur mit der Feder zu wehren wußte, über und über bekleckert. Das Goldoni-Denkmal ist ein begehrter Treffpunkt für Rendezvous junger Menschen. Ganzen Jugendgruppen, die dann für einige Zeit frei ausströmen dürfen, ist das Denkmal gleichfalls Sammelplatz, und Goldoni lächelt verschmitzt herab. Diese Rolle würde ihm gefallen haben.

Ein Besuch in der Casa Goldoni, gar nicht weit von Rialto, ist durchaus zu empfehlen. Nicht nur wegen dem Haus mit dem kleinen Hof, einem prunkvollen Brunnen und einer eleganten Freitreppe in die Wohnung, sondern auch wegen dem kleinen Museum, das dort untergebracht ist, und dem Institut, welches Goldonis Werke erforscht und sich mit theaterwissenschaftlichen Arbeiten beschäftigt. Das Museum in der ehemaligen Wohnung Goldonis ist klein und besteht im wesentlichen aus verschiedenen Ausgaben seiner Werke, Stiche und Bilder, aber auch mancher bezaubernder Accessoires des venezianischen Theaters. Ich erlebte, daß in dem kleinen Studienraum gerade eine Schulklasse Platz genommen hatte und ein Schauspieler ihnen – in venezianischem Dialekt – Figuren der Komödie näherbrachte, einzelne Szenen vorspielte und den Kindern erklärte, welche Attribute die festgefügten Figuren der alten Komödien hatten. Buben und Mädchen waren begeistert, ihre Gesichter glühten, und so werden neue Freunde für das venezianische Theater herangezogen.

Das erinnert mich daran, daß ich solche „Nachwuchspflege“ auch auf dem Canal Grande erlebte: Ein vielsitziges Ruderboot durchschnitt den Kanal, beschriftet mit dem Hinweis, daß dies ein Boot des Rudervereins Bucintoro sei. Im Bug saß eine junge Trainerin und trommelte den Rudertakt; an den Rudern saßen Buben und Mädchen etwa von sieben bis zehn Jahren, alle mit Schwimmwesten ausgerüstet, und im Heck stand ein Trainer, der mit einem langstieligen Ruder das Boot steuerte und mit kräftigen Schlägen, wenn es notwendig war, das Boot durch den Verkehr lotste. Die Kinder waren eifrig bei der Sache, obwohl der Trommelschlag nicht sehr viel half, denn immer wieder fielen sie aus dem Takt, genauer gesagt, sie fanden eher selten den Gleichklang, aber es war nett anzuschauen, und von den Vaporetti und von den Ufern her riefen ihnen die venezianischen Menschen zu, applaudierten und waren sichtlich stolz auf den Nachwuchs, der hier übte.

Hagestolz und Ehemann aus Zufall

DIE BRÜDER GOZZI

> Doch ist immer wieder das Volk die Base, worauf das alles steht. Das Ganze machts, nicht das Einzelne… Und abends gehen sie ins Theater und sehen und hören das Leben ihres Tags, nur künstlich zusammengestellt, artiger ausgestutzt, mit Märchen durchflochten und so weiter und freuen sich kindisch und schreien wieder und klatschen und lärmen. Es ist alles von Nacht zu Nacht, ja von Mitternacht zu Mitternacht immer dasselbe.
>
> *Goethe, Tagebuch der italienischen Reise*

Der große Gegner Goldonis war Carlo Gozzi – nicht nur Gegner, sondern wahrhaftig auch ein Gegenbild. 1720 in Venedig geboren, mit sechzehn Jahren Offizier geworden, kehrte er wenige Jahre später nach seiner Dienstleistung in Dalmatien in die Heimatstadt zurück, um als verarmter Dichter sein Leben zu fristen. Mitglied der Aristokratie, ist dieser Graf Gozzi recht ein armer Teufel gewesen, ein ewiger Junggeselle, als Brummbär verschrien, als mürrischer Mann, dem jedes Geschäft, das er so nebenbei versuchte, schiefging und von dem es hieß, er sei unheilbar melancholisch. Stets voller Beschwerden, mit Groll gegen sich und die Umwelt geladen, schrieb er nur im Zorn, schlich finster blickend durch die Gegend, behandelte seine Umwelt sarkastisch und ätzend, sodaß man ihm aus dem Wege ging. Gozzi war eben von Natur aus der Mensch, der Tag für Tag mit dem linken Fuß aufstand. Gab es auf dem Markusplatz auch nur eine Pfütze, ich bin sicher, Gozzi fiel genau dort hinein.

Ein Mensch, wie der dichtende Advokat Goldoni, liderlich in seinem Humor, mußte ihn in heillose Wut versetzen. Also wandte Gozzi sich von seiner Umwelt ab und baute sich ein Märchenland, ein Reich der Phantasie. Er schuf sich ein Wolkenkuckucksheim, schwebte in unbekannten Weiten und im Himmel. Und dort sah er die Schönheit des Lebens. Gerade als Goldoni seine höchsten Triumphe feierte, brachte Carlo Gozzi 1761 sein erstes Stück auf die Bühne: „L'amore delle tre melarance" – Die Liebe zu den drei

Orangen, einem alten Märchen entnommen. Sein erfolgreichstes Werk war die Märchenkomödie „Turandot".

Dieses Fiabe-Theater – zu deutsch Märchentheater – stellte sich bewußt in harten, diametralen Gegensatz zum Theater Goldonis. Goldonis Stücke waren die überspitzte Wiedergabe der beobachteten Wirklichkeit, Gozzi lebte nur in der Phantasie. Natur und Übernatürlichkeit – das waren die Gegensätze. Gozzis Fiabe, auch Fole oder Favate bezeichnet, waren Märchen, die er dem venezianischen Volk erzählen wollte. Und er hatte großen Erfolg. Die Stadt teilte sich in zwei Heerlager: Pro Goldoni und pro Gozzi, contra Goldoni und contra Gozzi.

Bei Gozzi unterschied sich Szenerie und Handlung völlig von der Goldonis. In seinen Stücken gab es sprechende Tauben, Könige, die in Hirsche, und Bettler, die in Könige verwandelt wurden, Magier, Drachen, Schlangen, Wunder, Zauberwälder – aber auch die alten Masken Pantalone, Tartaglia, Truffaldino und Brighella.

Carlo Gozzis Bruder Gasparo Gozzi, 1713 bis 1786, teilte dessen Schicksal, dichtend und arm durchs Land zu gehen, doch mit dem Unterschied, daß er – wie es heißt, aus Zerstreutheit – geheiratet hatte. Seine Frau schenkte ihm Kind um Kind; er selbst, ein Freund der Zeichnerin Rosalba Carriera, versuchte sich in den verschiedensten Berufen, als Bücherzensor, Reformer der Universität Padua, Theaterdirektor, er war Herausgeber der „Gazzetta Veneta", einer Zeitung, die nur ein Jahr lang erschien, jedoch eine Fundgrube für die Lokalhistorie seiner Zeit. Bezaubernd sind darin vor allem seine Beschreibungen des venezianischen Volkslebens.

Auch Gasparo Gozzi wohnte mit seiner üppigen Familie in dem immer mehr verfallenden Palazzo Gozzi, von der Familie selbst als Dichterherberge bezeichnet. Denn nicht nur die beiden berühmten Brüder Carlo und Gasparo, nein, auch die Eltern, alle Geschwister – insgesamt waren es neun –, Gasparos Frau, seine Kinder und angeheirateten Schwiegerkinder, sie alle dichteten, wenn auch nicht so erfolgreich. Sie lebten für die Muse, zu leben aber hatten sie wenig, und Gasparo Gozzi konnte es sich nicht verkneifen, eine Warnung an alle Frauen zu richten, ja keine Verse zu machen, denn sie gingen dabei bloß der Gesundheit und des Verstandes verlustig...

Vom Don Juan zum Mozart-Librettisten

LORENZO DA PONTE

> ... wurde meine ganze Zeit mit den üblichen Narrheiten und Eitelkeiten der Liebe und der Eifersucht, mit Festen, Gastmählern und munteren Gesellschaften in Anspruch genommen. Außer in einigen Stunden der Nacht, die ich aus alter Gewohnheit zum Lesen irgend eines Buches verwendete, habe ich im Laufe von drei Jahren dieser aufregenden Liebschaft nicht das Mindeste gelernt.
>
> *Lorenzo Da Ponte, Mein abenteuerliches Leben*

Einer der produktivsten venezianischen Autoren war Lorenzo Da Ponte, 1749 auf der Terra Ferma, dem venezianischen Festland, geboren. Lorenzo studierte im Priesterseminar zu Portogruaro, wurde dort schon mit 22 Jahren Lehrer für Rhetorik und ein Jahr später stellvertretender Rektor. Im März 1773 empfing er die Priesterweihe. Im Herbst desselben Jahres aber entfloh er dem Seminar und zog nach Venedig, das ihn nicht nur begeisterte, sondern wo er auch das Leben eines jungen Stutzers führte, sein Geld im Spielcasino verlor und sich in die Patrizierin Angiola Tiepolo verliebte. Die Liebschaft dauerte aber nicht drei Jahre, wie er in seinen Memoiren sagte, sondern höchstens ein Jahr, denn 1774 war er schon in Treviso als Professor für klassische Literatur tätig. Da Ponte schrieb damals Novellen und Gedichte, die ihm viel Zustimmung eintrugen. Bald aber kam der Feuergeist in neue Konflikte. Als Abschlußvorlesung für die Akademie des Jahres 1776 wählte er das langatmige Thema: „Sind die Menschen durch die Gesetze und die Aufgaben der bürgerlichen Gesellschaft dem Zustand der Glückseligkeit näher gekommen, oder ist ihnen dadurch der Weg zum Glück versperrt worden, oder haben sie durch die Gesetze ihren ursprünglichen Zustand beibehalten?“ So langatmig dieser Titel war, so atemberaubend war der Vortrag, denn Da Ponte stellte für die damalige Zeit sehr kühne Thesen auf. Die menschlichen Gesetze bezeichnete er als ohnmächtige Trabanten eines verdorbenen Verstandes, die nichts anderes seien, als Fesseln für den freien Geist, grausame Marter- und Vernichtungswerkzeuge, die die Laster vermehrten, so daß durch sie die Menschen zu Sklaven werden müßten. Ein Lehrverbot war die Folge, mehr geschah nicht. Doch eine Intrige der Geliebten des Senators Memmo, der Da Ponte ein hilfreicher Freund war, brachte ihm die Ausweisung aus dem venezianischen Staatsgebiet. Er kehrte bald wieder zurück, schrieb jedoch ein Sonett in venezianischem Dialekt gegen die Regierung, um Reformbestrebungen des Prokurators Pisani zu unterstützen. Nun wurde er neuerlich verbannt. Doch das machte nichts aus, denn unabhängig davon war er zu dieser Zeit wegen Ehebruchs und Konkubinats mit einer verheirateten Frau, die von ihm ein Kind hatte, für fünfzehn Jahre aus dem venezianischen Reiche ausgewiesen worden. Nun begann seine große Reise, er kam nach Dresden, Wien, Rom, wieder nach Wien; der geweihte Priester heiratete schließlich in Triest die junge Engländerin Nancy Grahl, reiste nach London, nach Brüssel, Holland, um dann offizieller Theaterdichter in London zu werden. Zu Beginn des 19. Jahrhunderts wanderte Da Ponte in die Neue Welt aus und starb 1838 in New York.

Welterfolg hatte Lorenzo Da Ponte mit seinen Operntextbüchern, mit „Figaros Hochzeit“ und „Don Giovanni“ – gerade er war ja für den Don Juan prädestiniert –, die ihm durch Mozarts Musik unsterblichen Ruhm brachten. Dazwischen lagen eine Fülle komischer Operntexte, aber erst mit der Oper „Così fan tutte“ erreichte er durch Mozarts Vertonung wiederum einen Welterfolg. Viel gespielt wurden auch „La capricciosa corretta“, „Die Inseln des Vergnügens“ und „Der Raub der Proserpina“. Dennoch war Da Ponte stets in Geldnöten, immer wieder auf Reisen, weil er sich zerstritten hatte oder nicht zufrieden war. Als er Casanova sein Elend klagte, riet ihm dieser, doch seine Frau zu verkuppeln, an der er mit ganzem Herzen hing. „Tutto sì, ma corna no“ – ja alles, aber keine Hörner, entrüstete sich der Dichter.

Seine Memoiren beweisen, welch hervorragende Feder dieser Mann führte. Sie sind ein lesenswertes Zeugnis einer heute eher schwer verständlichen Epoche.

Da Ponte hatte in seiner Lebensführung einen großen Vorgänger – Pietro Aretino – nur mit dem Unterschied, daß dieser vermögend war und die Großen seiner Zeit ihm schmeichelten. Er verdankte dies seiner scharfen Zunge und brillanten Feder, die Aretino zum ersten Skandaljournalisten werden ließen.

Wenn hier vom Mozart-Librettisten Lorenzo Da Ponte die Rede ist, so ist es wohl an der Zeit, vom Komponisten selber, von Wolfgang Amadeus Mozart und seinem ersten Besuch in der Serenissima zu berichten. Seit 1971 gibt es eine Gedenktafel der Kommune von Venedig an jenem Palazzo, in dem Leopold Mozart mit seinem Sohn Wolfgang Amadeus zweihundert Jahre zuvor vermutlich abgestiegen war. Nach triumphalem Erfolg von Mozarts erster italienischer Oper „Mitridate, Rè di Ponto“ am 26. Dezember 1770 in Mailand gab es für Vater und Sohn Mozart ein turbulentes Leben mit Gesellschaften, Einladungen, Musizieren. Etwas erschöpft bestiegen die beiden am 3. Februar 1771 die sechsspännige Postkutsche nach Venedig. Die Reise über die 270 Kilometer dauerte acht Tage.

Es war Faschingsmontag, der 11. Februar, als die Mozarts mit der Fähre vom Festland in Venedig eintrafen. Sie besuchten sofort die Familie des Kaufmanns Johann Wider, denn der Salzburger Kaufmann und Hausherr der Familie Mozart, Hagenauer, hatte ihm die beiden Mozarts empfohlen. Die Familie mit den Töchtern Katharina und Rosa kümmerte sich auf das Allerliebenswürdigste um die Gäste. So erlebten sie den Ausklang des venezianischen Karnevals mit täglichem Besuch von Opern in den Theaterhäusern, und sie besuchten Redouten und nahmen am Maskentreiben auf dem Markusplatz teil. Sie blieben bis zum 12. März 1771 in der Lagunenstadt und wurden vielfach eingeladen, so auch vom Patriarchen Giovanni Bragadino, dann bei Signora Caterina Corner, waren Gäste von Giovanni Antonio Dolfin und den bedeutenden Familien Barberigo und Mocenigo. Sie waren zu Gast bei einem alten Bekannten aus Wien, dem Grafen Durazzo, der gerade kaiserlicher Gesandter in Venedig war, ebenso bei Maria Pepoli aus dem Hause Grimani und vielen anderen. Am 5. März fand eine Akademie Wolfgangs statt, doch der große Erfolg stellte sich nicht ein. Wolfgang bekam zwar durch die nun geschlossenen Kontakte Monate später den schriftlichen Vertrag, für das „Teatro San Benedetto“ für 1773 eine Karnevalsoper zu komponieren – doch kam es nie zur Erfüllung des Auftrags. So gibt es keine Oper Mozarts für Venedig.

In den Aufzeichnungen Mozarts steht folgende Adresse: Rio S. Fantin al Ponte di Barcaroli in Casa Cavaletti. Also eine genaue Angabe. Mitnichten! Es gab damals keine „Casa Cavaletti“. Wie der Salzburger Professor der Universität Mozarteum, Günther

Bauer, berichtete, machten 1956 die Autoren des Buches „Mozart in Italia" daraus eine „Casa Ceseletti".

Inzwischen gibt es eine neue These: Im Jahr 2002 schlug der Mozartforscher Paolo Cattelan vor, den Hausnamen richtig als „Ca' Falletti" zu erkennen und zu lesen. Dieser Palazzo liegt nahe dem Ponte di Barcaroli und unweit des Opernhauses „La Fenice". Doch mit diesem Haus ist eine etwas anrüchige Geschichte verbunden. Günther Bauer berichtete: „Das Haus gehörte nämlich 1750 dem Grafen Francesco Falletti-Castelman. Dieser war im Januar 1751 wegen seines sündigen, schamlosen, ausschweifenden und skandalumwitterten Lebens vom Hohen Rat zu ewiger Verbannung oder im Falle der Zuwiderhandlung zum Tode verurteilt worden. Er habe, so hieß es in der Urteilsbegründung, sein Haus in ein Bordell verwandelt, die christliche Religion beleidigt und alle nur denkbaren Schandtaten verübt. Zwanzig Jahre später wurden aber in dem Hause die noblen Zimmer an angesehene Fremde vermietet und der ‚zugereiste' Kaufmann Wider hat den zweifelhaften Ruf des Hauses wahrscheinlich nicht gekannt und seine Salzburger Freunde dort ‚gut und sicher' untergebracht." Der Mozartforscher Cattelan vermutet sogar, diese höchst schillernde Persönlichkeit sei von Mozart in der Figur des Don Giovanni verewigt.

Jedenfalls, auch wenn die Reise nicht so erfolgreich war, war sie vor allem für Wolfgang, der gerade seinen 15. Geburtstag gefeiert hatte, höchst vergnüglich gewesen. Im März 1771 bestiegen Vater und Sohn Mozart das eigens gemietete „Borcello", ein großes Reiseboot, auf dem gekocht und getafelt wurde. Als Begleitung hatten sie die Familie Wider und den Abate Giovanni Maria Ortes, zu dem Leopold Mozart einen Empfehlungsbrief des Komponisten Johann Adolph Hasse gehabt hatte, eingeladen. Die Gäste segelten auf der Brenta bis nach Padua mit.

Die neuerliche Festlegung der Wohnstätte Mozarts in Venedig zeigt, wie problemhaft mitunter die Anbringung von Gedenktafeln – am falschen Ort? – ist.

Kurtisanen, Skandale, Schmeicheleien

PIETRO ARETINO

Oh, was für gefährliche Bestien! Honig im Mund und das Rasiermesser im Ärmel!

Ja, ich würde schon was zustande bringen, obwohl ich mir aus Ruhm und Namen nichts mache und nicht zu jenen ruhmredigen Weibern gehöre, denen die Straße nicht breit genug ist und die ihre Backen aufblasen, wie Frau Fama... Ich, meine liebe Amme, habe mein Schifflein nach Wind und Wetter gelenkt, habe niemals eine Stunde verloren und hab' immer verdient, manchmal ein bißchen, manchmal viel.

Pietro Aretino, Kurtisanengespräche

Was Pietro Aretino, 1492 bis 1556, in seinen berühmten Gesprächen, in denen die Kurtisane Nanna ihre Tochter Pippa in den Künsten, Kniffen und Listen des ältesten Gewerbes der Welt unterweist, sagte, trifft so herrlich auf ihn selber zu. Auf seinen beißenden Spott, seine Pamphlete und Komödien. Ein typisches Kind dieser Zeit, die freimütig und keineswegs zimperlich war, wurde der als Sohn eines Schusters in Arezzo geborene Pietro ein verderbter und amoralischer Mensch mit ungewöhnlichen gesellschaftlichen Fähigkeiten, Schlagfertigkeit, Witz und der seltenen Gabe, ein unvergleichlicher Unterhalter zu sein. Und das schuf ihm Freunde. Papst Julius III. schlug Aretino zum Ritter von St. Peter, Clemens VII. zum Rhodeserritter, Kaiser Karl V. umarmte ihn, seine Heimatstadt adelte ihn und ernannte ihn zum Gonfaloniere, zum Bannerherren.

Über seinen Bildungsgang ist wenig bekannt, angeblich soll er eine Zeitlang Kapuziner gewesen sein, um dann die Mönchskutte an den Nagel zu hängen.

1527 ging Aretino nach Venedig, um sich dort in einem Palast nahe der Rialtobrücke niederzulassen. Heinrich Conrad, der Aretinos Gespräche ins Deutsche übertrug, sagte von ihm: „Aretino wurde der erste und mächtigste Publizist in Europa und durfte sich rühmen, man habe ihm zu Ehren goldene, silberne und bronzene

Medaillen geschlagen, seine Büste in Gips und Marmor geschaffen, er sehe sein Porträt an den Fassaden der Paläste, auf Spiegeln, Majolikatellern, Schatullen, ebenso wie die klassischen Köpfe des großen Alexanders, Cäsars und Scipios. In Murano machte man Glaswaren, die Aretini hießen, und die Mädchen, die in näherer Beziehung zu ihm standen und sein Haus (und anderes, Anm. des Autors) mit ihm teilten, wurden die Aretinerinnen genannt. Unser genialer Pamphletist wurde der Vater der Reklame, des Humbugs, der Interviewer. Auf einer der ihm zu Ehren geschlagenen Medaillen sitzt er auf dem Thron und empfängt Gesandte, die ihm Gaben bringen. Eine ironische Unterschrift gibt die Erklärung: ‚Die Fürsten, denen die Völker Tribut zahlen, legen ihre Gaben zu Füßen ihres Dieners nieder.'"

Der erste Band seiner Briefe an Kaiser, Papst, Könige und Prominente erschien 1537, gefolgt noch von fünf weiteren Bänden, Zeitberichten, die riesigen Erfolg hatten. Aretino wurde umschmeichelt, gelobt und – bezahlt, überhäuft mit Geschenken, womit sich die Großen der Zeit von ihm die Gunst erkauften, in seinen Pamphleten gut wegzukommen – oder gar nicht genannt zu werden. Zu seinen Erpressungsopfern zählten Machiavelli und Ariost, Michelangelo und Tintoretto, die Herzöge von Mantua, Florenz und Urbino, die Könige von England, Frankreich, Portugal und Ungarn, der Sultan Suleiman II. und Kaiser Karl V. und viele andere mehr. Aretino sagte: „Alle kommen sich wunders wie vor, weil sie mit mir auf guten Fuß stehen!"

Aretino versuchte sich in den verschiedensten Gattungen der Literatur, schrieb Novellen und Tragödien, epische Gedichte und Erzählungen und Komödien. Seine Komödie „Der Hufschmied" beispielsweise stellte einen Weiberfeind auf die Bühne, den Schmied des Herzogs von Mantua, den dieser scheinbar zum Heiraten zwang. Als es schließlich zum Brautkuß kam, stellte sich heraus, daß die Braut ein Page war. Noch größeren Erfolg hatte „Die Kurtisane", eine Satire auf die römische Kurie. Seine Dialoge zeichneten ein kräftiges Bild des Cinquecento. Das Schreiben fiel ihm, wie er selbst sagte, sehr leicht. Er arbeitete nie mehr als zwei Stunden. Mit ungeheurer Geschwindigkeit schrieb er auch seine „Ragionamenti", Gespräche in meisterhafter Dialogführung, eine Charakteristik und Psychologie des Kurtisanenwesens.

Betrachtet man das Verzeichnis seiner Werke, so wird verständlich, warum geradezu schamhaft verschwiegen wird, daß dieser Dichter in der Kirche San Lucca begraben liegt. Doch er schlug der Kirche noch ein Schnippchen: Mit Sansovino und Tizian befreundet, ließ er sich – ein durchtriebener Streich der drei Freunde – auf der Sakristeitür von San Marco abbilden. Sansovino, der den Auftrag erhalten hatte, diese Tür zu modellieren und gießen zu lassen, stellte sich selbst in der Türmitte, lässig in einem Buch lesend, auf einem Divan liegend, dar, rechts davon sein Freund Tizian und links, als Türgriff, Aretino. Jeder Geistliche, der in die Sakristei geht, muß Aretino anfassen, den Kopf mit einer Hakennase und einer aufgestülpten Schiffermütze.

Die Bronzetüren, deren Haupttafel im Oberfeld die Auferstehung Christi zeigt, während die Wächter geblendet zu Boden fallen, und im unteren Feld die Grablegung Christi, sind eine prachtvolle Bildhauerarbeit, die auch jeder Führer der Markuskirche lobend verzeichnet. Daß jedoch Aretino im Dom verewigt ist – darüber schweigt meist die Geschichte.

Sein Tod entsprach seinem Leben. Im Oktober 1556 kam ein Jugendfreund aus Arezzo zu Besuch, und sie erinnerten sich der vielen Streiche, die sie ausgeheckt und auch durchgeführt hatten. Aretino lachte und lachte, schaukelte auf seinem Stuhl hin und her, kippte plötzlich nach hinten um – und hatte sich das Genick gebrochen. Er hatte sich in den Tod gelacht.

Abenteurer mit Geist

GIACOMO CASANOVA

Welcher Mann kann auch einer Frau widerstehen, wenn er ihr alle Zeit läßt, ihre Künste spielen zu lassen? Wer flieht, braucht keine Niederlage zu fürchten; aber wer bleibt, wer zuhört und sein Vergnügen daran findet, der muß früher oder später die Waffen strecken, ob er will oder nicht.

Carlo Goldoni, Mirandolina

Meine Lebensgeschichte ist die eines Junggesellen dessen Hauptbeschäftigung darin bestand, die Freuden seiner Sinne zu pflegen!

Casanova, Preface

Das Abenteuer ist überall zu Hause. Venedig und Casanova aber sind zwei Begriffe, die untrennbar miteinander verbunden sind. Der venezianische Abenteurer ist zum Inbegriff des galanten Jahrhunderts, zum Meister der Kunst der Verführung geworden. Daß Casanova viel mehr war, vor allem ein Schriftsteller von hohem Range, ist schon weniger bekannt.

Ein Mann wie Giacomo Casanova, 1725 bis 1798, mußte im Settecento geboren sein, um diese Art von Leben führen zu können. Daß seine Werke zum Bestandteil der erotischen Literatur, ja – mit Illustrationen versehen – auch zu denen der Pornographie geworden sind, verfälscht das wahre Bild.

Giacomo Casanova war der Sohn eines Schauspielerehepaares; seine Mutter, eine strahlende Schönheit, trat in Goldonis Komödien auf. Giacomo sollte Geistlicher werden. Er studierte Rechtswissenschaft, erhielt die niederen Weihen und wurde seiner übermütigen Streiche wegen aus dem Seminar hinausgeworfen. Immer wieder irgendwelcher Abenteuer wegen verhaftet, war er zeitweilig Sekretär eines Kardinals in Rom, diente im venezianischen Heer, wurde Gehilfe eines Advokaten und schließlich Geiger im Theater San Samuele. Sein Leben wandelte sich, als er einem Senator begegnete, der gerade einen Brief aus seiner Tasche verlor. Casanova hob diesen Brief auf, eilte dem würdigen Herrn nach und stieg mit ihm in seine

Das Geburts- und Wohnhaus Tintorettos im Viertel Cannaregio.

Schnee auf den Gondeln im Hafenbecken von San Marco – mit Blick auf die Insel San Giorgio.

Links: Karneval und Venedig – Begegnung der Menschen in Masken.

Die Außenansicht der Schola Canton im Ghetto läßt die innere Pracht dieser Synagoge nicht erahnen.

Gondel. Unterwegs wurde der Senator vom Schlage gerührt. Casanova ernannte sich selbst sofort zu seinem Haushofmeister, wich nicht vom Bett des Kranken, gab Befehle und erreichte so die Freundschaft des genesenden Patriziers Bragadino. Der alte Mann hatte noch zwei Freunde, die so wie er den okkulten Wissenschaften ergeben waren. Und sofort erfand Casanova eine phantasievolle Geschichte. Er habe von einem Einsiedler den Schlüssel Salomons erhalten. Er legte solch großartige Proben seiner Künste ab, daß die altersschwachen Männer von diesem Jüngling begeistert waren. Von nun an wohnte er im Palazzo Bragadino, er hatte eine Gondel zur Verfügung, seinen eigenen Kammerdiener und ein reichliches Taschengeld. Sogleich stürzte sich Casanova in die gewagtesten Liebesabenteuer und trieb sich in allen Winkeln der Stadt umher. Die Zahl seiner Affären entzieht sich der Registratur, zu viele Frauen waren es, denen Casanova – jedes Mal mit tiefer Überzeugung – sein Herz schenkte, immer bedacht, in Ehren und möglichst ohne Feindschaft wieder abzutreten. Da waren die Komödiantinnen – wie Teresa –, die neben dem Ehrgeiz, auf der Bühne zu gefallen, noch den zweiten hatten, Mätresse eines möglichst großen und vermögenden Herren zu werden. Und Casanovas Freundinnen konnten sich rühmen, von ihm jeweils zu einem der großen Herren aufgestiegen zu sein. Da waren die vielen Mädchen aus dem Volke, die allzuschnell der Verführungskunst eines so wortgewandten Mannes erlagen. Und ihm machte es Spaß, diese Mädchen – wie Mariuccia, Rosalia, Ignazia und wie immer sie hießen – zu erziehen, zu bilden, um ihnen dann entweder einen Ehegatten aus einer höheren Gesellschaftsschicht oder zumindest einen ständigen Liebhaber zu besorgen. Nun, da waren aber auch die vielen verheirateten Frauen, von denen sich Casanova rühmte, er habe ihre langweilige Welt verwandelt und ihnen Augenblicke der Verzauberung geschenkt, sodaß sie bis an ihr Lebensende daran zehren konnten. Dann waren da die vielen jungen Mädchen aus gutem Hause, wie Pauline oder Henriette, die er aus irgendwelchen Abenteuern rettete, um sich vorerst an ihrer Dankbarkeit zu ergötzen, ihnen aber gleichzeitig wiederum den Weg in eine behütete Zukunft zu sichern. Anderen Mädchen wiederum gab er einen Lebensinhalt, indem er sie zur Beschäftigung mit den schönen Künsten führte.

Dieser Freund der Frauen war mehr als nur ein reiner Abenteurer, sicher kein sehr achtenswerter oder gar ehrbarer Mensch, aber ein Mann, der seine vielen Erfolge einem überragenden Geist verdankte. Er war groß, mager, sehr gelenkig, stets von der Sonne gebräunt, mit einer Hakennase und strahlenden Augen. Weltberühmt wurde er durch seine Flucht aus den Bleikammern, in die er 1755 wegen seiner Beschäftigung mit den okkulten Dingen, wegen Frevels gegen die Religion und wegen Freimaurerei für drei Jahre geworfen werden sollte. Nach fünfzehn Monaten gelang ihm die Flucht, eine Sensation allerersten Ranges. Mühsam war es dem Häftling gelungen, ein Loch in die Mauern zu brechen, als er plötzlich durch den Großmut des Hohen Rates in eine neue, bessere Zelle verlegt wurde. Geschickt schüchterte er den Gefängniswärter ein, der im Zuge der Verlegung den Fluchtweg entdeckte, so daß dieser seiner Unaufmerksamkeit wegen sich selbst in Gefahr wähnte. Aber nun paßte der Wärter auf; täglich klopfte er die Wände der Zelle ab. Dem Häftling aber gelang es mit einem Pater, der die Zelle über ihm belegte, Kontakt aufzunehmen. Dieser brach nun einen Fluchtweg durch die Mauer und stemmte zum Schluß ein Loch in die Decke. Beide entflohen. Ein Wächter vermeinte in den zwei Männern verspätete Besucher des Dogenpalastes zu erkennen und versäumte, Alarm zu schlagen.

Eine Gondel brachte Casanova nach Mestre, und auf dem Festland hatte der Flüchtling die Frechheit und Kühnheit, ausgerechnet in der Villa des Anführers der Sbirren, des Kapitäns der Garde des Staates, Obdach zu suchen, denn er überlegte scharfsinnig, daß dieser Offizier nach der Flucht zweier Häftlinge nicht untätig zu Hause sitzen würde. Der jungen Frau des Hauses stellte er sich als Gevatter ihres Mannes vor, und sie begrüßte ihn freudig, denn sie wähnte in ihm Seine Exzellenz, Signor Vetturi zu erkennen, der versprochen hatte, Pate des Kindes zu werden, das sie gerade erwartete. Mit Bedauern stellte die Dame fest, ihr Mann könne erst in drei oder vier Tagen wieder zurück sein, da er auf der Jagd nach entflohenen Gefangenen sei. „Man setzte mir ein gutes Abendessen vor, ich aß und trank mit Appetit“, erzählte Casanova Jahre später in seinen Memoiren. Er schlief tief und fest, um dann gestärkt seine Flucht fortzusetzen.

Ein unstetes Leben führte ihn nun nach Paris, Holland, Köln, Stuttgart, in die Schweiz, nach Neapel, Turin und wieder nach Paris, nach Straßburg, München, Augsburg, Aachen, Genua, Berlin, Dresden, Breslau, Prag, Wien, Petersburg, Warschau – überall versuchte er sein Glück, überall erlitt er Schiffbruch, er wurde ausgewiesen, eingesperrt, wenn ihn nicht die Reiselust weitertrieb. Das Angebot, welches Friedrich der Große ihm machte, als Kadettenerzieher in preußische Dienste zu treten, lehnte er ab, um schließlich als Agent in den Dienst ausgerechnet der venezianischen Regierung zu treten, die ihm eine kleine Rente aussetzte. Dieser Agentendienste wegen verziehen ihm die Staatsinquisitoren die Flucht aus den Bleikammern, und Casanova durfte in seine Heimatstadt zurückkehren. Der Frieden währte nicht lange, denn als er 1782 ein Pamphlet gegen den venezianischen Adel veröffentlichte, mußte er wieder auf Reisen gehen. Schließlich endete sein Weg als Sekretär und Bibliothekar auf dem Schloß des Grafen Waldstein im böhmischen Dux, wo er 1798 starb.

Die Liste seiner literarischen Werke ist lang. Allein die Memoiren umfassen zehn Bände. Er übersetzte in drei Bänden achtzehn Gesänge der Ilias aus dem griechischen Original, schrieb Huldigungen in italienischen Versen, eine dreibändige kritische Auseinandersetzung mit einem französischen Geschichtswerk, worin er die venezianische Politik verteidigte, sicher in der Hoffnung, damit wieder einmal die Staatsinquisition milde zu stimmen; eine Leistung, die noch größer wird, wenn man weiß, daß er gerade zu dieser Zeit keinerlei Unterlagen hatte, weil er eben in Barcelona im Gefängnis saß. Er schrieb Schauspiele, Pamphlete, Texte für Kantaten, so 1774 in Triest aus Anlaß des Amtsantrittes des österreichischen Generalgouverneurs, verfaßte drei Bände polnischer Geschichte, gab zwei Jahre lang eine Art Zeitschrift für spezielle Abonnenten heraus, ließ zehn Nummern einer Wochenzeitung erscheinen, um die Aufführungen einer französischen Schauspieltruppe zu loben, an der er gerade finanziell beteiligt war. Ein fünfbändiger Roman erzählte die Geschichte eines jungen englischen Geschwisterpaares, das bei einem Schiffbruch in einer Bleikiste durch die Rinde des Erdballs in das Erdinnere fiel, eine Geschwisterehe führte, deren Nachkommen die Herrschaft über die Welt der Megamicren gewann. Man kann dieses Werk als Vorläufer der phantastischen Literatur bezeichnen. Casanova beschäftigte sich aber auch mit mathematischen Abhandlungen und Sprachforschungen. Und er führte einen kaum überschaubaren Briefwechsel – ein Kulturdokument ersten Ranges.

Giacomo Casanova war ein Mensch, der sein Leben genoß, der schlicht als sein Bekenntnis von sich selbst sagte: „Ich liebe mich“ – und diese Liebe in reichem Maß auf andere strömen ließ.

Dies alles durfte nicht verwundern, in einer Zeit, in der es durchaus üblich war, daß ein venezianisches Nonnenkloster im Karneval glanzvolle Bälle veranstaltete, daß Frauen aus Patrizierkreisen den Schleier nahmen, um in der eleganten Welt etwas zu gelten, wo Nonnen, in prachtvollen Kleidern, Hof hielten, wie der Künstler Longhi auf seinen Sittenbildern festgehalten hat. In der Maske fuhren sie mit den Gondeln der Herren, die sie verehrten, vom Kloster zum Stelldichein und führten das Leben eleganter, reicher Damen, verbrachten die Nächte auswärts, gingen in die Oper.

Das Settecento war aber vor allem das Jahrhundert der großen Kurtisanen. Und die Damen jener Zeit schauten nicht lange neidvoll zu, daß Kurtisanen und Nonnen – welch ungeheure Gegensätze! – sich vergnügen durften. Sie widmeten sich selbst dem Vergnügen. Die Zentildonna – die venezianische Dialektform für Gentildonna, das ist die vornehme Dame – hatte einfach ihre galanten Affären zu haben, ihre Lustpartien, Serenaden, Stelldicheins, Schäferstündchen. Es war eine Zeit, in der diese umhergirrenden Geschöpfe gar nicht das geringste Bewußtsein irgendeiner Schuld hatten. Sie wollten dieser Welt Lust schenken und die Lust mit ihr teilen, sie dankten sogar Gott für die Wohltaten, die sie empfingen. Für Moral war kein Platz, der Begriff war weithin unbekannt, und eine Dame hatte ihren Cicisbeo, ihren Hausfreund. Wehe, sie hatte keinen. Dieser Cicisbeo war eine Notwendigkeit, denn eine Dame konnte nicht allein auf die Straße gehen, Besuche machen, Besuche empfangen. Sie konnte überhaupt nicht allein sein, sie brauchte jemanden, der unermüdlich um sie herum war, einen Begleiter, einen Zeitvertreib, ein Vergnügen. Der Ehemann war ja nicht da. Er ging seinen Geschäften nach. Oder er war selbst irgendwo Cicisbeo. Er war der Herr im Hause, der Hausfreund aber geradezu ein Stück des Inventars. Er trug die Handtasche, den Sonnenschirm, den Mantel, den Pudel, das Gebetbuch, reichte in der Kirche das Weihwasser, rief nach der Gondel und begleitete seine Dame überall hin. Er beschützte sie auf der Straße vor dem Pöbel, vor trüben Gedanken und war wie der Bajazzo dazu da, stets gute Laune zu verbreiten. Es war nicht leicht, im Settecento als Verehrer zu leben. Der Dienst war hart. Aber man hatte seine Vorrechte. Der Cicisbeo besuchte seine Dame, ob sie nun im Bette lag, bei der Toilette war, das Nachthemd trug – nun, und so weiter und so weiter. Er teilte aber auch die kleinen Geheimnisse der Damen, er war so etwas wie ein Kammerdiener, er hatte das Vorrecht, seine Fingerspitze mit der Zunge zu befeuchten, um der Dame das Schönheitspflästerchen aufzukleben, wo es an diesem Tage barometergleich sitzen sollte. Er half beim Schnüren des Mieders – und der Gatte, der da mitunter in das Gemach trat, war glücklich, seine Frau wohlbehütet zu wissen und von einem Mann von Rang umgeben, der bereit war, der Frau zu dienen und ihre Launen zu ertragen. Er räumte das Feld. Er hatte ja ein anderes zu bestellen...

Daneben gab es natürlich auch das Dirnenwesen. Im sechzehnten Jahrhundert waren 11.654 Prostituierte behördlich eingetragen und bildeten, da sie eine fixe Steuer zahlten, eine gute Aufbesserung der Staatsfinanzen. In der Nähe des Rialtoviertels erinnert die Ponte delle Tette, die Brücke der Brustwarzen, an das Viertel der Prostitution, das hier angesiedelt war. Die Damen, elegant, belesen und in den Künsten der Verführung meisterhaft geschult, wohnten in „Castelletti", mit roten Ampeln versehenen Häusern.

Der Überlieferung nach soll der Senat aus Angst, weil allzuviele venezianische Jünglinge den Mädchen gegenüber gleichgültig blieben, die Verordnung erlassen haben, die Dirnen müßten mit aufgeschnürten Miedern auf den Fensterbrettern ihrer ebenerdigen Kemenaten sitzen. Diese gleiche Überlieferung sagt, daß die Maßnahme zuerst wenig Erfolg gehabt hätte, die Mädchen jedoch klüger gewesen seien: sie hätten sich Pagenanzüge gekauft, was das Geschäft zu besonderer Blüte gebracht hätte.

Eine köstliche Geschichte wird aus den Jahren um 1900 berichtet, als ein junger deutscher Dozent, er lehrte klassische Philologie, nach Venedig kam, um mit einem kleinen Erbe von einer alten Tante hier sein Leben zu genießen. Der Dozent marschierte schnurstracks gegen Rialto, um nach den „Castelletti" und den Damen zu schauen. Einige Stunden später kam er mürrisch in sein Hotel und schimpfte, alles sei erschwindelt, denn er habe nur ein paar billige Straßenhuren gesehen und nicht die so gepriesenen Künstlerinnen ihres Gewerbes. Der Hotelier fragte, woher der Gelehrte denn sein Wissen habe. Dieser pochte auf seinen Reiseführer. Der Wirt schaute nach. Ja, da waren die Damen des Rialtoviertels beschrieben; auch daß die für eine amouröse Stunde um drei bis dreißig Scudi zu haben seien. Der Hotelier blätterte weiter. Auf der letzten Seite stand: „Gedruckt in Merseburg. Anno Domini 1710." Der Gelehrte war zweihundert Jahre zu spät gekommen.

Abseits des Touristenstromes

GHETTO, CANNAREGIO UND ZATTERE

> ... vermischten sich in meinem Traum mit den alten Zeiten der Stadt: mit ihren schönen Frauen, Tyrannen, Feldherren, Patrioten, Kaufleuten, Hofleuten, Priestern, ja selbst mit ihren Mauern, Dächern und öffentlichen Plätzen – all dies wurde mir beim Anblick der Wände wieder lebendig. Dann schritt ich eine Marmortreppe wieder hinab, an deren unterster Stufe das Wasser leckte, stieg wieder in mein Boot und träumte meinen Traum weiter.
>
> *Charles Dickens, Italienische Reise*

So war es in Venedig. So ist es in Venedig – der Name einer Brücke erinnert an die Vergangenheit, an ein Vorkommnis, ein Histörchen, eine Legende. Jeder Schritt ist eben nicht nur ein Schritt im Heute, sondern gleichzeitig in die Vergangenheit. Wenn noch so stark der Fremdenstrom die Stadt durchzieht, der Besucher findet doch unentwegt das unverfälschte Venedig; einige Viertel der Stadt bleiben von diesem Strom wenig berührt. Dazu gehören viele Inseln, vor allem die Giudecca. Dazu gehören aber auch das Ghetto Nuovo und das Ghetto Vecchio, in dem sich schließlich die Juden ansiedeln mußten.

Archäologische Funde weisen darauf hin, daß in der Gegend um Aquileja oder Grado mindestens seit dem 4. bis 5. Jahrhundert Juden angesiedelt waren, wenngleich sie zahlenmäßig keine Rolle spielten. „Deutsche" Juden, gemeint sind Juden aus Mitteleuropa, konnten sich in der Nähe der Stadt niederlassen und bildeten eine erste Gemeinde, hauptsächlich waren es Geldverleiher und Bankiers. Als Venedig jedoch zum Zentrum des Levantehandels wurde, mußten auch jüdische Kaufleute zugelassen werden. Doch gab es strenge Vorschriften, einmal durften Juden ansässig werden, dann wieder mußten sie auf dem Festland bleiben, und schließlich wurden sie gänzlich aus der Stadt gewiesen. In der zweiten Hälfte des 15. Jahrhunderts beschloß der Rat der Zehn Juden das Recht dauernden Aufenthalts zu gewähren, wenn sie ein eigenes Judenzeichen tragen, sich einer genauen Kontrolle unterwerfen – und auf Immobilienbesitz verzichten. Im frühen 16. Jahrhundert, als Venedig eine Niederlage durch die Liga von Cambrai erfuhr, wurde, wie so oft bei wirtschaftlichen Schwierigkeiten, der Volkszorn auf die Juden gelenkt. Da diese aber hohe Steuern zahlten und als Handelsleute wichtig waren, verfiel die Regierung auf eine andere Lösung, die später in ganz Europa nachgeahmt wurde: man jagte die Juden nicht aus dem Lande, sondern gab ihnen ein Areal zur Besiedelung, getrennt von der sonstigen Bevölkerung. Tagsüber durften die Juden dieses Gebiet verlassen, bei Sonnenuntergang mußten sie zurück sein, und der Zugang wurde verschlossen und bewacht.

So haben die Venezianer im Jahr 1516 das Ghetto erfunden. Den Namen hatte dieses Viertel in dem Gebiet in der Nähe von San Gerolamo von einer Gießerei für Kanonenkugeln, venezianisch Ghetto. Kanäle umspülen diese Insel, und ein leicht zu versperrender Durchgang, das war die Voraussetzung, führte in diesen Bezirk.

Es herrscht eine eigene Atmosphäre im Ghetto, auch heute, verursacht durch die bis zu acht Stock hohen Häuser mit ihren völlig schmucklosen Fassaden. Die jüdische Bevölkerung mußte mit dem Platz auf dem Areal auskommen, auch wenn das Ghetto mehrmals erweitert wurde. Die Schmucklosigkeit war diktiert von der Furcht aufzufallen. Doch im Inneren der Häuser gibt es, eingebettet in ein Gewirr von Stiegenhäusern, reich geschmückte und baulich hoch interessante Synagogen. Dabei ist die Synagoge gleichzeitig Schule, also Schola, wortverwandt mit der italienischen Scuola. Die Schola Spagnola ist die größte Synagoge und vermutlich auch die einzige Synagoge der Welt, die seit ihrer Einweihung in der zweiten Hälfte des 16. Jahrhunderts bis heute ununterbrochen ihre Funktion erfüllt hat. Die Schola Levantina wiederum ist die prachtvollste, schon 1538 errichtet, die Schola Italiana ist die einfachste Synagoge, 1575 von italienischen Juden erbaut, deren Gemeinde die ärmste war. Die Schola Canton, 1531 bis 1532 erbaut, ist elegant dekoriert und ähnelt der Schola Grande Tedesca, die als erste Synagoge des Ghettos errichtet wurde. Die Synagogen sind auch auf vielfältigen Wegen vom Inneren der Häuser aus zu erreichen, die Bewohner konnten also ungesehen in ihre Bethäuser schlüpfen.

Die Synagogen, wenn auch nicht alle, sind zu besichtigen in Verbindung mit einem Besuch des Museums, in dem die wertvollsten

Kunstschätze der alten Gemeinden aufbewahrt werden. Hervorragende Kultgegenstände sind dort ausgestellt, wie auch Handschriften, kostbare Vorhänge, ein Besuch ist zu empfehlen, ein Blick in die faszinierende jüdische Welt, in den gediegen-eleganten Glanz kunstvoller Tempelbauten.

Als die napoleonischen Truppen in Venedig einmarschierten, erlebten die Juden 1797 die Öffnung des Ghettos und die Abschaffung der Tore. Franzosen verkündeten Freiheit und Gleichheit – und das galt auch den Juden. Als Österreich nach den napoleonischen Kriegen Venedig zugesprochen erhielt, blieb diese Öffnung aufrecht. Reichere Familien zogen aus dem Ghetto aus und siedelten sich in Venedig an. Eine Tafel und ein metallenes Relief an einer Hauswand erinnern an jene etwa zweihundert venezianischen Juden, die zwischen 1943 und 1944 von den Nationalsozialisten verschleppt worden sind.

Nach dem Zweiten Weltkrieg siedelte sich in Venedig eine neue jüdische Gemeinde an, von der nur mehr wenige Juden im Ghetto leben, in dem mittlerweile neben dem Museum auch ein jüdisches Informationsbüro angesiedelt ist. Die israelitische Gemeinde zählt 483 Mitglieder (Stand September 2002). In ganz Italien leben etwa 38.000 Juden, die meisten davon in Mailand und in Rom.

Das ganze Viertel ist zurecht ein Stück alten Venedigs. Relativ wenige Touristen kommen in den Sestiere Cannaregio im Norden der Stadt, benannt nach einem Kanal, der zwischen einem Wald von Schilfrohren lag. Auf dem Campo Santa Fosca erinnert eine Statue an Paolo Sarpi, einen Mönch des Servitenordens, Fra Paolo genannt, der 1579 Provinzial seines Ordens wurde und sich als Theologe, Naturwissenschaftler und Historiker großen Ruhm erwarb. Er schrieb die Geschichte des Trienter Konzils, half Galileo Galilei bei der Erfindung des Teleskops, entdeckte die Funktion der Ventilklappen der Blutgefäße, die Konstruktion des menschlichen Auges und war überdies Verfechter des Standpunktes, daß die staatlichen Ziele des Vatikans den kirchlichen widersprachen. Das war in jener Zeit natürlich heikel, doch Fra Paolo stellte sich entschieden an die Seite des venezianischen Senates, als der Papst 1606 Venedig mit einem Interdikt, also Bann, belegte – und er siegte. Die Rechnung wurde ihm bald präsentiert. Zuerst wurden seine Bücher auf den Index gesetzt, und eines Nachts wurde er auf dem Heim-

Erinnerung an den Orient-Handel: Figur eines „Mohren" in der gleichnamigen Gasse im Sestiere Cannaregio, neben dem Tintoretto-Haus. (Die vermutlich oft abgestoßene Nase der Steinplastik wurde aus Eisen erneuert.)

weg niedergestochen. Die Bravi – Gauner – glaubten ihn tot, doch Sarpi genas von seinen Wunden und lebte noch sechzehn Jahre.

In diesem Viertel liegt auch die Kirche Madonna dell'Orto, eine der schönsten gotischen Kirchen Venedigs, in der eine wundertätige Muttergottesfigur steht, die in einem nahegelegenen Garten gefunden wurde. Der große Maler Tintoretto ist hier begraben und hat diese Kirche mit seinen Werken geschmückt. Zwei Kanäle weiter liegt das Geburts- und Wohnhaus Tintorettos, weitgehend erhalten, wie es einst war. Kaum ein Fremder verirrt sich hierher. Ich mußte mich lange durchfragen, bis ich das Haus fand, an dem eine kleine Tafel an den Künstler erinnert. Ein kurzer Weg weiter führt zur Chiesa Sant' Alvise, voll mit Gemälden und Figuren, wobei besonders Gemälde Tiepolos auffallen. Hier in dieser Gegend schaukeln auf dem Wasser der Kanäle auch die verzierten Leichengondeln, in einfacher Ausführung bis zum Prunkgefährt für den letzten Weg hinüber nach der nahen Friedhofsinsel San Michele.

Das ist ein Weg abseits der „Trampelpfade". Man kann natürlich auch vom Bahnhof aus, der Stazione di Santa Lucia, den direkten Weg in die Stadtmitte wählen. Den Namen Lucia hat die Bahnstation von 1860, als für das erste Bahnhofsgebäude die Klöster Santa Lucia und Corpus Domini weichen mußten. Unweit davon, direkt am Canale Cannaregio erhebt sich der Palazzo Labia, einer der prunkvollsten Bauwerke der Stadt, dessen Festsäle mit Tiepolo-Fresken geschmückt sind. Die grandiose Restaurierung hat die staatliche Rundfunk- und Fernsehanstalt RAI finanziert, die hier ihren venezianischen Sitz hat. Es ist nicht ganz einfach, eine Besichtigung dieser Säle zu erreichen – aber es ist einen Versuch wert. Für den einen ist es vergnüglich, auf dem stets von Menschen wimmelnden Weg vom Bahnhof zu San Marco zu bleiben, manch anderer bevorzugt jedoch einsamere Gegenden, wie beispielsweise den Weg über den Campo dell'Abbazia. Dort steht die ehemalige Scuola di Santa Maria della Misericordia, die Schule ein Bauwerk aus dem 16. Jahrhundert, während die heutige Kirchenfassade von 1659 stammt. Die Scuola, nach den Plänen von Jacopo Sansovino errichtet, blieb unvollendet, ist jedoch ein bedeutendes Kulturdenkmal. Vorbei am Palazzo Correr Contarini und der Chiesa dei Gesuiti, der Jesuitenkirche, führt der Weg zu den Fondamenta Nuove, von wo die Schiffe nach Murano, Burano und Torcello ablegen.

Von dort aus ist auch der Weg über den Campo Santi Giovanni e Paolo empfehlenswert, vorbei am Arsenal und dem Marinemuseum durch die großen Grünanlagen, die Venedig Napoleon zu verdanken hat, weil er rücksichtslos Bauten schleifen ließ, um seinen Soldaten Platz zum Exerzieren zu schaffen, bis zu der weiten Anlage der Biennale.

Ein völlig anderer Weg, gleichfalls abseits vom Fremdenstrom, führt entlang dem Canale Giudecca von den sogenannten Fondamenta Zattere zur riesigen Karmeliterkirche und der Scuola Grande dei Carmini von Baldassare Longhena, in denen ein Gemäldezyklus von Tiepolo die Säle schmückt. Der anschließende Campo Santa Margherita ist einer der wenigen großen Plätze, und er ist Tag und Nacht belebt. Heute noch ist er täglicher Marktplatz, und zahlreiche Lokale ziehen die Menschen an. Am Abend versammelt sich vor allem die Jugend hier, Kinder tollen herum, Hunde gibt es in großer Zahl – und Musikanten, Gaukler und andere Künstler präsentieren sich. Ein bevorzugter Treffpunkt der Einheimischen – und ein Platz, an dem man sich jederzeit von den Strapazen der Rundgänge erholen kann, während die Augen stets neue Erlebnisse erfassen.

Dieser Platz ist voller Leben, aber es gibt auch so viele stille Winkel, gleich wohin der Besucher seine Schritte lenkt, sehr schnell wird er der Geschäftigkeit des Zentrums und der Geschäftswelt entfliehen.

Ombra, einen „Schatten" trinken

VENEZIANISCHE TAFELFREUDEN

> Venedig ist mit Fug und Recht auf seine Küche stolz, seine Eßkultur, Eßsitten (es hat der Welt den Gebrauch der Gabel und des geschliffenen Glases gelehrt), seine Gaststätten und Tavernen, seine Suppen, Vor- und Nachspeisen, Fisch- und Fleischgerichte. Aus den primitiven Uranfängen einer simplen, gewürzlosen Landküche haben die Köche der Lagunenstadt jene grandiose italienisch-französisch-österreichisch-orientalische Gastronomie geschaffen, die in aller Welt als typisch venezianisch genossen und gewürdigt wird.
>
> *Bernard Grun, Kulinarisches Intermezzo*

Wie liebt der venezianische Esser die Küche, und wann ist sie eine gute Küche? Die Antwort ist einfach: Die Produkte müssen frisch sein, die Polenta frisch gerührt, Meeresfrüchte sollten aus der Lagune und die Fische aus der Adria kommen. Das sind im Grunde die wichtigsten Zutaten. Und danach richtet sich der Lokalbesuch des Venezianers. Für den Touristen ist es natürlich viel schwieriger, denn auf den Hauptverkehrswegen haben sich hunderte Lokale etabliert, auch Schnellimbisse wie McDonald-Filialen oder Chinarestaurants. Millionen Hungrige müssen in einer Saison abgespeist werden. Ja, abgespeist. Das aber ist nicht das Leben des Italieners und schon gar nicht des Venezianers.

Besucht man die Gemäldegalerie in der Accademia, den Dogenpalast oder die vielen Kirchen, so sind riesige Bilder von den bedeutendsten venezianischen Künstlern zu sehen, die, bei der Hochzeit von Kanaan begonnen, immer wieder üppige Festmähler darstellen – und das ist kein Zufall. Man verstand in Venedig genußvoll zu tafeln und hatte weit früher als irgendwo in Europa auch die entsprechenden vornehmen Tischsitten. In der guten Gesellschaft Venedigs gingen die Tischsitten auf den byzantinischen Hof zurück, denn eine dortige Prinzessin, Gattin des Dogen Selvo, hatte in dem Jahrzehnt nach 1071 Messer und Gabel in Venedig eingeführt. Erstmals tranken die Venezianer aus kostbar gestalteten Glaspokalen. Damit aber verfeinerte sich auch die Eßkultur, ja die gesamte Küche.

Das venezianische „Libro di cucina“ aus dem 14. Jahrhundert verzeichnete Huhn mit Mandeln und mit Nelken gewürzten Reis, einen Kräuterkuchen mit Speck und Eiern, Mangold, Spinat, Petersilie und Minze, oder eine Torte aus weißen Bohnen mit Bauchspeck gekocht. Es gab frittierte Holunderblüten – und eine Soße aus Knoblauch. Der Knoblauch ist auch heute noch sehr beliebt. Der Knoblauchverbrauch in Venedig ist hoch; selbst gehobene Restaurants können auf ihn nicht verzichten: unentwegt brodelt – mit viel Knoblauch – die „zuppe“, der Reis und die Polenta. In Wein und Olivenöl werden Feldfrüchte gedämpft – mit Knoblauch. Fische, Krustentiere, Hühner, Lamm usw. – ohne Knoblauch unvorstellbar.

Zentrum der Gaumenfreuden ist Rialto mit dem Markt für Fisch und Gemüse. Das Angebot ist groß, der Fischmarkt dürfte wohl der bedeutendste aller italienischen Städte sein. Meist gekauft sind Sogliola (Seezunge), Branzino (Wolfsbarsch), Orata (Meerbrasse oder Orade), Coda di Rospo (Seeteufel), Rombo (Butt), Tonno (Thunfisch) und Anguilla (Aal), Sepia (Tintenfisch), Baccalà (Stockfisch). Damit ist das Angebot natürlich längst nicht erschöpft. Hinzu kommen die verschiedensten Krustentiere wie die Granseola (Meeresspinne), Capelonghe (Messerscheiden-Muscheln), Capesante (Jakobsmuscheln), und natürlich die schwarzen Cozze (Miesmuscheln). In Venedig heißen diese Muscheln aber auch Peoci. Die Sarde (Sardinen) werden vor allem gerne als Sarde in saor (süßsauer marinierte Sardinen) serviert. Scampi gibt es auf dem Markt in den verschiedensten Größen.

Die Gemüseinseln Vignole, Sant' Erasmo und Torcello, aber auch das Festland liefern Gemüse und Obst. Verwendet wird, was frisch geerntet wurde. Fleisch spielt neben dem Fisch schon eine untergeordnete Rolle. Ein besonderes Gericht ist die Fegato alla Veneziana (Kalbsleber auf venezianische Art). Trippe (Kutteln) werden aus dem Blättermagen des Kalbes gekocht. Geflügel, Kaninchen, Enten und anderes Niederwild, welches aus der Lagune kommt, gehören zur heimischen Küche. Wenig Beachtung findet auch der Käse. Dafür sind die Dolci, die Süßigkeiten, in verschiedensten Spielarten auf dem Tisch – doch für einen Durchschnittsesser nach einem Menü kaum mehr zu bewältigen. Die venezianische Küche würzt raffiniert, und das ist wohl selbstverständlich, wenn man bedenkt, daß diese Stadt das Zentrum des Gewürzhandels aus dem Orient in das Abendland gewesen ist. Die Tafelfreuden sind längst nicht mehr so wie etwa im 16. Jahrhundert. Wenn eine Adelsfamilie einlud, wurden den Gästen zuerst mit parfümiertem Wasser die Hände gewaschen, dann als Auftakt eine Schale mit grünem Ingwer, Walnüssen, kandierten Früchten serviert, gefolgt von einem Malvasier, in den man Zwieback tunkte, gezuckerte Käse, Kapaun, Hühnerleber und Kalbsfleisch mit Damaszenersauce, Platten mit Fasanen, Rebhühnern, Tauben, garniert mit Orangen- und Zitronenscheiben, gleichsam zur Erholung Zitronenscheiben gesüßt und mit Rosenwasser getränkt. Und es folgten wieder etliche Speisen, es gab noch eine Pasta, etwa Ravioli, und zu guter Letzt Konfekt. Genau diese Art zu tafeln ist in den Gemälden dieses Jahrhunderts, besonders von Paolo Veronese, zu sehen. Doch als wichtigstes Nahrungsmittel für das gesamte venezianische Volk galt die Polenta. Der Dichter Carlo Goldoni hat in der Komödie „Das wackere Mädchen" Polenta in den Mittelpunkt einer Verführungsszene gesetzt, als die hübsche Rosauro den Arlecchino herumzukriegen suchte. Polenta ist ein Maisbrei, der schon bei den Römern als Pulmentum bekannt war, doch wurde der Brei aus Weizen gemacht. Der Mais selbst kam erst nach der Entdeckung Amerikas zu uns. Das zweite Grundnahrungsmittel war der Reis. In der Poebene angebaut, spielt Reis in der gesamten Küche des Veneto eine große Rolle. Risotto zählt zu den Grundelementen der Küche, ob mit Scampi, mit Steinpilzen oder Spargel. Das dritte Standbein ist die Pasta, die es in unwahrscheinlich vielen Formen gibt. Die Teigwaren sind aus Hartweizen.

Ursprünglich gingen die Menschen zwischen elf und zwölf Uhr vormittags zur Marenda, einer leichten, einfachen Mahlzeit, denn das umfangreichere Mittagessen Disnar gab es erst ab siebzehn Uhr nach Arbeitsschluß. Die vornehme Gesellschaft tafelte des Nachts, die einfachen Menschen gingen ohne Abendessen zu Bett. Das heißt, vorher gingen sie auf die Straße, trafen sich in den verschiedenen Lokalen.

Die österreichische Regierungszeit in Venedig im 19. Jahrhundert hinterließ doch auch Spuren. Kartoffeln waren zwar bekannt, aber erst in der österreichischen Zeit setzten sich die Erdäpfelgerichte als Grundnahrung durch, und Venezianer meinen, auch das „Gulasch" sei ein österreichisches Überbleibsel.

Es gibt so viele Typen von Gaststätten: Da sind die Hotels mit ihren vornehmen Restaurants, Restaurants an sich, Trattorien, Osterien, Bàcaro, die kleine Weinschenke. Die Trattoria war das klassische Gasthaus, die Osteria eine Weinstube mit Weinverkauf und Bàcaro eine Weinschenke, in der nur kleine Häppchen angeboten wurden. Inzwischen haben sich diese Begriffe verschoben. Luxusrestaurants heißen Trattoria, und umgekehrt sind Restaurants bestenfalls Imbißstuben.

Generell ist festzustellen, daß in Venedig in den letzten Jahrzehnten das kulinarische Angebot bedeutend verbessert worden ist. Restaurant- und Eßführer verschiedenster Art haben zum Erfolg wesentlich beigetragen. Das gilt auch für das Weinangebot.

Immer wieder fallen winzige Lokale auf mit einer Theke, Stehpulten und auch ein paar Tischen, eng aneinandergerückt, wo sich vor allem ältere Männer drängen. Das sind die Venezianer, die einen Ombra trinken. Ombra heißt zu deutsch Schatten. Kann man einen Schatten trinken? In Venedig kann man es. Und von dort hat sich der Begriff ausgedehnt über fast alle Städte des Veneto. In früherer Zeit saßen die Weinverkäufer mit einem Weinschlauch auf der Piazza San Marco, wo sie den Menschen aus einer Schale den Wein anboten. Sie hielten sich im Schatten des Campanile, mit dem Sonnenstand wanderte der Schatten, und damit wanderten auch die Weinverkäufer. Und von daher kommt der Name Ombra, einen Schatten trinken. Ein Glas wird mit einem Zehntelliter gefüllt, und mancher Genießer wandert nach dem Leeren des Glases zum nächsten Bàcaro, und damit zum nächsten Ombra. Man spricht vom „Giro delle Ombre". Und wer von Osteria zu Osteria pilgert, ist ein Schattenwanderer, Andar all'Ombra. Man trifft sich dabei, Arbeiter, Händler, Beamte, Fischer, Advokaten. Heute ist in den Bàcari, in fast allen, nebst einigen Häppchen nicht nur das Gläschen Wein zu erhalten, sondern es wird richtiggehend aufgekocht.

Wohin aber zum Essen gehen? Es gibt hervorragende, elegante, hochpreisige Restaurants, Plätze am Canal Grande, mit Aussichtsterassen. Man kann selbst in den Gassen mit Touristenströmen auf Lokale stoßen, die eine gute Küche servieren. Mein Rat ist wegzugehen von den ausgetretenen Pfaden, zu schauen, wo die Venezianer selbst hingehen, mittags etwa wo Arbeiter, Beamte oder Angestellte zum Mittagstisch eilen, des Abends, wo sich venezianische

Familien vereinigen. Manche Lokale, die in Gourmetführern verzeichnet oder vielfach als „Geheimtip“ geführt werden, sind unter der Last des Ansturms der Besucher zwar wohl in der Küche gut, aber ansonsten kaum empfehlenswert. In jedem der Stadtbezirke gibt es eine Reihe von einfachen, aber guten Lokalen. Der Venezianer selbst setzt weniger auf das Ambiente – ihm ist entscheidend, was er auf den Teller bekommt.

Was ist typische venezianische Küche?
Antipasti – Vorspeisen:
Baccalà mantecato – Stockfischmus. Baccalà, ein wahres venezianisches Wort, ist Kabeljau, getrocknet heißt er Stockfisch. Der getrocknete Fisch wird mit einem Walkholz regelrecht geprügelt, um ihn weich zu machen, dann wird er mindestens zwei Tage oder auch länger gewässert. Daraus wird mit Olivenöl, Petersilie, Knoblauch, Pfeffer und Salz ein Mus hergestellt, das auch bei den Antipasti misto nicht fehlen darf. Sardelle in saor, eingelegte Sardinen, ist ein jahrhundertealtes Gericht. Saor ist venezianisch zu Sapore, zu deutsch Aroma. Diese eingelegten Sardinen, die zuerst frittiert werden und dann in eine Zwiebelmarinade kommen, wurden von den Seeleuten mitgenommen, um sie bei den langen Fahrten vor Skorbut zu schützen. Diese Speise regt überdies den Appetit an. Die Granseola, Meeresspinne, ist ein Mittelmeerkrebs, der auf sandigem Grund lebt. Serviert werden die Meeresspinnen von Oktober bis Jänner. Die Capesante alla Veneziana, die bekannten Jakobs- oder Pilgermuscheln, werden mit viel Knoblauch und Weißbrotbröseln mit Olivenöl und Weißwein gratiniert. All die Muscheln, die Cozze oder Peoci, wie der Venezianer sagt, stammen aus der venezianischen Muschelzucht, und zwar aus den Becken südlich von Malamocco und Chioggia. Das Becken vor Marghera, durch Abwässer verseucht, darf nicht befischt werden. Dennoch ißt, wie ich gesehen habe, kaum ein Venezianer Muscheln roh – sie sind abgekocht problemlos zu genießen. Polenta mit gekochter Wurst, gebackene Zucchini- oder Kürbisblüten zählen genauso zu den Vorspeisen.

Primo piatto – erster Gang:
Dazu zählen Pasta, Reis und Suppen. Wie so oft gibt es natürlich auch eine Legende, danach hat Marco Polo die Spaghetti aus China

mitgebracht. Ein Diener Marco Polos soll eine Frau gesehen haben, die lange Fäden gekocht habe. Er erkundete das Rezept und übergab es Marco Polo. Der Diener habe Spaghetti geheißen und daher komme der Name dieser Köstlichkeit aus Hartweizen. Das ist jedoch wirklich nur Legende. Spaghetti mit Sardinen, Spaghetti mit Muscheln oder wie auch immer, die Teigwaren sind selbstverständlicher Bestandteil der venezianischen Küche. Eine besondere Spezialität ist die Pasta e Fasioi. Weiße Bohnen, Pasta und Schweineschwarten werden zu einer Suppe verarbeitet, die vor allem an kalten Tagen gern gegessen wird, genauso wie die Fischsuppe, die Kuttelsuppe oder auch die venezianische Brotsuppe, einst ein Armeleuteessen, inzwischen ist diese „Panada venessiana" eine Delikatesse geworden. Reis wird vielfältig verarbeitet. Das Risotto di secole ist eine Speise aus Überresten, denn Fleischreste werden mit Karotten und Sellerie kleingeschnitten und vermengt, mit Weißwein übergossen und geschmort. Dem Reis wird dann diese Mischung beigemengt. Risotto mit Spargel, mit Kürbis, mit Hopfensprossen, mit Meeresfrüchten oder Risotto nero mit der Tinte der Sepien und vor allem das Scampirisotto fehlen wohl in keinem Lokal.

Fleischspeisen:
Das Carpaccio, das hauchdünn aufgeschnittene Rinderfilet, ist eine venezianische Erfindung. Die Contessa Amalia Nani Mocenigo hatte strenge Diät verordnet bekommen. Gegartes Fleisch war ihr verboten, und – so erzählte Giuseppe Cipriani, der die legendäre Harry's Bar gegründet hat – „so ließ ich mir ihr zuliebe etwas einfallen. Ich schnitt rohes Filet hauchdünn auf. Nun, das Fleisch schmeckte allein etwas fad. Es gibt eine sehr einfache und zugleich universelle Soße, die zu Fleisch ebenso wie zu Fisch paßt... Zu Ehren des Malers, dem zur Erinnerung in jenem Jahr eine Ausstellung gewidmet wurde, und auch wegen der Farbe des Gerichts, die an gewisse, von diesem Künstler benützte Rottöne erinnerte, nannte ich es Carpaccio." Die Soße besteht aus Mayonnaise, frischem Tomatenpüree, Senf, Worcestersauce und Crème fraîche. Übrigens stammt auch der „Bellini", ein Aperitif aus frischem Pfirsichsaft oder pürierten Pfirsichstücken, aufgegossen mit Prosecco oder Champagner, eventuell auch mit einem Schuß Apricot Brandy, von Cipriani, der den Cocktail nach dem Maler Giovanni Bellini nannte. Der Origi-

nal-Bellini besteht aus pürierten kleinen weißen Pfirsichen, aufgespritzt mit kaltem trockenen Prosecco im Verhältnis 1:3.

Nicht jedermanns Sache sind Kutteln, Trippe. Dabei ist es ein venezianisches Leibgericht, für das vor allem Kalbskutteln, die zarter sind als Rinderkutteln, verwendet werden. Für diese Speisen aus den Blättermagen gibt es eine ganze Reihe von Varianten, serviert werden sie mit Polenta oder geröstetem Bauernbrot. Die venezianische Kalbsleber, Fegato alla Veneziana, ist ein Hauptgericht der Küche. Perlhühner, Hühner in Sauce, gefüllte Ente, Kaninchen in Sauce, Hasenragout und vieles mehr runden die Tafelfreuden ab.

Fische und Meeresfrüchte:
Es ist kaum möglich, all die leckeren Fischspeisen aufzuzählen, wie die Seezunge in Weißwein, den gekochten Seebarsch oder die Masanete, ein Krabbensalat, und viele Krustentiere in verschiedenster Zubereitung, dann die schwarzen Tintenfische mit weißer Polenta, die frittierten Calamari. Das alles mündet schließlich im Fritto misto, den gemischten Meeresfrüchten. Diese Speise gibt es in ganz Italien, aber mit lokalen Unterschieden. Vor etwa dreißig Jahren gab es noch viele Straßenläden, bei denen die Menschen eine Frittura mit Polenta erstanden. Wenn diese Stände auch selten geworden sind, so ist aber die Frittura selbst in fast allen Lokalen in guter Qualität zu bekommen.

Eines ist in den meisten Lokalen unerwünscht: daß die Gäste nach dem Essen lange sitzenbleiben. Es ist üblich, sehr lange zu dinieren, sich dabei köstlich zu unterhalten, doch wenn der Grappa oder der Caffè getrunken sind, wird bezahlt und gegangen.

Apropos Caffè: Die Venezianer reklamieren für sich, über ihren Fernhandel sei auch der Kaffeegenuß nach Europa gekommen. Dasselbe behauptet auch Wien, denn nach der Niederlage der Türken unter dem Großwesir Kara Mustafa im Jahr 1683 wurden im türkischen Heerlager Säcke voller Kaffee gefunden, von denen man zuerst nicht wußte, was das sein sollte, bis ein findiger Mann daraufkam und das Privileg erwarb, das erste Caféhaus in Wien zu errichten. In Venedig entstand mit dem Café Florian auf dem Markusplatz 1720 das älteste, noch existierende Café Italiens, benannt nach seinem Gründer Floriano Francesconi.

Zu guter Letzt noch ein Hinweis: Die Venezianer lieben es, am Sonntag mit ihren Familien hinauszufahren in die Lagune, um fröhlich zu tafeln. Nach Chioggia, Pellestrina, Malamocco, nach Burano, Mazzorbo, Torcello, Vignole, Sant' Erasmo etwa, und einzelne Stationen auf dem Festland anzusteuern. Das bedeutet, daß man dort überall Trattorien findet, die gute venezianische Küche, vor allem Fischgerichte, anbieten.

Consorzio Venezia Nuova

VENEDIG MUSS NICHT STERBEN

Wenn man ... versucht, eine Gesamtvorstellung zu behalten, so findet man in sich nichts, als etwas wie das Gefühl und den dumpfen sanften Nachhall eines vollkommenen Genusses.

Hippolyte Taine, Reise in Italien

Venezia deve vivere! – Venedig muß leben!

Motto der Gemeindeverwaltung Venedigs

Die Geschichte der Lagune ist auch die Geschichte Venedigs.

Venedig versinkt! Seit Jahrzehnten ertönt dieser Ruf. Venedig erhielt den Beinamen „Sterbende Stadt".

Stirbt die Serenissima wirklich? Am 4. November des Jahres 1966 schien der Tag des Unterganges gekommen. Mächtiger als alle vorangegangenen Stürme peitschte der Schirokko das Meer gegen die Bollwerke des Küstenschutzes, riß an verschiedenen Stellen Breschen in die Murazzi und drohte, die ganze Lagune zu überfluten.

Zwanzig Stunden schon hatte das Hochwasser angehalten, war Zentimeter um Zentimeter gestiegen, die Flut war immer reißender geworden. Gegen sechs Uhr abends funktionierte das Telefonnetz nicht mehr, das elektrische Licht war in fast allen Teilen der Stadt ausgefallen, in den Kanälen sah man nur wenige Boote. Die Verbindung zur Umwelt war abgeschnitten, und die Menschen in Venedig fragten sich bang, ob der Wechsel der Gezeiten die Wassermassen zurücktreiben würde. Doch auch als die Ebbe einsetzte, fiel der Wasserspiegel nicht, er begann vielmehr weiter zu steigen, entgegen jeder Berechnung. Die Menschen wußten, daß ein uraltes Gleichgewicht verlorengegangen war, daß der jahrhundertealte Mechanismus gestört war, der Stadt und Lagune mit dem Meer verband. Doch nur wenige ahnten, daß die schweren Sturmwellen die Bollwerke durchbrochen, die schmalen Landstreifen, die den natürlichen Schutz der Lagune bilden, überflutet hatten und die Lagune damit eins geworden war mit der Adria. Die Halbinsel Cavallino –

Obstplantagen, Weingärten und Felder –, der nördlichste Teil des Lagunenschutzes in Richtung Jesolo, lag unter den Wellen des aufgepeitschten Salzwassers begraben. Die Kulturen verwüstet, ein Zehntel des Viehbestandes getötet, landwirtschaftliche Maschinen und Teile der Häuser abgeschwemmt, so bot sich dieser Landstrich den Helfern, welche die zu Tode erschrockenen Menschen aufs Festland retteten. Die Insel Burano wurde derart überflutet, daß die Häuser plötzlich im Meer standen. Teile der Insel Sant' Erasmo lagen fast vier Meter unter dem Wasser; der Sturm tobte dem Lido entlang, richtete zahllose Schäden an und brach an elf Stellen in einer Gesamtlänge von etwa achtzig Meter die Murazzi bei den Orten San Pietro in Volta und Pellestrina; auf einer Länge von fast einhundertfünzig Meter wurden diese Mauern so schwer beschädigt, daß sie wohl kaum einer nächsten Sturmwelle standgehalten hätten. Für die Bewohner dieser Orte schien das Inferno des Weltunterganges gekommen zu sein. Ihnen blieb nur die Flucht, die Rettung des nackten Lebens; als sie zurückkehrten, war viel von ihrem Eigentum beschädigt oder gar zerstört worden.

Doch entgegen allen Erwartungen begann um neun Uhr abends das Wasser zu sinken, die Flut verließ plötzlich die Stadt, ohne sie der letzten großen Belastung ausgesetzt zu haben. Diese Flut hatte den normalen Wasserspiegel um 1,94 Meter überschritten! Unaufhaltsam war das Wasser in alle Geschäfte, in die Häuser eingedrungen, Bücher, Möbel, Akten, Wohnungseinrichtungen wurden zerstört. Gondeln lagen zerborsten. Schlamm, Schmutz, tote Tauben und Mäuse und eine sich in die Wände fressende Feuchtigkeit blieben zurück, als die Flut die Lagune verließ. Die Kerzen, die die Wohnungen erhellten, weil der Strom ausgefallen war, und die Laternen, mit deren Hilfe sich die Menschen in Straßen vorwärtstasteten, schienen das Bild eines riesigen Begräbnisses zu sein, wie ein Journalist in seinem Bericht schilderte. Bald wurde bekannt, daß zum Beispiel der Markusplatz 1,14 Meter vom Hochwasser überflutet worden war.

Die Schutzmauern, die der sterbende Staat Venedig als seine letzte Großtat geschaffen hatte, mußten einmal brechen. Das war das Ergebnis der Untersuchungen, die nun folgten. Denn diese gigantischen Steindämme, die in mehr als vierzig Jahren Bauzeit errichtet worden waren, hatten schon 1825 bei einem Hochwasser an vier

4. November 1966: Der Tag, an dem Venedig zu sterben schien. Das schrecklichste Hochwasser, das es jemals gab. Bilder vom Markusplatz und der Piazzetta.

Stellen nachgegeben. Doch die damals österreichische Verwaltung sorgte für Erneuerung. Innerhalb von neun Jahren gab die österreichische Regierung den stattlichen Betrag von 1,2 Millionen österreichischer Lire aus und setzte überdies zur Ausbesserung der Murazzi einen festen Budgetposten ein.

Der alte Beruf der „Sassanti“ lebte wieder auf, jener Spezialisten, die aus Istrien die Steine heranschafften und kunstvoll zu Mauern aufrichteten. Doch immer weniger geschah für die Schutzwerke. Gab es bis 1934 noch gelegentliche Ausbesserungen, so wurden in den nun folgenden Jahrzehnten diese Schutzbauten vom Staat vernachlässigt, ja dem Verfall preisgegeben. Das rächte sich. Aber das Hochwasser von 1966 leitete ein Umdenken ein – wenn auch vom Denken zum Tun ein weiter Weg war.

> Aber dicht an den Kais und Kirchen, den Palästen und Gefängnissen, an ihre Mauern spülend und in die geheimsten Winkel der Stadt dringend, schlich sich das Wasser überall hin. Geräuschlos und lauernd, wie eine Riesenschlange mit vielen Umarmungen alles umschlingend, harrte es, wie mir schien, des Zeitpunkts, an dem die Menschen auf seinen Grund spähen würden nach einem einzigen Stein, dem letzten einer Stadt, die sich einst die Königin der Meere genannt hatte.
>
> *Charles Dickens, Italienische Reise*

Venedig war die Gewalt der Adria gewohnt. Von Anbeginn kämpfte der Staat gegen die Kraft des Meeres. Schon 1173 verwaltete der Magistrato del Proprio die Belange der Lagune, die später der Magistratura detta del Piovego, der Regen- und Wasserbehörde, übertragen wurden. Immer wieder hatte es große Hochwasser gegeben, wurde die Stadt überflutet, wurden zahllose Brunnen unbrauchbar, gab es Millionen Schäden. Die Chronik des Hochwassers ist ein einziger Schlachtenbericht verzweifelter Kämpfe gegen das Element Wasser, gegen Sturm und alle Begleiterscheinungen, also das Salz des Meeres oder die Verlandung der Kanäle. Niemals aber war das Wasser so hoch gestiegen, wie an dem tragischen 4. November 1966. Dramatisch enthüllte dieser Unglückstag die Gefährdung der alten Stadt. Sofort ging man daran, zuerst die Mauern, die die Lagune vom Meer trennen, also die Murazzi, zu verstärken. Und gleichzeitig begannen die Debatten um die Rettung der Perle der Adria, der Königin dieses Meeres – eine schier endlose Debatte, die Jahrzehnte währte und die mit einer Schadensbilanz begann, um schließlich in konkrete Ziele und Arbeiten zu münden.

Wasser, aber auch Abwässer und Abgase der nahe gelegenen Industrie zerstörten langsam, aber stetig fortschreitend Jahr für Jahr unwiederbringliche Kunstwerke. Der damalige Leiter des venezianischen Denkmalamtes schätzte schon vor etwa drei Jahrzehnten, daß jährlich durchschnittlich sechs Prozent der Marmorskulpturen zerstört, Fresken, Möbel und andere wertvolle Einrichtungsgegenstände gegen fünf Prozent vernichtet würden, und drei Prozent an Bildern verlorengehe. Erschütternde Zahlen. Die Restaurierung von Einzelwerken kam sehr rasch in Gange, wobei auch die Erkenntnis wuchs, daß Einzelrestaurierungen zu wenig sind und daß Viertel um Viertel von Grund auf erneuert werden muß. Was auch geschieht. Bei vielen Palazzi wurden als Interimslösung kanalseitig Betonbarrieren, auch aus anderen Materialien, hochgezogen, um das Eindringen des regelmäßig wiederkehrenden Hochwassers zu verhindern.

Nach der großen Flut schilderte mir ein Hotelier, wie sein Hotel, unweit vom Markusplatz, verwüstet wurde. In das ohnehin schon erhöht gebaute Hotel strömte 96 Zentimeter hoch das Wasser. Der Empfangschef amtierte im Mezzanin, die Gondeln fuhren bis an den Fuß der Treppe.

Das Hochwasser von 1966 hat, wie man heute sehen kann, einen heilsamen Schock ausgelöst. Es war nicht möglich, einfach wieder zur Tagesordnung überzugehen. Hinzu kommt eine stete Mahnung: In rascher Folge wird die Lagunenstadt vom Hochwasser heimgesucht. Nicht so dramatisch wie im November 1966, doch in regelmäßiger Folge gab es noch Wasserstandsmarken von 1,25 Meter, 1,40 bis zu 1,66 Meter. Zusätzlich aber werden die Menschen entnervt durch die ständigen kleinen Hochwasser, die einen Teil der Straßen und Plätze unpassierbar machen. Bei einem Hochwasser von 1,40 Meter ist fast die ganze Stadt überflutet, ab 1,50 Meter ist sie unpassierbar. Eine solche Überflutung dauert etwa sechs Stunden. „Das Hochwasser ist unser beständiger Gast“, sagte der Bürgermeister. Bei sechzig Zentimeter Hochwasser beginnt die Überflutung, bei siebzig Zentimeter ist auf der Piazza San Marco bereits Hochwasser, wobei dieser Zustand im Lauf der Jahrzehnte immer öfter aufgetreten ist.

Am 5. November 2001 erreichte das Hochwasser mit 1,24 Meter wieder einen Jahresrekordstand. Das wiederholte sich auch im November 2002. Als der Regionalpräsident erklärte, die Stadt gehe nicht nur an den Wassermassen zugrunde, sondern die Bugwellen der Motorboote würden ebenfalls Schäden an den Gebäuden und Uferböschungen verursachen, verhängte die italienische Regierung Umweltnotstand für die Lagunenstadt: Sie ermächtigte die Stadtverwaltung, den Bootsverkehr in den Kanälen einzuschränken. Doch die Stadt ist mit Motorbooten überfüllt.

Schon 1937 hatte das römische Parlament das erste Spezialgesetz zur Rettung Venedigs beschlossen. Nicht zu vergessen sind viele Hilfsaktionen, vor allem auch der UNESCO, aber auch vieler Konzerne oder privater Organisationen, die gezielt Einzelobjekte sanierten und noch immer sanieren. Gesetz um Gesetz folgte, doch erst seit dem 1973 angelaufenen staatlichen Sonderprogramm sind in wirklich großem Maßstab Gelder für Restaurierungszwecke in die Stadt geflossen. Als ehrgeizigstes Projekt hatte schon vor mehr als dreißig Jahren Professor Guido Ferri von der Universität Padua, ein Wasserbaufachmann internationalen Ranges, den Auftrag erhalten, die Möglichkeit einer Sperre der drei Öffnungen der Lagune zum Meer hin zu untersuchen. Zwischen Obstplantagen in der Poebene bei Voltabarazzo bauten Techniker im Maßstab 1:250 in einer Größe von rund 350 zu 200 Meter ein naturgetreues Modell der Lagune, um zu studieren, wie Schleusen Venedig retten könnten.

Die Politik bemächtigte sich des Themas, Bürgerinitiativen entstanden wie das Komitee „Rettet Venedig!“, oder die Gruppe „I Blu“, die Blauen, als Zeichen dafür, daß Wasser und Luft wieder blau werden sollen. Als schließlich das Projekt „MOSE“ entstand – jener Plan, mit Schleusen die Lagune sperrbar zu machen –, verschärften sich die Gegensätze. Trotz aller Auseinandersetzungen – ernstzunehmenden, aber auch bloßen Polemiken – kam es ab dem Jahr 1984 zur Erlassung von Sondergesetzen, um Venedig nicht nur zu erhalten, sondern den Zustand in baulicher Hinsicht, aber auch die Lagune selbst entscheidend zu verbessern, die Zukunft zu planen – und die Lagune und ihre Stadt vom Meer her zu schützen. Dem Ministerium für öffentliche Arbeiten/Venezianische Wasserbehörde wurde das Consorzio Venezia Nuova zugeordnet, in dem private Unternehmungen zusammengeschlossen sind, um die gesamte

Planung und Durchführung der Rettung Venedigs zu realisieren. Seit der zweiten Hälfte der achtziger Jahre des 20. Jahrhunderts erarbeitete das Consorzio die Maßnahmen, die zu treffen sind und die mit dem Spezialgesetz für Venedig Nr.139/92 – also im Jahr 1992 – als Referenz für die Arbeiten und die Finanzierung beschlossen wurden. Damit lag ein Generalplan für die Maßnahmen vor.

Venedig ist nun seit Jahren mit einer neuen Silhouette zu sehen: mit Baukränen. Und das wird wohl noch Jahrzehnte so bleiben. Unübersehbar ist die rege Bautätigkeit in der Lagune, auf den Inseln und in der Stadt.

Um aber diesen Generalplan herzustellen, mußten die verschiedenen Ursachen erforscht werden. Die Gründe für die Situation, daß Venedig als sterbende Stadt betitelt wurde, sind vielfach, und zwar hausgemachte, also selbst verschuldete, wie auch klimatologische Gründe internationalen Ranges.

Im Jahre 1925 entstand die Industriezone in Porto Marghera vor Mestre und begann zu wachsen, nach dem Zweiten Weltkrieg, im Jahr 1953, fing der großzügige Ausbau der immer mächtiger werdenden Industrie am Rand der Lagune und auf dem Festland an. Tausende Menschen fanden Arbeit, für Venedig bedeutete die Industrie ein neues Aufblühen der Wirtschaft und des Handels, die im 19. Jahrhundert völlig zum Erliegen gekommen waren. Um der Industrie die Verbindung zum Meer zu schaffen, wurde schließlich eine Schiffahrtsrinne entlang der Giudecca, passierbar für Großschiffe, ausgebaggert. Die „Stazione marittima“ von Venedig erreichte stolze Erträge im Frachtumschlag. Ein weiterer Ausbau der Industriezone schließlich ließ Bauten in die Lagune selbst hineinwachsen.

Die drastische Vertiefung der Fahrrinne und die Betonmauern der Lagunenränder veränderten jedoch das ökologische Gleichgewicht. Vorher konnten schwimmende Inseln und auslaufende Uferränder in die Lagune strömendes Wasser aufnehmen, nun aber prallte das Wasser ab. Etwas sehr Wesentliches kam hinzu: Die Industrie entnahm Frischwasser für ihren Bedarf aus artesischen Brunnen unterhalb der Lagune. Experten sagten, hier liege einer der Gründe des millimeterweisen Absinkens Venedigs. Und hinzu kam die Verschmutzung des Wassers, ja eine Verseuchung der Lagune. Sehr bald war im Hochsommer gegen das Festland zu eine Laguna morta, tote Lagune, zu sehen, wenn der Wasseraustausch mit dem Meer in den Schönwetterperioden versagte und Fische und Algen starben. Aus den Schloten der Fabriken gelangten Schadstoffe wie etwa Schwefeldioxyd, die den Stein der Bauwerke zerstörten; durch chemische Umwandlung ergibt sich Schwefelsäure, aus Marmor wird Gips, der sich durch Wassereinwirkung langsam löst.

Die Lagune selbst ist nicht einfach eine einzige Lagune, sondern ein Gebiet, in dem sich verschiedene Milieus befinden. Die Struktur des Lagunensystems setzt sich aus Untiefen, Velmen, Barenen, Inseln und einem Netz aus Kanälen zusammen. Mit den Küsten und Buchten bildet das zusammen eine eigene Welt, eine Landschaft, die sich auch nach der Höhe der Gezeiten und auch in den verschiedenen Monaten verändert. Velme sind jene Untiefen, die bei Ebbe zutage treten, also zu sehen sind. Barene sind flache Sandbänke über der Wasseroberfläche, die nur von großen Fluten überschwemmt werden. Sie werden von Kanälen mit geringer Tiefe, den Ghebi, durchzogen.

Einerseits gab die Lagune den Menschen Sicherheit gegen Feinde, da sie deren Abwehr leichter machte. Andererseits aber bestand immer die Tendenz zur Verlandung der Lagune, die nun der Mensch durch seine Eingriffe drastisch beschleunigte. Die Gefahr, daß die Lagune zu einem bloßen Meerbusen wird, war gegeben. Schon 1604 hatte Venedig die Mündung des Po verlegt, die Zuflüsse der Piave und der Brenta so gestaltet, daß die Verlandung der Lagune durch Schwemmaterial aus den Flüssen verhindert wurde. Doch heute kommt die Erosion vom Meer, und die Lagune ist salziger und schmutziger geworden.

Zudem war ein Phänomen festzustellen: Der Meeresspiegel hat sich seit 1908 um 23 Zentimeter erhöht. Fachleute sagen, die Erhöhung betrage „nur“ 11 Zentimeter, doch das venezianische Becken habe durch die Wasserentnahme für die Industrie eine Senkung von 9 Zentimeter erfahren, wodurch sich eben die Gesamterhöhung von 23 Zentimeter ergebe.

Das stimmt mit internationalen Studien durchaus überein, wonach der Meeresspiegel schneller steigen wird als vorhergesagt. Gletscher und Polkappen seien im vergangenen Jahrhundert deutlich geschmolzen, und der Eisrückgang habe sich seit 1988 stark beschleunigt. So hieß es im Februar 2002 bei der weltgrößten Forschertagung der Amerikanischen Gesellschaft zur Förderung der Wissenschaften in Boston. „Die Rate des Eisverlustes hat sich seit 1988 mehr als verdoppelt“, teilte der Geologe Mark Meier von der Universität Colorado mit. Allein die Eisschmelze könne in diesem Jahrhundert den Meeresspiegel um mindestens 20 Zentimeter erhöhen.

Derzeit meldet Venedig im Durchschnitt achtzig Mal im Jahr Acqua alta, also Hochwasser. Ein Team, der Archäologe Albert Ammerman und der Geologe Charles McClennen, erforschten auf Grund von Ausgrabungen und Bohrungen, daß, so ihre Meinung, der Meeresspiegel pro Jahrhundert um 13 Zentimeter gestiegen sei. Hinzu komme noch einmal eine Erhöhung, die von der Erwärmung der Erdatmosphäre ausgelöst sei. Gerade Ausgrabungen haben ergeben, daß die Venezianer seit Jahrhunderten ein probates Mittel haben: Sie verstärkten die Fundamente, damit erhöhten sie das Niveau des Bodens. Genau diese Methode wendet das Consorzio Venezia Nuova an. Und wird dafür angefeindet. So meint zum Beispiel die technische Forschungsgruppe „GEO di Ottavio Spagnuolo“, daß Venedig nicht versinke, es befinde sich tatsächlich nach zweitausend Jahren Geschichte in derselben Höhenmessungslage. Die hydraulischen Veränderungen seien von den Menschen in der Lagune geschaffen worden. Man könne die besorgniserregende Situation der Stadt Venedig beseitigen, indem man die alten Inseln außerhalb der Hafeneingänge wieder aufbaue. Das Projekt „MOSE“ unterliege einer Täuschung, was mit technischen Schwierigkeiten beim Schließen der Schleusen im Falle eines Hochwassers begründet wird. Für die Verantwortlichen bleibt jedoch der Bau der Schleusen das entscheidende Vorhaben zur Rettung Venedigs. Die Rettung Venedigs und seiner Lagune gilt nach dem Gesetz seit 1973 als „vorrangiges nationales Interesse“. Nach so vielen Jahren der Diskussion und der Planungen soll nun die Realisierung erfolgen. Die Hochwasser geben den entsprechenden Druck. Waren sie auch nicht so hoch wie am 4. November 1966 mit 1,94 Meter, so geben die Zahlen doch erschreckende Werte an, etwa Dezember 1979 mit 1,66 Meter, Februar 1986 mit 1,59 Meter und November 2000 mit 1,44 Meter, um noch einmal nur einige der drastischen Zahlen herauszuheben.

Das Projekt „MOSE“ sieht nun vor, bei den drei Eingängen in die Lagune – Lido, Malamocco, Chioggia – Schleusen zu bauen, die bei Hochwassern einen kompletten Schutz vor Überschwemmung gewähren sollen. Diese Schleusen, zwischen 250 und 350 Tonnen schwer, sind als riesige doppelseitige Stahlbehälter anzusehen, die mit Wasser gefüllt am Boden der Eingänge liegen und dort auch verankert sind. Sie sind zwanzig Meter breit und maximal dreißig Meter (Malamocco) hoch. Wird das Wasser durch Druckluft geleert, stehen die Schleusen auf. Der maximale Höhenunterschied zwischen dem Hochwasser des Meeres und der Lagune soll zwei Meter betragen. Die Schleusen sollen automatisch geschlossen werden, wenn das Hochwasser einen Meter erreicht, was derzeit durchschnittlich sieben Mal im Jahr der Fall ist. Vorarbeiten wurden schon geleistet, denn während die Schleusen geschlossen sind, müssen Fischerboote und kleinere Motorschiffe dennoch einen Weg finden, um in die sichere Lagune zurückkehren zu können. Das Projekt „MOSE“ wird mit bis zu 3,5 Milliarden Euro angegeben und soll innerhalb von zehn Jahren zu realisieren sein.

Was aber geschieht mit den Hochwassern bis zu einem Meter? Die Antwort darauf gibt das Consorzio Venezia Nuova bereits seit längerem. Es werden die Fondamente, die Kais, systematisch erhöht, die Inseln geschützt, und hier ist bereits sehr viel gebaut worden oder aktuell im Bau. Gleichzeitig aber werden die veralteten Abwasserkanalsysteme erneuert, und so ist seit Jahren in Venedig, in allen Stadtvierteln, immer wieder ein stillgelegter Kanal zu sehen, in dem gearbeitet wird. Damit nicht genug, wird auch versucht, das ökologische System der Lagune wieder in ein Gleichgewicht zu bringen. Es werden Wasserpflanzen ausgesetzt, werden Fischreviere erneuert, Muschelbänke gesetzt.

Die Industriezone Marghera ist in ein Sonderprogramm genommen worden, um Abwässer zu verhindern, Deponien zu sanieren, die Wasserentnahmen aus der Lagune zu stoppen. Die Industrie wurde verpflichtet, diese Maßnahmen mitzufinanzieren. Vor allem geht es darum, die Insel Tresse vor Porto Marghera zu sichern, denn hier war eine Giftquelle gigantischen Ausmaßes entstanden. Auf der kleinen Insel wurden Schlacken und Industrieabfälle abgelagert, die Insel wurde größer und größer. Dieses gesamte Areal wird durch Betonmauern umschlossen und gesichert, und soll schließlich begrünt werden; andere Deponien werden entsorgt. Gefahrenstoffe werden dabei ausgehoben oder zumindest isoliert.

Solche Giftmülldeponien gibt es zwischen der Lagune und dem Festland bei der Eisenbahn- und Autobrücke. Überhaupt ist diese Gegend beidseits der Zufahrt zur Serenissima ein eher bedrückend anzusehendes Gebiet. So entstand das Projekt, Venedig ein neues Entree zu schaffen. Eben die Giftmülldeponien, verschiedene Lagerstätten usw. wegzubringen, um Freizeitanlagen wie Tennisplätze, Bäder, Parks, Hügel mit Spazierwegen, gastronomische Stätten zu schaffen. Es wird versucht, eine Mitfinanzierung durch die Europäische Union zu erreichen. Das gilt auch für ein weiteres Projekt, nämlich von Tessera, dem Flughafen Venedigs, über Mestre nach Venedig eine Tram auf Gummirädern zu erbauen, um nicht nur den Fremdenstrom, sondern vor allem den Pendlerverkehr zu kanalisieren. In Venedig Tätige pendeln von Mira, Dolo, die ganze Brenta entlang und von Mestre aus in die Stadt. Eine weitere Initiative, die bereits genehmigt ist, ist das Projekt des weltbekannten Architekten Calatrava, nämlich eine vierte Brücke über den Canal Grande zu errichten, und zwar einen aus Glas und istrischem Stein bestehenden Bau, der die Piazzale Roma mit der Ferrovia verbinden wird.

Eine Idee, die jüngst geboren wurde, wäre die Umgestaltung des Piazzale Roma, wobei Autobusse – deren Insassen seit dem 1. März 2002 drei Euro für den Venedigbesuch zahlen müssen – ausschließlich auf dem Tronchetto, der künstlichen Parkinsel, halten sollen. Der doch lange Weg vom Tronchetto zur Piazzale Roma soll dann durch einen Rollteppich erleichtert werden.

Ob die in Form einer Studie vorgelegte Idee, Venedig vom Flughafen Tessera über das Arsenal mit dem Zentrum durch eine U-Bahn zu verbinden, jemals Wirklichkeit wird, steht in den Sternen. Das ist nicht nur eine Frage politischer Entscheidungen, sondern weit mehr wohl noch der möglichen Gefährdung der Stadt und ihres komplizierten Unterbaues.

Eine weitere Idee, die sehr ernsthaft diskutiert wird, wäre ein Tunnel mit einem Rollteppich von San Marco zur Giudecca. Wenn man weiß, wie lange solche Ideen brauchen, bis sie studiert, diskutiert, politisch motiviert und zerredet werden, kann man sich jedenfalls noch lange freuen, mit dem Schiff oder dem Boot überzusetzen. Jedenfalls ist den meisten Politikern, aber auch interessierten Venezianern klar, daß eine Synthese zwischen der alten Stadt und der Industrie gefunden werden muß. Immer wieder hörte ich bei meinen Recherchen die Feststellung, man habe den Tourismus, aber man brauche als zweites Standbein die Industrie, um den Großraum Venedig lebensfähig zu erhalten. Schließlich besitzt der Seehafen Tradition. Vor Jahrhunderten schon entsandte die Republik von San Marco ihre Schiffe bis in den Orient. Das Gesicht dieser Schiffahrt hat sich zwar gewandelt, doch die Chance Venedigs als Handels- und Wirtschaftszentrum besteht. Es ist einseitig, wenn von verschiedenen Seiten Venedigs Industrie pauschal verdammt wird. Ist es doch venezianischer Handelsgeist, der in gewandelter Form neuerlich aufbricht, um der Lagunenstadt das Tor in die Zukunft zu sichern.

Doch der wache Sinn eines Kaufmannsvolkes hat den Nachfahren eines Staates von Seehändlern bis heute den Blick für die Realität erhalten: Nach wie vor gilt es, große Ziele anzupeilen, doch das tägliche Leben darf darüber nicht vergessen werden.

Die Lagunen waren einst, wie eine alte Urkunde besagt, „die heiligen Mauern des Vaterlandes". Die Lagune war für Venedig Mauer und Festung, die Stadt selbst war nach allen Richtungen geöffnet. Um diese Öffnung nach allen Seiten geht es den Venezianern unserer Zeit: Fremdenverkehr, Großindustrie, Handel, Kunstindustrie und Kunsthandwerk, Museen und Menschen dieser Stadt, alle müssen zusammenarbeiten, um Venedig auch als Weltzentrum der Kultur und des Tourismus zu erhalten.

Warum die Fremden alle kommen? Wenn ich selbst mich frage, warum ich wieder und wieder nach Venedig fahre, warum mich diese Stadt stets neu in ihren Bann schlägt, dann muß ich sagen: Es sind die Spaziergänge durch die Stadt, das Bummeln durch die Gassen, über die Brücken, das unbeschwerte Schauen, das Erlebnis dieser wunderschönen schmalen Wege, überdeckt von Spitzbögen, die sich zu einem Campiello oder Campo öffnen, die versehen sind mit vorgetäuschten Fassaden, hinter denen sich nichts als eine unscheinbare Gasse befindet, nur um einem Palazzo den richtigen Rahmen zu geben. In einer Trattoria zu sitzen, um sich an den Köstlichkeiten Venedigs und den Weinen seiner Region zu erfreuen. Oder der Besuch der Ca' Rezzonico, der so unmittelbar in das Leben einer Patrizierfamilie führt; oder das Erlebnis der Kunstwerke. Es gibt noch viele Gründe Venedig wieder zu besuchen. Noch viel mehr: Es gibt auf dieser Welt so viele schöne und schönste Plätze, Naturschönheiten, Landschaften, denen der Schöpfer seinen unvergänglichen Stempel aufprägte, Schönheiten, die aber von Natur aus gegeben sind – Venedig ist ihnen allen unvergleichlich. Die Pracht, die den Menschen hier umgibt, ist von Grund auf und ausschließlich das Werk von Menschen. Menschenwerk – im Glanze unvergleichlicher Lichter. Diese Lichter Venedigs! Sie sind das Ergebnis einer unentwegten Hochzeit zwischen Himmel und Wasser. Veränderlich wie sie, schaffen die Reflexe des Himmels und des Wassers stetig eine neue Stadt, die sich bei jedem Öffnen des Augenlides wandelt, bei Tag und Nacht, im Sonnenglanz und erst recht im Schein des Mondes und der Sterne. Es ist ein glanzvolles Funkeln, ein schwirrendes Licht auf dem Becken von San Marco, auf dem Canal Grande, den vielen kleinen Adern dieser Stadt und ihrer Inseln.

Venedig, die vollendete Symphonie menschlichen Wirkens, gepaart mit dem Walten der Natur.

SPEZIELL FÜR IHREN VENEDIG-BESUCH

Das Reisen ist ein Handwerk: Wer es am besten beherrscht, den freut es am meisten.

William Somerset Maugham

Venedig ist eine so ungewöhnliche Stadt, daß man sich gar keine rechte Vorstellung von ihr machen kann, wenn man sie nicht wirklich gesehen hat. Landkarten, Pläne, Modelle und Reisebeschreibungen genügen nicht: Man muß sie sehen. Die großen Städte der Welt sind einander mehr oder weniger ähnlich – Venedig gleicht keiner von ihnen. Wann immer ich sie nach langer Abwesenheit wiedersehe, bin ich aufs neue überrascht. Je älter ich wurde, je mehr Kenntnisse ich mir aneignete und je mehr Vergleichsmöglichkeiten ich hatte, um so mehr Schönheiten entdeckte ich in ihr.

Carlo Goldoni, Memoiren

Heiter oder traurig, von der Sonne beschienen oder düster, rosig rot oder blaß, lachend oder dunkel drohend – Venedig ist ein einziges, beständiges Kaleidoskop, eine einzigartige Mischung gegensätzlichster Eindrücke – eine Perle, möchte ich fast sagen, in einer dunklen, lärmenden Fassung. Venedig – wie eine Zauberin betörend! Es nimmt einen im Augenblick gefangen, fasziniert.

Charles Gounod, Mémoires d'un Artiste

Wie so oft schlürfte ich auf dem Markusplatz meinen Cappuccino. Teurer bezahlt als in irgendeiner Seitengasse, das war mir bewußt. Aber eine vergnügliche Stunde auf dem Markusplatz gehört nun einmal zu den schönen Stunden unseres Daseins. Ich war mit den Gedanken gerade bei Ihnen, sehr verehrte Leserin oder geehrter Leser, bei Ihnen vor allem, Sie armer Mensch – und doch: Sie glücklicher Mensch, der Sie Zeit haben, einen Tag in Venedig zu verbringen. Arm, weil Sie eben nur diesen einen Tag für diese Traumstadt zur Verfügung haben, glücklich jedoch, weil Sie überhaupt nach Venedig kommen. Darf ich Ihnen raten: Versuchen Sie nicht, alles, was diese Stadt bietet, auf einmal einzufangen, Sie verlassen Venedig ansonsten gänzlich erschöpft, mit Ohrensausen und dem Gefühl, nie etwas Anstrengenderes unternommen zu haben. Vermutlich reisen

Sie sogar mit Kindern, so Sie Familie haben, da wird dieser eintägige Besuch von irgendeinem Badeort aus noch anstrengender und problematischer. Ich kann Ihnen bloß raten, teilen Sie diesen Tag und gönnen Sie sich und der Familie Ruhepausen. Der große Einschnitt ist die Gondelfahrt. Sie ist nicht kitschig, und das leichte Wellengeschaukel werden Sie überwinden. Es ist für die Kinder ein Vergnügen, und Ihnen bietet sich die Stadt in einer Perspektive dar, die Sie weder vom Campanile noch vom Markusplatz noch von einer der Brücken oder Gassen und auch nicht vom Liniendampfer her erhalten. Nur vom ledergepolsterten Sitz der Gondel aus sehen Sie die Paläste in ihrer richtigen Proportion, sind Sie nahe genug dem Wasser, um das Spiel von Licht und Schatten verfolgen zu können. Wenn Sie vom Großen Kanal abbiegen in das Gewirr der Seitenkanäle, und der Gondoliere das lange Boot elegant um noch so schmale Windungen des Kanals manövriert, mit einem langgezogenen Ruf sein Kommen ankündet und auf Zentimeterbreite das Boot durch Brücken und um Hausecken lotst, ohne auch nur einmal die Hauswand zu berühren: Plötzlich strahlt Ihnen ein von der Sonne grell beleuchteter Teil eines versteckten Palazzos entgegen, dessen andere Hausseite völlig im Schatten liegt, und gerade dieses Spiel bietet einen unaufhörlichen Reiz und verflicht das Bild Venedigs zu einem farbenfrohen Mosaik.

Ich habe versucht, Ihnen ein Reisebegleiter zu sein, mit Ihnen die Lagunenstadt zu erleben, ein Erlebnis zu vermitteln, das Sie wiederkommen läßt, denn nur dann, wenn Sie das Gefühl haben: ich muß wieder zurück in diese Königin der Adria, dann haben Sie die Stadt für sich selbst erobert. Auch wenn es nur ein Tag war, ja wenn es nur wenige Stunden waren. Nicht die Zeit ist maßgebend, sondern die Bereitschaft, mit der Sie das Fluidum dieser Stadt aufnehmen, mit der Sie sich dieser Stadt hingeben – um ihr zu verfallen. Das ist aus der Überzeugung eines Venedigpilgers geboren, der jahrzehntelang wieder und wieder diese Stadt besuchte, um ihr stets neu zu begegnen.

> Venedig! Es ist eine wahre Freude, das Wort hinzuschreiben – aber ich bin nicht ganz sicher, ob es nicht eine Kühnheit ist, ihm noch etwas hinzuzusetzen ... Ich schreibe diese Zeilen im Vollbewußtsein, nichts Neues mitteilen zu können, ich kann nicht vorgeben, den

> Leser aufklären zu wollen: Alles, was ich tun will, ist, sein Gedächtnis aufzufrischen… Es ist jedoch nicht verboten, von vertrauten Dingen zu sprechen, und ich glaube, daß für den echten und wahren Venedig-Enthusiasten Venedig immer und unter allen Umständen ein anziehender Platz bleibt.
>
> *Henry James, Portraits of Places*

Für Sie ist Venedig keinesfalls neu, den Sie haben sich nun durch Venedig „hindurchgelesen", Altvertrautes gefunden oder auch – hoffentlich – neue Eindrücke gewonnen. Venedig nimmt im klassischen Reiseland Italien einen besonderen Rang ein.

Italien selbst liegt international gesehen in der Spitzengruppe des Tourismus. Nach einer Statistik des Tourismus-Assessorates der Gemeinde Venedig – Stand vom Oktober 2001; auch die folgenden Tourismuszahlen sind dieser Statistik über die Touristenströme entnommen – besuchten 41 Millionen Touristen Italien. Übertroffen wurde Italien von Frankreich mit 75 Millionen, den USA mit 53 Millionen und Spanien mit 49 Millionen Touristen. Im Jahr 2000 besuchten von den Italienurlaubern rund 11,5 Millionen die Region Venetien und brachten es auf fast 55 Millionen Nächtigungen. Davon waren 17 Prozent Deutsche und fast 6 Prozent Österreicher. Venedig selbst verzeichnete im Jahr 2000 rund 3,3 Millionen Ankünfte von Touristen und 11,5 Millionen Nächtigungen; diese Zahlen umfassen das historische Zentrum, den Lido, Mestre und Cavallino. Für das „Centro storico", den Lido und Mestre allein gab es mehr als 5 Millionen Nächtigungen, woraus zu ersehen ist, daß rund 6 Millionen Nächtigungen allein auf Cavallino entfallen, was auch verständlich ist, weil dort die klassische Urlaubsregion mit lang währenden Aufenthalten beginnt, während Venedig selbst doch eher kürzere Aufenthalte sieht. Jedoch bordet in Venedig der Tagestourismus über, der offiziell mit 8 Millionen Menschen angegeben wird, wobei manche Schätzungen noch wesentlich höher ausfallen, sogar bis 10 und 12 Millionen Tagesbesuchern.

Sollten Sie an einem der Adriaorte oberhalb der Lagune Venedigs Ihren Urlaub verbringen, so lassen Sie es sich nicht entgehen, nach Punta Sabbioni zu fahren und von dort mit dem Schiff direkt nach San Marco überzusetzen. Kommen Sie mit der Eisenbahn, so fährt die Bahn von Mestre über die 3.600 Meter lange Lagunenbrücke – und Sie sind schon direkt am Canal Grande. Parallel zur Eisenbahnbrücke, gleichfalls 3.600 Meter lang, führt über 228 Brückenbögen die Autostraße zum Piazzale Roma, wo neben weiten Flächen von Parkplätzen – sollte auf dem Piazzale selbst kein Parkplatz zu finden sein, so gibt es noch am Tronchetto, dem Überfahrdienst zum Lido, Parkflächen – auch die zwei Großgaragen stehen: die der AGIP mit zehn Hallen und zwei Terrassen für 2.500 Autos, und die Garage San Marco mit sieben Salen, einer Terrasse und dem Fassungsraum von 550 Kraftwagen. Wenn Sie die Garage benützen, wird man schon bei der Einfahrt versuchen, Sie auf eine der Terrassen – sprich: Dächer – zu lotsen, wo die Autos der prallen Sonne ausgesetzt sind. Parken müssen Sie jedenfalls, denn der Piazzale Roma ist absolut der Endpunkt für die Autofahrt. Da erzählte mir übrigens vor Jahren ein Bekannter, ein Freund habe ihm berichtet, er sei in Venedig gewesen. Auf die Frage, wie es ihm gefallen habe, zuckte der biedere Mann die Achseln und meinte, er verstehe nicht, was die Leute doch so schwärmten, er sei mit seinem Auto einmal durchgefahren und habe nichts weiter entdeckt, als eben wieder viele Autos, die auf einer Insel stünden. Weiter war der gute Mann nicht gekommen. Ist Venedig wirklich vollgeparkt, so gibt es auf dem Festland auch noch die Terminals von Fusina und San Giuliano mit genügend Parkflächen.

Es gibt nun mehrere Möglichkeiten, die Stadtmitte zu erreichen, nämlich mit dem Linienschiff, dem Vaporetto, der Linie 1 vom Piazzale Roma über die Bahnstation – Ferrovia –, den ganzen Canal Grande entlang bis San Zaccaria beim Markusplatz. Mit der Linie 82 ist es möglich, von Parkhäusern und Bahnhof ebenfalls den Canal Grande entlang bis zur Station Vallaresso zu gelangen, das ist die Station vor den Prokuratien des Markusplatzes. Mit dieser Linie ist es aber auch möglich, die Fahrt in das Zentrum durch den Canal entlang der Insel Giudecca anzutreten. Wenn Sie länger in Venedig weilen, so ist die Fahrt mit den Linien 41 und 42 (mit oder gegen den Uhrzeigersinn, also links oder rechts herum) empfehlenswert, denn so umrunden Sie das ganze historische Zentrum, umfahren die Insel Murano, um wieder zurückzukehren. Und noch eine Linie ist anzuraten, nämlich von den Fondamente Nuovo über Murano, Mazzorbo nach Burano – eventuell auch Torcello –, Treporti, Punta Sabbioni und den Lido zurück in das Becken von Venedig, womit Sie wiederum direkt im Zentrum sind.

Doch zurück zum Piazzale Roma. Es steht natürlich nichts im Wege, daß Sie sich ein Motortaxi oder eine Gondel mieten. Doch ist es auf jeden Fall zu empfehlen, den Preis vorher für jede Person und für jedes, auch das kleinste Gepäckstück, festzulegen. Schließlich können Sie natürlich auch zu Fuß gehen, was für einen der Wege, den Hin- oder den Rückweg, zu empfehlen ist. Besser ist es, Sie marschieren nach einem Stadtplan, den Sie sofort erstehen, und zeichnen die Route ein. Vom Bahnhof: Lista di Spagna, Via 28. Aprile, Campo San Bartolomeo bei der Rialtobrücke, Mercerie, Markusplatz. Vom Piazzale Roma: Giardini Papadopoli, Campo dei Frari – gleich können Sie die Frari-Kirche besuchen; daneben liegt die Scuola San Rocco mit den Meisterwerken Tintorettos –, Campo San Polo, Rialto, Mercerie, Markusplatz.

Mit dem Fußmarsch haben Sie schon den zweiten Hauptprogrammpunkt erfüllt, denn Sie erleben auf jeder der beiden Routen ein Stück unverfälschten Venedigs. Aber es ist ein strapazvoller Weg, ermüdend durch die vielen Winkel und Ecken, durch die Unzahl von Brücken, weil der Weg treppauf, treppab irrgartengleich zum Ziel führt. Mit kleinen Kindern ist er wohl zu anstrengend, da ist es besser, entweder nur bis zur Rialtobrücke zu gehen und von dort nach San Marco zu fahren oder umgekehrt bis zum Ponte Rialto zu fahren und das letzte Stück zu gehen, was auch seinen Reiz hat, weil das Viertel zwischen Rialto und San Marco, vor allem die Mercerie, eine Fülle von Geschäften beherbergt, deren Auslagen eine Augenweide sind.

> Ansichtskarte. Markusplatz in Venedig. Fräulein Lilly Käsebier an stud. jur. Max Krüger, Berlin.
>
> Venezia, 15. Febbraio
>
> Venedig ist wahnsinnig echt.
>
> Lilly
>
> *Ludwig Thoma, Käsebiers Italienreise*

Sie werden auf Ihrer Wanderung sicher vielen solchen Käsebiers begegnen. Lassen Sie gelassen diese „wahnsinnige Begeisterung“ über sich ergehen, kümmern Sie sich nicht um die Herde, denn Sie sind, selbst wenn Sie zum ersten Mal venezianischen Boden betreten, schon ein Venedigkenner. Sie wissen so viel über Vergangenes und Gegenwärtiges, über das Kulturgut der Stadt, über ihre Sorgen und über ihre Menschen, daß Sie nur mehr offenen Auges schauen müssen. Mir ist das Schauen stets wertvoller als das unentwegte Nachlesen in einem Führer. Was Sie interessiert, können Sie später immer noch nachlesen. Ich finde dies unentwegte Schauen und Lesen zu ermüdend.

Darf ich versuchen, Ihnen behilflich zu sein, einen Tag, drei Tage und schließlich einen längeren Urlaub in Venedig zu verbringen? Ja? Danke!

EINEN TAG VENEDIG

Vielleicht haben Sie ganz spezielle Interessen, Sie wollen sich vor allem die Bilder venezianischer Maler ansehen oder ausschließlich die Mosaiken der Markuskirche studieren, dann haben Sie ja schon Ihren festen Plan. Aber auch dafür darf ich ein paar Tips geben, die grundsätzlich zu beachten sind. Was bin ich doch von Kirche zu Kirche gerannt, um da einen Tiepolo, dort einen Tintoretto oder Veronese zu sehen! Und wie war ich oft enttäuscht, weil so viele Bilder nicht genügend gutes Licht erhalten. Nur wer viel Zeit hat, sollte dies tun, jedoch keinesfalls an einem trüben Tag, denn dann ist überhaupt nichts zu sehen. Das gilt allerdings auch für Besuche in den Museen oder im Dogenpalast, denn nicht alle Bildwerke sind ausgeleuchtet, sodaß ein wolkenverhangener Himmel den Genuß mindert. Für den Malerfreund ist jedenfalls ein Besuch der Akademie lohnend, weil dort in einer Fülle zusammengetragen ist, was er ansonsten verstreut suchen muß. Vielfach gibt es in Kirchen inzwischen schon Beleuchtungsanlagen, die über einen Münzautomaten gesteuert werden. Sie sollten daher möglichst viele 50 Cent-Münzen haben.

Einen Tag Venedig: Dieser Tag soll ja doch ein Festtag sein und nicht mit einem Katzenjammer enden. Die Fahrt durch den Großen Kanal hat Sie in die richtige Hochstimmung versetzt. Nun sind Sie schon nahe dem Markusplatz. Gehen Sie doch schnurstracks zum Campanile und fahren Sie mit dem Aufzug auf die Aussichtsplattform. Damit ist der Gesamteindruck abgerundet, und erst jetzt sollten Sie sich Details zuwenden, also vor allem der Markuskirche. Hinter dem Hauptaltar – unter dem der Steinsarkophag mit den Gebeinen des heiligen Markus zu sehen ist – sind die juwelengeschmückte Pala d'Oro und die Sakristeitür zu beachten, wie überhaupt das Gesamtwerk der Mosaiken. Haben Sie Lust und Zeit, dann sollten Sie zu den Pferden auf die Balustrade hinaufgehen, auch wenn es nur mehr die Kopien der Originalpferde sind. Die Schatzkammer ist für den eintägigen Besuch schon zu viel. Jetzt wird es aber Zeit zu einer Erholungspause auf dem Markusplatz! Messen Sie diese Zeit nicht zu kurz, denn Sie sind nun selbst Statist, ja Mitwirkender in diesem größten Saal der Welt. Und wenn Sie kurz die Augen schließen, dann zieht das Panorama der Geschichte an Ihnen vorüber. Ein paar Schritte in die Seitengassen führen Sie zu irgendeiner Trattoria, die allesamt verhältnismäßig teuer, aber gut sind. Und dann kommt die Gondelfahrt. Ja, Sie müssen mit der Gondel fahren, selbst wenn Sie keine Kinder dabei haben, die ohnehin schon seit Stunden quengelnd danach verlangen.

Sie haben noch nie die Glaserzeugung in Murano gesehen? Sie brauchen auch nicht nach Murano zu fahren, denn in dem Viertel um den Markusplatz gibt es Werkstätten, in denen die Kunst der Glasmacherei vorgeführt wird. So Sie Venedig im Hochsommer besuchen, werden Sie auch in Murano selbst nicht mehr sehen, denn dann sind dort nur Schauöfen in Betrieb, weil die Produktion der Hitze wegen weitgehend ruht.

Wenn Sie dann noch als Stadtbummel einen der Wege zur Eisenbahn oder zur Autostation entlanggehen, so haben Sie diesen einen Tag restlos ausgefüllt. Es war die erste Fühlungnahme mit dieser wunderschönen Stadt.

Sie waren schon etliche Male in Venedig? Nun, so will ich Ihnen noch eine besondere Route geben, die einen unauslöschlichen Eindruck hinterläßt. Wieder ist es die Fahrt durch den Canal Grande. Es gibt Spezialführer, in denen jedes einzelne Bauwerk beiderseits des Kanals gezeichnet und beschrieben ist. Das macht die Fahrt noch interessanter. Der Kaffee auf dem Markusplatz bleibt Ihnen auch nicht erspart, ebenso der Besuch der Markuskirche, denn man entdeckt immer wieder neue Details. Hinzu aber kommt ein Besuch des Dogenpalastes, eine erholsame Wanderung durch kühle Räume. Auch dieser Besuch kann wiederholt werden, denn es ist unmöglich, auf einmal die Fülle des Gebotenen aufzunehmen. Am Landungssteg von San Marco nehmen Sie nun eine Karte für das alle zehn Minuten verkehrende Vaporetto nach der Ca' Rezzonico. Oder, noch besser: Nehmen Sie eine Gondel. Die Ca' Rezzonico führt Sie in das Venedig des Settecento, und dieser Besuch ist eines der stärksten Erlebnisse, die Sie überhaupt haben können. Sie haben noch nicht genug? Dann auf in die San Rocco-Schule zu all den Tintorettos. Sie können sich einen Spiegel nehmen, um so besser Details der vielen Deckengemälde zu betrachten, denn es ist allzu ermüdend, ständig den Kopf in den Nacken zu legen. Wenn Sie schon in diesem Viertel sind, dann besuchen Sie doch unbedingt die Frari-Kirche mit Tizians Himmelfahrt und verweilen Sie vor dem Grabmal des Künstlers, der in dieser Kirche bestattet ist. Und noch eine Möglichkeit: Wandern Sie nun zum Ponte Rialto, wo am Vormittag hektischer Markttrubel herrscht und wo vor allem der Fischmarkt die zuckende, glitzernde Meeresbeute bietet. Von dort ist es nur eine kurze Dampferfahrt zur Ca' d'Oro, der mittelalterlichen Residenz der Patrizierfamilie Contarini.

Alles zusammen ist schon wieder zuviel für einen Tag, denn die so rasch wechselnden Eindrücke ermüden, die Aufnahmefähigkeit sinkt, und schließlich seufzt der Besucher nur mehr: Ja, auch noch ein Bild!

> Nun sollte ich von Venedig reden, dieser wundervollen alten Dame, die nicht mehr lachende Augen hat. Was ist sie nicht alles gewesen: Heldin, Herrscherin, Kurtisane. Ihre Augen waren lange die strahlendsten Europas, jetzt haben sie einen melancholischen Glanz. Aber schön ist Ihre Majestät Venezia immer noch – vielleicht zu schön für diese plebejische Gegenwart, in die sie gar nicht paßt. Eine Königin, die sich für Geld sehen lassen muß vor Gaffern, die zwar Geld, aber keinen Respekt vor alten, echten Majestäten haben. Herr Thomas Cook ist auch ihr Impresario. Sic transit mundi – daß Gott erbarm!
>
> *Otto Julius Bierbaum, Empfindsame Reise im Automobil*

Herr Cook und seine Nachfahren, die Reisebüros, haben ihre großen Vorteile, denn sie bieten Pauschalarrangements, die wesentlich billiger sind als eine Einzelreise. Sie bieten vor allem Quartiere und Verpflegung zu unvergleichlichen Preisen. Doch gegen den Herdenauftrieb bin auch ich. Sie werden stets mehr davon haben, wenn Sie allein bummeln.

In der Hochsaison müssen Sie diesen Fremdenstrom in Kauf nehmen – aber Sie finden immer wieder ruhige Viertel, wie Cannaregio und die Giudecca, wo Sie sich ungestört dem Genuß der Stadt hingeben können. Wer sich aber seine Reisezeit selbst wählen kann, dem sei empfohlen, unmittelbar vor oder nach der großen Saison zu kommen. Das heißt also von etwa Mitte April an bis Anfang Juni oder von der zweiten Septemberwoche bis Ende Oktober. Je näher die Termine noch oder schon an der Hauptsaison liegen, um so eher kann man sogar auf dem Lido baden. Für den Photographen wird der frühe Herbst der günstigste Zeitpunkt sein, ohne jeden Nebel, wenn die Konturen klar hervortreten und wenn der Blick vom Campanile sich ungehindert bis zu den Dolomiten weitet. Im Frühjahr hingegen liegt der Reiz der Stadt in ihren pastellfarbenen Lichtern, die durch den leichten Dunstschleier entstehen, ein fast lyrischer Hauch, wie er auf so vielen Bildern Venedigs zu finden ist. Doch auch für den Rest des Jahres, von Oktober bis April, ist Venedig eine Reise wert. Die stürmischen Herbst- oder Frühjahrstage, wenn der Wind bläst oder Nebelschwaden durch die Kanäle ziehen oder gar wenn Regenschauer auf die Stadt niederfallen, und die kurze Winterszeit, wenn der Markusplatz zum Eislaufplatz wird, Schnee auf den Gondeln liegt und die Menschen vermummt durch die Gassen hasten. Es ist ein ganz neues Venedig. Viele Hotels haben geöffnet, sie sind auch recht gut besucht, vor allem von Südamerikanern, die der Wärme ihrer Heimatländer entfliehen wollen. Sie wirken aber nicht störend, denn sie schlafen meist tagsüber, um in den Bars ein nächtliches Leben zu entfalten. Es ist die Zeit, da Venedig den Venezianern gehört. Es ist ein eigener Genuß, die Stadt ohne Fremde zu erleben, und der Venezianer, an sich schon dem Fremden wohlgesinnt, wird noch höflicher, ja freundschaftlicher, weil er im Fremden, der nun kommt, den wahren Freund seiner Stadt erkennt. Man hat auch Zeit für Sie. Jeder Geschäftsmann wird begeistert auf einen Plausch eingehen, schon um seine eigene Zeit totzuschlagen. Er wird Ihnen Dinge zeigen, die Ihnen in der Hochsaison entgehen.

Ein Geheimtip: Silvester in Venedig! Das ist ein großes Erlebnis. Man muß vorbestellen, nicht nur das Hotel, sondern auch einen Tisch in einem Restaurant – und um Mitternacht mit der Menge auf dem Markusplatz feiern.

An sich ist das Klima mild und gesund – die ärgste Nebelzeit ausgenommen –, und ich fand es stets herrlich, wenn an Wintertagen eine kalte Brise vom Meer hereinwehte. So Sie ein genauer Mensch sind, der gern mit Landkarten operiert, seien Ihnen die Positionszahlen der Serenissima nicht vorenthalten: Nach Greenwich befindet sich Venedig auf 45°25'45" nördlicher Breite und auf 12°2'50" östlicher Länge. Die mittlere Jahrestemperatur beträgt 13,5 Grad Celsius; die mittlere Mindesttemperatur erreicht +5,9 Grad

Celsius; die mittlere Höchsttemperatur beträgt 22,2 Grad Celsius. Heftige und plötzliche Temperaturschwankungen sind selten. Der mittlere normale Barometerstand beträgt 761,4 Millimeter; die mittlere Luftfeuchtigkeit 78 Hundertstel, mit einem normalen Höchstmaß von 82 und einem normalen Mindestmaß von 72. Selbst ein Hochwasser, so traurig der Anlaß ist, ist interessant als Erlebnis. Stunden vorher schon werden auf dem Markusplatz und in den gefährdeten „Hauptstraßen“ Fußgängerstege errichtet – auf Ihren Wanderungen durch die winterliche Stadt werden Sie immer wieder an großen Stapeln von Brettern und Holzblöcken vorbeikommen –, und der Mensch wird zu einem amphibischen Wesen, das dennoch versucht, halbwegs trocken zu bleiben. Man hat das Gefühl, wie auf Stelzen zu gehen, einem Storch zu ähneln, der in einem Tümpel steht.

Am schönsten ist aber die Stadt zweifellos in der Zeit von Ende April bis Ende Mai, wenn der Frühling seinen Einzug hält, die Boote neu gestrichen werden und die ganze Stadt sich herausputzt für die kommende Saison.

Man kann Venedig natürlich auch mit negativen Vorzeichen sehen: Kitsch, Gestank der Kanäle, zerbröselnde Gemäuer, streunende Katzen; manchmal ist es wohl der exzentrische Wille, justament anders zu sein, der sichtlich auch Mary McCarthy bewogen hatte, ihrem reizvollen Florenzbuch einen Venedig-Band folgen zu lassen, der dieser Exzentrik Rechnung trägt. Sie sah in Venedig ein Wortspiel, das soweit ging, daß sie beispielsweise in der Firma Jesurum eine ausbeuterische fromme Gesellschaft sah, die arme Spitzennäherinnen um den Lohn für ihre harte Arbeit prellt. Gewiß, Jesurum könnte vom Namen her mit irgendeiner frommen Stiftung in Verbindung stehen, doch der Mann, der diese bekannte Produktionsstätte von Spitzenerzeugnissen schuf, hieß eben Jesurum, so wie die Autorin McCarthy. Da ist mir schon ein Autor wie Ephraim Kishon lieber, der mit viel Humor und jener Übertreibung geschrieben hat, die nicht beleidigend wirkt. Er nahm den Nepp aufs Korn. Und in Venedig wird geneppt – aber nicht nur in Venedig. Und wenn ich vorher schon gesagt habe, Sie müssen sich vor jeder Boots- und Gondelfahrt, obwohl es einen offiziellen Tarif gibt, den Preis auf einen Euro genau aushandeln, so bestätigte das Kishon, der in seinem Buch „Der seekranke Walfisch" eine köstliche Schilderung lieferte, wie seine Frau und er beim Gondelfahren geschröpft wurden. Die Szene endet damit, daß der Hotelportier fragt, wieviel der Gondoliere aus Kishon herausgepreßt habe und dieser die Antwort gibt: „Aus mir preßt keiner etwas heraus ... Er hat fünfzehnhundert Lire verlangt und fünfzehnhundert Lire bekommen." Der Portier warf daraufhin einen verzweifelten Blick zum Himmel, holte das offizielle Fremdenverkehrsbuch der Stadt Venedig hervor, schlug die Seite mit den Gondeltarifen auf und zeigte ihm folgenden Vermerk: Liebespaar mit acht Koffern – 800 Lire. „Zu Mittag bekamen wir einen kleinen Teil unserer Kosten wieder herein. Im Restaurant fiel einer am Nebentisch sitzenden Dame das Messer zu Boden und eingedenk meiner guten Erziehung bückte ich mich, um es ihr zu reichen, worauf sie mir 200 Lire in die Hand drücken wollte. Mit einem hurtigen ‚Grazie' schnappte meine Frau nach den Geldnoten, stopfte sie in ihre Handtasche und bemerkte nach einer Weile, die geizige alte Hexe hätte ruhig mehr geben dürfen."

Daß eine sogar fix verabredete Gondelfahrt am Ende plötzlich wesentlich teurer kam, ist mir selbst auch schon passiert. Der Gondoliere schwatzte das Blaue vom Himmel herunter, was alles noch zusätzlich hinzugekommen sei, daß nur eine halbe Stunde Wartezeit irgendwo vereinbart gewesen sei, er aber stattdessen stundenlang – auch wenn es nur zehn Minuten waren – dort warten mußte und dergleichen mehr. Vorsichtshalber hatte der schlaue Kerl das Boot gar nicht am Ufer angelegt, sodaß ich zahlen mußte, wollte ich nicht in den Kanal springen. Kurze Zeit später lachte ich darüber – und war um ein Erlebnis reicher. Seitdem ich während einer Gondelfahrt den Gondoliere bitte, bei irgendeiner Kneipe anzulegen und mit mir auf sein Wohl zu trinken, habe ich keine Schwierigkeiten. Ich lernte das von einem alten Gondoliere bei einem meiner ersten Besuche in Venedig, als er mir zu verstehen gab, wie schwer das Rudern sei, um dann zu sagen „benzina per Gondoliere" und auf ein Wirtshaus zeigte, in der Hoffnung, daß ich dies verstehen würde. Das mußte ich verstehen, aber es hat sich bezahlt gemacht.

DREI TAGE FÜR VENEDIG

Alles, was für den eintägigen Besuch gesagt worden ist, gilt auch für die drei Tage. Da die Abreise wegfällt, kann schon der erste Tag mehr beinhalten. Ich schlage vor: Markusplatz mit der Kirche und dem Dogenpalast, Stadtbummel und nachmittags Besuch der Galerie in der Akademie.

Auch bei drei Tagen Aufenthalt haben Sie nur einmal Zeit, die große Kunstsammlung zu besuchen, statt, wie es viel richtiger wäre, immer nur einen kleinen Teil anzusehen, um wiederzukommen. Zweiundzwanzig Säle machen es unmöglich, Details zu sehen. Die alte Scuola Grande della Carità zusammen mit der daran anstoßenden Kirche und dem Kloster wurden zu Beginn des 19. Jahrhunderts zur „Accademia“ umgewandelt. Geht man die breite Treppe von der Eingangspforte hinauf zur Sala del Capitolo, bietet sich nicht nur der Blick auf die Meister der venezianischen Gotik, sondern auf eine prunkvolle Decke goldener Cherubinen, die Marco Cozzi 1484 geschaffen hat. Ein Kreuzreliquiar aus Silber und Bergkristall aus dem 15. Jahrhundert ist eines der meisterhaften Kunstwerke venezianischer Spätgotik; kein venezianischer Maler, der in diesen Sälen nicht vertreten wäre.

Der Abend soll entweder einer genußvollen Gondelfahrt gehören – möglichst abseits der kommerzialisierten Serenata, von der Sie in etlicher Entfernung gerade noch einen Hauch mitbekommen, der so in richtige Stimmung versetzt – oder aber einem Theaterbesuch. Jedes Hotel gibt Auskunft, wann und was gespielt wird, und überdies ist es ratsam, die Karten über den Hotelportier zu bestellen, da er Ihnen auf jeden Fall bessere Karten besorgt, als Sie selbst an der Vorverkaufskasse erhalten. Bei den Tourismusinformationen ist gratis eine Vorschau aller Veranstaltungen, aber auch Ausstellungen, Kirchenkonzerte etc. jeweils im Zweimonats-Rhythmus zu erhalten.

Genauso schön ist es aber, den Tag ausklingen zu lassen, etwa in einem Lokal am Canal Grande oder gemütlich sitzend auf einem der Plätze, denn nun sind die Tagestouristen wieder aus der Stadt ausgezogen, und es ist ganz einfach schön, ohne Programm den Abend zu genießen.

Der zweite Tag soll dann am Vormittag dem Canal Grande, der Ca' Rezzonico und dem Marktviertel von Rialto gehören, nachmittags ist ein Besuch von San Sebastiano, der Scuola di San Rocco, der Frari-Kirche und der Ca' d'Oro geplant.

Der dritte Tag ist restlos ausgefüllt mit einem Besuch im Viertel Cannaregio, der Kirche Madonna dell'Orto und einer Fahrt nach Murano und Torcello. In der Hochsaison können Sie auch spät abends Ihre Reiseandenken besorgen. Außerhalb der Saison schließen die meisten Geschäfte gegen zwanzig Uhr. Sie können an diesem dritten Tag aber auch die Pinacoteca Querini-Stampalia, die Kirchen Santi Giovanni e Paolo, Miracoli, die Scuola degli Schiavoni und San Zaccaria besuchen und von dort nach Murano und Torcello fahren. Die Pinacoteca Querini-Stampalia zeigt in diesem Familienpalast eine Bibliothek von mehr als hunderttausend Bänden, Inkunabeln und Handschriften, eine Sammlung venezianischer Gemälde des 14. bis 18. Jahrhunderts, Waffen und Musikinstrumente und vor allem Möbel und Tapisserien. Die Scuola degli Schiavoni enthält die Szenen aus dem Leben der Heiligen Georg und Hieronymus, die Carpaccio zu Beginn des 16. Jahrhunderts geschaffen hat. Eine Fahrt nach Murano, wie ich schon vorgeschlagen habe, ist natürlich zu empfehlen, ebenso die Weiterfahrt nach Burano, die Insel mit den bunten Häusern, und ein Besuch in Torcello mit der ehrwürdigen Kathedrale und der Rückbesinnung auf den Beginn des Lagunenstaates. Diese Fahrt zählt wohl zu den stärksten Eindrücken.

EIN URLAUB IN VENEDIG

Sie glücklicher Mensch, der Sie einen ganzen Urlaub, also länger als drei Tage, vielleicht sieben oder gar vierzehn Tage, in Venedig zubringen können! Sie haben so viele Möglichkeiten, aber bitte, bitte packen Sie nicht zuviel in diesen Urlaub hinein. Sie sind sonst nach wenigen Tagen völlig erledigt. Sie haben mehr Zeit, gönnen Sie sich die Mittagsruhe im Hotel – denn abends, da wird es in dieser Stadt immer spät. Ich habe im folgenden einige Rundgänge zusammengestellt, die Sie an Hand des Stadtplanes leicht unternehmen können. Den Stadtplan bekommen Sie wiederum in jedem Hotel gratis, und jede der größeren Glasfabriken verteilt, mit ihrer Werbung versehen, ausgezeichnete Karten, die handlich sind, weil nicht so groß wie die gekauften Pläne. Vergessen Sie aber nicht, hin und wieder den Plan einzustecken und ziellos zu bummeln. Dieses Abenteuer dürfen Sie sich nicht entgehen lassen!

Nun zu den Rundgängen:
1. Rundgang: Das Viertel von San Marco, mit dem Markusplatz, der Kirche, der Piazzetta, dem Campanile, dem Uhrturm. In der Kirche für den Interessierten der Kirchenschatz mit byzantinischen Goldschmiedearbeiten. An der Südweststrecke des Markusplatzes liegt der Eingang zum Museo Correr. Die Sammlungen, Erinnerungen an das Staatsleben im alten Venedig, bieten einen wirklich eindrucksvollen Ausflug in die Vergangenheit; im zweiten Stock ist eine kleine, aber hervorragende Gemäldesammlung untergebracht, die den Vorteil hat, durch die großen Fenster der Neuen Prokuratien gut belichtet zu sein. Vom Museo Correr aus zugänglich, bietet die Biblioteca Marciana in der Alten Münze die Möglichkeit, in der Libreria Vecchia die ständige bibliographische Ausstellung anzusehen oder das Archäologische Museum zu besuchen. Ein Hauptpunkt ist natürlich der Dogenpalast und der Bereich der Bleikammern.

2. Rundgang: Er dient der Fahrt durch den Canal Grande, der mit seinen mehr als hundert Palästen ja doch das lebende Geschichtsbuch Venedigs ist und zugleich ein Führer durch alle Baustile der

Stadt, und er gilt dem Besuch des Rialto-Viertels mit den Märkten. Daran kann sich ein Einkaufsbummel anschließen.

Was bringt man mit? Da sind die Glaswaren aus Murano, verkitscht oder geschmackvoll, angefangen vom kleinen, billigen, aber bezaubernden Glastier bis zum kostbaren Gläsersatz, Luster oder Spiegel, modernes Glasdesign.

Wer schaut, hat mehr vom Geld. Dieses Wort gilt auch für den Einkauf in Venedig. Ein altes, wunderschönes kupfernes Räucherbecken, für das ein Händler auf dem Ponte Rialto zuerst einen Irrsinnspreis verlangte, kaufte ich fünf Minuten später in einer Seitengasse bei einem Trödler zu einem Drittelpreis. Welche Spannen! Sie sind geringer bei den Erzeugnissen des Stickerei- und Spitzengewerbes. Aber die Qualität ist unterschiedlich. Und es gilt aufzupassen, nicht irgendeine Stickarbeit zu erwischen, die aus Hongkong statt von einer venezianischen Insel kommt. Und dann die Schmuckläden. Der Brieftasche ist keine Grenze gesetzt, vom typischen venezianischen Mohren bis zum teuersten Kollier.

Wenn Sie eine Miniatur-Gondel erwerben wollen: Es gibt auch neben solchen mit Licht und einer sich drehenden Tänzerin überaus geschmackvolle Nachbildungen aus Metall. Der Markuslöwe wird in Messing gegossen oder aus Stein gehauen angeboten. Sehr dekorativ sind Karnevals-Masken und Dinge aus Marmor-Papier. Bei näherem Umsehen findet man schöne und zugleich preisgünstige Erzeugnisse. Immer wieder ist mir aufgefallen, daß die Geschäftsleute viel freundlicher wurden, wenn sie sahen, daß ich nicht irgendwelchen Kitsch wollte, daß sie selbst viel lieber Geschmackswaren verkaufen. Doch Geschmack ist Geschmackssache. Produziert wird, was gefragt ist.

3. Rundgang: Von der Südwestecke des Markusplatzes, also vom Museo Correr aus, geht man in fast gerader Richtung an der Barockkirche San Moisè und an der Kirche Santa Maria Zobenigo vorbei und gelangt auf den Campo Francesco Morosini. Rechter Hand steht die Kirche San Stefano aus dem 14. Jahrhundert mit einem Renaissance-Campanile, dem schiefsten Turm Venedigs; in der Sakristei der Kirche hängen Bilder von Tintoretto. Über den Campo San Angelo und den Campo Manin gelangen Sie zur Calle della Vida, einer ganz schmalen Gasse, an deren Ende der Palazzo

Contarini del Bovolo steht, so benannt nach der herrlichen Wendeltreppe aus dem 14. Jahrhundert. Die Gasse ist schwer zu finden, doch weisen vom Campo Manin Schilder die Richtung. Generell sind an Kirchen und besonders sehenswerten Bauwerken Schilder angebracht, auf denen man lesen kann, wessen Werke hier zu finden sind.

Zurückgekehrt zum Campo San Stefano ist es nicht weit zur Holzbrücke über den Canal Grande und damit zu dem Besuch der Galleria dell'Accademia.

4. Rundgang: Auf dem Programm steht der Besuch der Ca' Rezzonico mit den Sammlungen aus dem 18. Jahrhundert, den Möbeln, Gewändern und Bildwerken jener Zeit. Anschließend gehen Sie zur gotischen Kirche Santa Maria del Carmine aus dem 14. Jahrhundert, mit Gemälden von Giovanni Battista Cima, Lorenzo Lotto und Schiavone. In der Nähe liegt die Scuola Grande dei Carmini mit einem Deckengemälde von Tiepolo. Längs der Fondamenta del Soccorso und der Fondamenta San Sebastiano kommen Sie zur Kirche San Sebastiano, berühmt durch die Gemälde Paolo Veroneses. In dieser Kirche liegt der Maler auch begraben. Ein längerer Fußmarsch führt zur Chiesa della Salute, dem mächtigen Bauwerk Baldassare Longhenas. Ein Traghetto, eine Überfuhr-Gondel, bringt Sie anschließend hinüber nach San Marco.

5. Rundgang: Vom Markusplatz aus schlängeln sich die Gassen hinter der Markuskirche vorbei bis zum Arsenal, das zwar nicht besucht werden darf, dessen Portal aber eine Sehenswürdigkeit für sich ist. Von dort sind es wenige Schritte in die Richtung des Beckens von San Marco zum Museo Storico Navale, welches nicht nur der alten Schiffsmodelle wegen, sondern auch als Marinemuseum interessant ist. Teil dieses Museums ist auch eine alte Halle am Rande des Arsenals mit Schiffen und marinen Erinnerungsstücken.

Gerade dieses Museum ist auch für Kinder sehenswert, denn sie können sich an Kriegsschiffen, Kanonen und dergleichen mehr ergötzen. Unweit des Museums, auf der Riva degli Schiavoni, befindet sich die Überfuhr zur Insel San Giorgio Maggiore mit dem Teatro Verde. Versäumen Sie nicht den Rundblick vom Campanile der Kirche, dem wohl schönsten Blick auf die Stadt selbst. Mit dem Dampfer gelangen Sie auf die Insel Giudecca mit der Basilica del Redentore und der Möglichkeit, unbeschwert ein Stück Altstadt zu genießen.

6. Rundgang: Durch den Torbogen des Uhrturmes des Markusplatzes hindurch, an den Geschäften der Mercerie und der Renaissance-Kirche San Salvatore vorbei erreichen Sie den Campo San Bartolomeo mit dem Denkmal Goldonis und die Kirche San Giovanni Crisostomo mit Meisterwerken Bellinis, Piombos und Lombardos. In der Kirche Santi Apostoli wiederum ist die Cappella Cornaro mit dem Altarbild Tiepolos sehenswert. Die Chiesa dei Gesuiti – Jesuitenkirche – weist nicht nur eine schöne Barockfassade auf, in ihrem Inneren befindet sich auch ein Tizianbild. Anhand des Stadtplanes geht es nun zur Ca' d'Oro, in der die Galleria Franchetti mit Bildern von Mantegna, Tizian, van Dyck, Luca Signorelli und anderen ihren Sitz hat. Der Fußmarsch von der Ca' d'Oro durch das Viertel Cannaregio mit einem Besuch des jüdischen Museums und eine Führung in die Synagogen zählt wiederum zu den unbeschwerten Gängen durch das alte Venedig, wo es keine einzige neue Geschäftsfassade und selbst in der Hochsaison weniger Fremde gibt. Der Weg endet bei der Kirche Madonna dell'Orto, an der die gotische Fassade bemerkenswert ist. Das Inneren der Kirche ist mit Werken Tintorettos geschmückt. In der rechten vorderen Seitenkapelle weist eine schlichte Steinplatte auf die Grabstätte des Malers hin. Gehen Sie, wenn Sie aus der Kirche treten, über die Brücke, die direkt vor Ihnen den Kanal überspannt, und die daran anschließende Gasse entlang bis zum nächsten Querkanal. Vor diesem Kanal biegen Sie links ab, dann stehen Sie vor dem Geburts- und Wohnhaus des „Färberleins“. Erst wenn Sie direkt vor dem Haus stehen, sehen Sie die Gedenktafel. An der Ecke des Nebenhauses steht in der Wand ein steinerner Türke. Kaum ein Gondoliere weiß den Weg hierher, und schon wenige Häuser weiter vermag kaum noch jemand die Casa Tintoretto zu weisen.

Die Aufzählung dieser Rundgänge mag gerade für Sie, sehr geehrter Leser, uninteressant sein. Üben Sie bitte Nachsicht! Für andere Leser wiederum ist sie wichtig, und sie sind dankbar, weil sie sozusagen ein Grundgerüst erhalten, eine Marschroute, nach der sie nun losgehen können, erprobte Wege, die zwar lang sind, denn in Venedig ist jeder Fußmarsch lang und weit durch das ewige Winkelwerk, aber eben nicht zu lang. Steinigen Sie den Autor bitte nicht, wenn Sie nach einem Rundgang müdegelaufen sind; allein wären Sie ziellos gegangen und noch viel müder geworden. Und in der Herde eines Fremdenführers noch viel mehr. So haben Sie die Möglichkeit, da einen Kaffee, dort einen Aperitivo oder ein Glas Wein zu trinken, sich an einem Tischchen vor einer der zahllosen kleinen Bars auszuruhen und nur die Augen spazierengehen zu lassen, um das Leben einzufangen, das in all diesen kleinen Gassen herrscht. Vergessen Sie nicht: Diese Ruhepausen sind einkalkuliert. Ich möchte Sie unbedingt beschwören, einen Rundgang – eine Rundfahrt – zu unternehmen: die Lagunenfahrt. Sollten Sie darüber hinaus noch einen Rest Ihres Urlaubs zur Verfügung haben, dann lohnt es sich, auch noch eine Fahrt zur Terra Ferma, zu den Wohnsitzen der Patrizier auf dem Festland, zu erleben.

Mit Ausnahme des Lido sind die Laguneninseln vom Fremdenverkehr eher vernachlässigt. Das gilt nicht für die Glasindustrie von Murano, trifft aber schon für den anderen Teil der Insel Murano zu und gilt nicht für Burano. Und nun die Fahrt durch die Lagune mit dem Liniendampfer oder mit einem der Rundfahrtboote: stets zeigt sich die Lagune in ihrer, ich möchte sagen, etwas schwermütigen Pracht. Die weite Wasserfläche, auf der das Licht seine Kringel malt, unterbrochen von den Pfählen und Bojen, die den Schiffahrtsweg markieren, und stets ist irgendeine Insel da, als Ruhepunkt für das Auge, eine Insel, mehr oder weniger verfallen. Trostlos ist es, aus der Nähe solche Eilande zu sehen, handtuchbreit, mit Gras und Schilf bewachsen, auf denen ein Haus verfällt. Dann wieder zeugt die Lagune vom Leben, wenn sich plötzlich eine Straße voller Fischreusen auftut. Vor allem aber ist der Blick zurück so überaus lohnend, wenn Venedig langsam zur Silhouette wird. Die Türme der Stadt ragen im diesigen Licht wie spitze Nadeln empor, und Venedig wird zu einem Strich, zu einer schwarzen Kulisse auf dem dunklen Wasser gegen den hellen Himmel: die Königin der Adria. Diese Silhouette wirkt wie eine Krone, die dem Wasser aufgesetzt worden ist. Die weite Meeresfläche aber zeigt, wo die Macht wirklich liegt.

Große Schwärme von Möwen – cocai genannt – bedecken menschenleere Laguneninseln oder Sandbänke, die so nackt bei Ebbe aus dem Wasser ragen. In den entferntesten Winkeln gibt es noch Wildenten. Auch der Fischfang geht immer mehr zurück. In der Lagune selbst, in diesem so flachen Gewässer, vermehrt sich als einziger Fisch der Gò, eine Spezies der Familie Grundelfisch. Dann gibt es noch Cozze, schwarze Muscheln, in Hülle und Fülle, die traubenartig an den Hunderten Holzpfählen in der Lagune wachsen. Bei Chioggia wird Goldbutt, Streifenbarbe, Heringskönig und der Seebarsch gefangen, jedoch weniger in der Lagune selbst, sondern außerhalb der Murazzi, in der Adria, wo die Fischer auch Krabben- und Hummertonnen aussetzen. Hinter Torcello wiederum gibt es verschiedene kleine Fischarten, darunter eine Art Sardinen. Im Verhältnis ist die Lagune fischarm, Boote, Gewässer und vor allem Abwässer haben viel Schaden angerichtet, aber auch jahrhundertelanger Raubbau, dem erst in den letzten Jahrzehnten durch systematische Aufzucht von Fischen begegnet wird, sodaß sich die Situation bessert.

Den Friedhof San Michele, Murano, Burano und Torcello müssen Sie unbedingt in Ihr Besuchsprogramm aufnehmen, wenn Sie Zeit haben, aber auch eine Fahrt in die südliche Lagune bis zur alten Fischerstadt Chioggia. Auch der Lido, der ja nicht nur Badestrand ist, ist sehenswert, der mondäne Strand mit den Hotelpalästen, dem feinen Sand, den komfortablen Parkanlagen und dem prunkvollen Spielkasino. Dieser Lido von Venedig, ein langgezogener Inselstreifen, der die Lagune gegen die Adria abschirmt, ist eines der elegantesten und meistbesuchten Strandbäder der Welt, mit höchstem Komfort, der Strand selbst besteht aus feinstem Goldsand und fällt in sanfter Neigung zum Wasser ab. Wie eine Armee stehen zu Tausenden Badehütten und Kabinen in langen Reihen am Strand. Spielplätze, Bootshafen, Golfplatz, Tontaubenschießstand, Reitbahn, Go-Kart-Bahn – jede Abwechslung wird geboten. Hinzu kommen elegante Geschäfte und reizvolle Boutiquen, die jährliche internationale Filmschau und – ein Publikum, das bereit ist, für diesen Luxus zu bezahlen, das mit dem Fährboot das Auto zum Lido schaffen läßt. Dies allein mag schon ein psychologisches Moment sein, das Gefühl von Exklusivität zu genießen, wenn man sein eigenes Auto auf dem Wasserweg heranschaffen läßt. Jedenfalls ist der Lido, der dennoch seine stillen Winkel kennt, einen Besuch wert. Auf dem Lido befindet sich aber auch der wildbewachsene alte jüdische Friedhof mit kulturhistorisch interessanten Grabsteinen.

Für die Gesamtschau Venedigs empfiehlt es sich, auch das venezianische Festland kennenzulernen, wobei es von Vorteil ist, im Reisebüro eine Fahrt auf dem Burchiello zu buchen, einer bezaubernden Barke, die die Ufer der Brenta entlangfährt. Die Fahrt zeigt, wie die Venezianer, die nie so recht Platz hatten, ihre Villen anlegten, wie sie Gärten gestalteten, mit den Grünflächen spielten. Fährt man mit dem Auto heimwärts, von Mestre in Richtung Treviso, so führt die Straße kilometerlang an Parkanlagen und Villen vorbei, die alle einstmals von reichen Patriziern erbaut wurden – und ihnen zum Teil auch heute noch gehören. Noch immer gibt es reiche venezianische Familien, neben verarmten auch wohlhabende Adelsfamilien, die sich aber weitgehend aus dem öffentlichen Leben zurückgezogen haben.

Und wiederum kann ich empfehlen, die Tage eines Urlaubs ganz einfach ausklingen zu lassen, ziellos durch das Gassengewirr zu bummeln. Vielleicht fällt eine Katze auf, die in gekonnter Manier das Rückgrat eines Fisches freilegt und sich säuberlich die Samtpfötchen leckt, sorgfältig beobachtet von einem Hund, der der Katze die Beute abjagen möchte. Denn Hunde und Katzen gibt es in dieser Stadt genug. Und die Kinder tollen unbekümmert, von keinem Autoverkehr bedroht; der Urinstinkt ist so groß, daß ich niemals gehört hätte, ein Kind sei in einem der Kanäle ertrunken. Dann wieder ist zu bemerken, wie mühsam es Mütter haben, mit ihren Kinderwagen über all die Brücken und Stufen zu gelangen – oder wie mühsam die Müllabfuhr ist. Täglich werden die Abfälle eingesammelt, denn die Angst vor Ratten ist groß. An einer Straßenecke versammelt sich eine Menschengruppe: Ein Mann bietet ein Spielzeug an, zwei Pappendeckelfiguren, blasse Nachfahren der einstmals berühmten venezianischen Kasperlfiguren, die auf dem Gehsteig scheinbar schwerelos umhertanzen. Ein kaum sichtbarer Nylonfaden, um das Bein des Mannes geschlungen, das andere Ende an der Mauer befestigt, erklärt diesen Zaubertanz. Und die Leute kaufen, Einheimische wie Fremde.

Vor diesem einfachen Spielzeug, in dieser schlichten Gasse mit dem zerbröckelnden Gemäuer, mußte ich an Lord Byron, der soviel in Venedig lebte, denken, der in „Child Herold's Pilgrimage“ sagt:

Verstummt sind in Venedig Tassos Lieder;
Still und gesanglos schwimmt der Gondolier;
Die Schlösser bröckeln auf das Ufer nieder,
Und selten tönt Musik durch das Revier.
Die Zeit ist hin, doch weilt noch Schönheit hier.
Staaten vergehn, die Kunst sinkt in Verfall,
Nur die Natur ist ewig, und vor ihr
Ist noch Venedig für die Völker all
Der Tummelplatz der Lust, Italiens Carneval.

Mit einem Blick

TOURISMUS-INFORMATION

Die Stadt Venedig hat ein neues Call-Center eingerichtet, eine Rufnummer für Informationen, Reservierungen oder Ticket-Bestellungen. Das Unternehmen heißt „vela“ und ist eine Tochtergesellschaft von „Actv“, die sämtliche Transportmittel und Schiffahrtslinien betreibt. Die Rufnummer von „Hello Venezia“ innerhalb Italiens: 899 90 90 90. Aus dem Ausland ist folgende Nummer zu wählen (00 39) 041 2714747.

Gleichfalls neu ist der „Venice Pavilion“ im Viertel S. Marco, am Hafenbecken gelegen, zwischen der Vaporettostation Valaresso und den früheren königlichen Gärten. Hier ist ein handlicher Stadtplan gratis zu erhalten, und hier werden ebenfalls Tickets verkauft oder Auskünfte gegeben, und ein großer Buchshop mit Venedigliteratur in verschiedenen Sprachen ist angeschlossen. Telefon: 041 5225150.

Die Zentrale des Fremdenverkehrsamtes von Venedig, Azienda di Promozione Turistica (A.P.T), liegt im Viertel Castello, unweit hinter dem Markusdom, Telefon: 041 5298711, Fax 041 5230399. E-mail-Adresse: info@turismovenezia.it

Das Amt tritt mit einem neuen Markenzeichen auf als „Venezia. Tourist-Information“. Es gibt jeweils über den Zeitraum von zwei Monaten die umfangreiche Information „LEO Bussola“ über die Museen und ihre Ausstellungen, sonstige Ausstellungen, Musik, Oper und Theater, Sportereignisse, Messen und spezielle jahreszeitliche Veranstaltungen wie Karneval, Filmfestspiele, historische Regatta etc. heraus und bezieht auch die Orte des Festlandes in das Programm ein. Es ist möglich, sich dieses Programm auch zusenden zu lassen.

Informationsbüros gibt es zusätzlich in der Bahnstation, auf dem Piazzale Roma in der Garage ASM, auf der Tronchetto-Insel und während der Saison auf dem Lido wie auch in Cavallino und in Dolo auf dem Festland.

Der „Touring Club Italiano“ hat unter dem Haupttitel „Venedig abseits vom Markusplatz“ eine Reihe von Faltblättern mit genauen

Plänen herausgebracht, die spezielle Routen mit einer Fülle von Sehenswürdigkeiten empfehlen. So zum Beispiel „Vom Bahnhof Santa Lucia zu den Fondamente Nuove“, „Von den Fondamente Nuove zur Biennale“, oder „Von den Zattere zum Piazzale Roma“. Diese handlichen Führer sind bei den Tourismusinformationen erhältlich.

Informativ sind auch die neuen Hinweistafeln an jeder Vaporettostation, die anzeigen, welche Gebäude und Museen und Kirchen von dieser Station aus zu erreichen sind.

VENICE-CARD und MUSEUM-CARD

Venice-Cards sind zu buchen – täglich von 8–20 Uhr – in den Vela-Büros Piazzale Roma, Bahnstation, Tronchetto, Terminal Punta Sabbioni, auf dem Airport Marco Polo in Tessera, oder bei ASM Sportello auf der Parkfläche von S. Giuliano auf dem Festland. Es gibt die Venice-Card in blau für öffentliche Verkehrsmittel und den Besuch der städtischen Toiletten, die übrigens über das ganze Stadtgebiet verteilt sind und hygienisch sauber geführt werden. Die Venice-Card in orange ermöglicht darüber hinaus den Eintritt in alle wichtigen Museen.

Die Venice-Card gibt es für einen Tag, für drei Tage oder für eine Woche. Der Erwerb einer solche Karte ist absolut empfehlenswert und verbilligt den Aufenthalt.

Das gilt auch für den Museums-Paß oder die Museums-Card. Das umfangreichere Paket enthält der Museums-Paß mit den Museen der Piazza San Marco, den Museen des 18. Jahrhunderts wie die Ca’ Rezzonico, Palazzo Mocenigo und Casa Goldoni, die Museen der Inseln mit dem Glasmuseum in Murano und dem Spitzenmuseum in Burano.

Die Museums-Card gibt es entweder für die Museen der Piazza San Marco, den Museen des 18. Jahrhunderts oder die Museen der Inseln.

Ganz wichtig ist es, auf die Ermäßigungen der Eintrittspreise zu achten, so für Kinder, für Menschen über 65 Jahre und speziell für EU-Bürger. Zum Beispiel zahlen EU-Bürger über 65 Jahre in der Gemäldegalerie Accademia keinen Eintritt!

Eine liebenswerte Aktion ist „Rolling Venice“, eine Serviceleistung der Gemeinde für junge Menschen. Das Ticket gilt für junge

Menschen von 14–29 Jahren. Und es gilt 72 Stunden für alle Vaporetti, für die Busse am Lido und in Mestre, die ohne jede weitere Zahlung benützt werden können. Daneben aber erhält der Inhaber oder die Inhaberin dieses Passes einen Discountführer, in dem sämtliche Restaurants, Cafés, Fastfood-Lokale, Eissalons, Nachtclubs, Campingplätze, Hotels, aber auch Geschäfte mit Kleidung, Mitbringseln, Parfümerien usw. verzeichnet sind, die für die Karteninhaber Rabatte in verschiedenen Höhen geben. Zum Besuch vieler Museen gibt es ein verbilligtes „Biglietto Cumulativo“ beziehungsweise bei nicht städtischen Häusern Ermäßigungen (Für diesen Paß ist ein Foto notwendig.)

KIRCHEN-CARD.
In den meisten Kirchen – den Markusdom ausgenommen, dort sind spezielle Teile des Doms eintrittspflichtig – sind Eintritte zu bezahlen. Nun gibt es einen Zusammenschluß von 15 Gotteshäusern zur „Associazione Amici dei Musei e Monumenti Veneziani“, die den „Chorus-Paß“ aufgelegt haben, wodurch sich der Eintritt in die Kirchen radikal minimiert. Es sind dies S. Maria del Giglio, S. Stefano, S. Maria Formosa, S. Maria dei Miracoli, S. Maria Gloriosa dei Frari, S. Polo, S. Giacomo dall'Orio, S. Stae, S. Alvise, Madonna dell'Orto, S. Pietro di Castello, SS. Redentore, S. Sebastiano, S. Giovanni Elemosinaro, Gesuati. Die Öffnungszeiten sind nicht gleich. Einzelne Regelungen gibt es auch für den Sonntag.

HOTELS und WOHNUNGEN
Das Tourismusamt legt jährlich ein Verzeichnis der Hotels, Pensionen, Campingplätze auf, welches über das A.P.T.-Büro – Adresse am Beginn dieses Kapitels – angefordert werden kann.

Daneben hat sich aber das Interesse an privaten Wohnungen oder Bungalows gesteigert. Im entvölkerten Zentrum Venedigs sind heute sehr viele Zweitwohnungen, deren Besitzer sie zeitweilig vermieten. Selbst für kurze Zeiträume von zwei bis drei Tagen oder eine Woche gibt es Angebote. Folgende Immobilien-Agenturen befassen sich mit solchen Kurzzeit-Vermietungen (Stand Sommer 2002, diese Liste wurde von A.P.T. erstellt):
Flat & Business, Dorsoduro 3895, Tel. 041 2758883,
Fax 041 2750179

ABC Immobiliare, San Marco 5458, Tel. 041 5237759,
Fax 041 5205903
Giaretta, San Marco 514, Tel. 041 5209747, Fax 041 5200786
House Deal Consulting, Castello 5774/A, Tel. 041 5209352,
Fax 041 5289671
Immobiliare G&G, San Marco 1899, Tel. 041 5207658,
Fax 5203551
Haus Irve, San Marco 2407, Tel. 041 5225050, Fax 041 5221958
S. Angelo, San Marco 3818, Tel. 041 5221505, Fax 041 5285859
Agenzia Cera, San Marco, Campo S. Stefano 2956,
Tel. 041 5220601, Fax 041 5222581
Puntocasa, San Polo – San Tomà 2871, Tel. 041 710408,
Fax 041 710277
Agenzia Immobiliare Toletta, Dorsoduro 1183/A, Tel. 041 5239037,
Immobiliare Narduzzi, Campo San Luca, San Marco 4578,
Tel. 041 5208111, Fax 041 5230486
AG Rent in Italy, San Marco 4700, Tel. 041 5208848,
Fax 041 5226043
Groupo Sei, San Marco 3655, Tel. 041 2770435, Fax 041 5227177
Groupo Sei, Cannaregio 2684, Tel. 041 713808, Fax 041 7176609
Venezia Intermediazioni, San Marco 5188, Tel. 041 5224646,
Fax 041 2775722

Agenturen auf dem Lido, Cavalino/Treporti und Dolo
Ferro, Lido, Via Cerigo 7, Tel. 041 5260006, Fax 041 5260764
Al Ponte, Cavallino/Treporti, Via Baracca 35, Tel. 041 968045,
Fax 041 5370365
Fausta, Cavallino/Treporti, Via Fausta 379, Tel. 041 968288/
5370753
Multiservice Studio, Cavallino/Treporti, Via Fausta 154 (Ca' Savio),
Tel. 041 5301558
G. Terrin, Dolo, Via Cairoli 97, Tel. 041 415900

MUSEEN UND THEATER

Generelle Auskünfte: 041 5224951

Die Museen am Markusplatz:

Dogenpalast, Eingang von der Piazzetta Porta del Frumento, Museo Correr, Eingang im napoleonischen Trakt über die Monumentalstiege, angeschlossen das Nationalmuseum für Archäologie sowie die Schauräume der Nationalbibliothek Marciana. Öffnungszeiten: 1. November bis 31. März, 9–17 Uhr, 1. April bis 31. Oktober, 9–19 Uhr; geschlossen am 25. Dezember und 1. Jänner.

Museen der Kultur des 18. Jahrhunderts: Ca' Rezzonico, Museo del Settecento, Dorsoduro 3136. Öffnungszeiten: 1. November bis 31. März, 10–17 Uhr, 1. April bis 31. Oktober, 10–18 Uhr; geschlossen an Dienstagen, 25. Dezember, 1. Jänner, 1. Mai.

Museum im Palazzo Mocenigo, Studienzentrum für die Geschichte von Textilien und Gewänder, Santa Croce 1992. Öffnungszeiten: 1. November bis 31. März, 10–16 Uhr, 1. April bis 31. Oktober, 10–17 Uhr; geschlossen an Montagen, 25. Dezember, 1. Jänner, 1. Mai.

Casa di Carlo Goldoni, Goldonis Haus und angeschlossen eine Bücherei für Theaterwissenschaften, San Polo 2794. Öffnungszeiten: 1. November bis 31. März, 10–16 Uhr, 1. April bis 31. Oktober, 10–17 Uhr; geschlossen an Sonntagen, 25. Dezember, 1. Jänner, 1. Mai.

Ca' Pesaro, internationale Galerie für moderne Kunst, Santa Croce 2070. Öffnungszeiten: 10–17 Uhr; geschlossen an Montagen, 25. Dezember, 1. Jänner, 1. Mai.

Museo Fortuny, San Marco 3780, nur gelegentliche Ausstellungen, totale Wiedereröffnung im Jahr 2004 vorgesehen.

Naturhistorisches Museum, Naturkunde und die Lagune, Santa Croce 1730. Wiedereröffnung für 2004 vorgesehen.

Basilica di San Marco, Pala' d'Oro und Schatzkammer. Öffnungszeiten 9.45–17 Uhr täglich. An kirchlichen Festtagen 14–17 Uhr. Wer zwei Tage vor dem Besuch entweder in der Basilika oder via Internet www.alata.it bucht, bekommt den Besuch gratis.

Basilica di San Marco, Galerie, täglich von 9.45–17 Uhr.

Gallerie dell'Accademia, Dorsoduro. Öffnungszeiten: Montag 8.15–14 Uhr, Mittwoch bis Sonntag 8.15–19.15 Uhr. Es gibt eine

kombinierte Eintrittskarte gleichzeitig für die Ca' d'Oro und das orientalische Museum.
Ca' d'Oro, Galleria Franchetti, Cannaregio. Öffnungszeiten: Montag 8.15–14 Uhr, Mittwoch bis Sonntag 8.15–19.15 Uhr.
Museo Orientale, Ca' Pesaro 2070, geöffnet von 9.15–13.15 Uhr, Montag geschlossen.
Museo Storico Navalo, Castello 2148. Öffnungszeiten: 8.45–13.30 Uhr, Samstag bis 13 Uhr; Sonntag und Feiertage geschlossen.
Diözesanmuseum für sakrale Kunst, Castello. Geöffnet von 10.30–12.30 Uhr, Sonntag und Feiertage geschlossen.
Museum für Byzantinistik/Ikonen, Castello 3412, geöffnet von 9–17 Uhr.
Jüdisches Museum und Synagogen, Cannaregio 2902, Ghetto Nuovo. Geöffnet von 10–17.30 Uhr, ab Juni in der Hochsaison 10–19 Uhr, Samstag geschlossen, sowie an jüdischen Festtagen. Im jüdischen Museum kann auch der Besuch des alten jüdischen Friedhofs auf dem Lido gebucht werden.
Museo Fondazione Querini Stampalia, Castello 4778, geöffnet Dienstag, Mittwoch, Donnerstag und Sonntag von 10–18 Uhr, Freitag und Samstag von 10–22 Uhr, Montag geschlossen.
Peggy Guggenheim Collection, Dorsoduro 701. Öffnungszeiten: 9–16 Uhr, Samstag von 10–22 Uhr, Dienstag geschlossen.
Scala Contarini del Bovolo, San Marco 4299, geöffnet täglich von 10–18 Uhr, über den Winter ab November Samstag und Sonntag 10–16 Uhr.
Scuola Dalmata S. Giorgio degli Schiavoni, Castello 3259A. Öffnungszeiten: Dienstag bis Samstag 9.30–12.30 Uhr und 15.30–18.30 Uhr, Sonntag 9.30–12.30 Uhr.
Scuola dei Carmini, Dorsoduro 2617. Öffnungszeiten: täglich 9–18 Uhr, Sonntag 9–16 Uhr.
Scuola Grande di San Giovanni Evangelista, S. Polo 2454. Besichtigung nur durch telefonische Buchung: 041 718234.
Scuola Grande di San Rocco, Dorsoduro 3052. Öffnungszeiten vom 28. April bis 2. November täglich 9–17.30 Uhr, vom 3. November bis 27. April von 10–16 Uhr; geschlossen 24. Dezember, 1. Jänner und Ostern.

Die Museen der Inseln:
Glasmuseum, Murano, Fondamenta Giustinian 8. Öffnungszeiten: 1. November bis 31. März, 10–16 Uhr, 1. April bis 31. Oktober, 10–17 Uhr. Mittwoch geschlossen.
Museo dei Merletti, Spitzenmuseum, Burano, Piazza Galuppi 187, geschlossen an Dienstagen, 15. Dezember, 1. Jänner, 1. Mai.
Kathedrale und Campanile von Torcello. Geöffnet täglich 10.30–17.30 Uhr, vom März bis Oktober täglich durchgehend von 10–17 Uhr.
Museum von Torcello, Palazzo del Consiglio. Öffnungszeiten: 10.30–17.30 Uhr, vom November bis Februar bis 17 Uhr. Montag geschlossen. Es gibt ein Sammelticket für die Kathedrale, den Campanile und das Museum.
Burano, Galleria d'Arte, Via S. Mauro 107, geöffnet von 9–12.30 Uhr, Sonn- und Feiertags und im Juli geschlossen.
Francesco del Deserto, Klosterkonvent auf der Insel San Francesco del Deserto. Zugänglich von 9–11 und 15–17 Uhr. Montag geschlossen. Eintritt frei, aber eine Spende wird erwartet. Zugang mit Wassertaxi von Burano.
Mechitaristenkloster auf der Insel San Lazzaro degli Armeni, mit der Vaporettolinie 20 von San Zaccaria um 15.10 Uhr zu erreichen, geöffnet täglich von 15.25–17.25 Uhr.
Archäologisches Nationalmuseum von Altino, Altino Via Eliodoro 37. Geöffnet täglich von 9–20 Uhr.

Teatro La Fenice. Nach dem Totalbrand soll das traditionsreiche Haus Ende 2003 wieder eröffnet werden. Die Agenden dieses Opernhauses hat das renovierte Teatro Malibran übernommen, in dem auch Orchester und Chor des Theaters La Fenice beschäftigt sind. Tel. 041 786511.
Teatro Goldoni. Tel. 041 2402011.
Teatro Piccolo Arsenale. Tel. 899 90 90 90 (nur innerhalb Italiens).
Teatro Toniolo, Mestre. Tel. 041 971666.
Teatro Fondamenta Nuove. Tel. 899 90 90 90 (nur innerhalb Italiens).

KUNST IN DEN KIRCHEN

Darf ich Ihnen nun eine kurze Zusammenfassung der bedeutendsten Kunstwerke in den Kirchen geben, aufgegliedert nach den einzelnen Stadtbezirken. Dem Namen der Kirche folgen die Namen der Künstler.

Sestiere di S. Marco:
San Marco: Als Gesamtkunstwerk der Mosaikkunst, Skulpturen und Architektur. *S. Bartolomeo:* Sebastiano del Piombo. *S. Benedetto:* Mazzoni. *S. Maria del Giglio:* Tintoretto. *S. Luca:* Veronese. *S. Moisè:* G. A. Pellegrini und Tintoretto. *S. Vidal:* V. Carpaccio, Pellegrini, G. B. Piazzetta, S. Ricci, G. Lama. *S. Zulian:* Veronese und Boccaccino. *S. Gallo:* G. Diziani, G. Segala, G. B. Pittoni. *S. Stefano:* Bambini, Scuola del Piazzetta, Tintoretto, Bordone, B. Vivarini, J. Palma il Vecchio, G. da Lodi.

Sestiere di S. Polo:
S. Cassiano: Tintoretto. *S. Giovanni Elemosinario:* G. A. Pordenone und Tizian. *Frari:* Longhena, A. Vittoria, B. Vivarini, Donatello, Tizian, Veronese. *S. Polo:* Tintoretto, Veronese und G. B. Tiepolo. *S. Rocco:* Tintoretto, G. B. Porderone, S. Ricci. *S. Silvestro:* Tintoretto. *S. Tomá:* A. Bucchi, G. Fazioli, G. Campagna.

Sestiere di S. Croce:
S. Giacomo dell'Orio: Schiavone, G. B. Pittoni, Buonconsiglio, Veronese. *S. Maria Mater Domini:* Veronese, Tintoretto, V. Catena. *S. Simeon Piccolo:* Venturini, G. Marchiori. *S. Simeon Grande:* Tintoretto. *S. Stae:* S. Ricci, G. B. Tiepolo, G. Lazzarini, G. A. Pellegrini, G. Angeli, P. Uberti, N. Bambini, G. B. Pittoni, G. B. Piazzetta, A. Trevisan, G. B. Mariotti, J. Amigoni, G. B. Tiepolo. *S. Andrea della Zirada:* Tintoretto, P. Bordone, Veronese. *S. Nicola da Tolentino:* Padovanino, J. Palma il Giovane, G. Lys, B. Strozzi.

Sestiere di Dorsoduro:
Angelo Raffaele: Guardi, F. Fontebasso. *S. Barnaba:* P. d'Asola. *Carmini:* Lotto, G. B. Cima, Tintoretto, Giordano, G. Diziani,

P. Liberi, Scuola del Donatello. *Gesuati:* G. B. Tiepolo, G. B. Piazzetta, Tintoretto, S. Ricci. *S. Pantaleone:* Veronese, P. Longhi, V. Vivarini und G. d'Alemagna. *Salute:* G. Giordano, Longhena, Tizian, P. Liberi, A. Rizzo und T. Lombardo. *S. Sebastiano:* Veronese, Tizian, Bancovio. *S. Trovaso:* M. Giambono, Tintoretto. *S. Nicolò dei Mendicoli:* Scuola di Veronese, J. Palma il Giovane, L. Corona. *S. Agnese:* P. Cesarini.

Sestiere di Castello:
S. Francesco di Paolo: G. B. Tiepolo. *S. Francesco della Vigna:* A. da Negroponte, Veronese, G. Bellini, P. Tullio, A. Lombardo. *S. Giovanni dei Cavalieri di Malta:* Scuola di G. Bellini. *S. Giovanni in Bragora:* G. B. Cima, B. Vivarini. *S. Giuseppe di Castello:* Tintoretto. *S. Maria Formosa:* B. Vivarini und Palma il Vecchio. *San Lio:* P. und T. Lombardo, P. Vecchio und Tizian. *La Fava:* G. B. Tiepolo, J. Amigoni, G. B. Piazzetta. *Pietà (S. Maria della Visitazione):* G. B. Tiepolo, Piazzetta, Bonvicino. *S. Lazzaro dei Mendicanti:* Veronese, Guercino, Tintoretto. *SS. Giovanni e Paolo:* F. Bissolo, G. Bellini, G. B. Piazzetta, Lotto, R. Marconi, Veronese, P. Lombardo, A. Rizzo. *Ospedaletto:* G. B. Tiepolo, *S. Pietro di Castello:* L. Giordano, Veronese, P. Ricci, P. Liberi. *S. Zaccaria:* G. Bellini, S. Ricci, A. del Castagno, A. Vivarini, Stefano da Venezia.

Sestiere di Cannaregio:
S. Alvise: G. B. Tiepolo. *SS. Apostoli:* G. B. Tiepolo und F. Maffei. *S. Felice:* Tintoretto. *Gesuiti:* Tizian, Tintoretto, J. Palma il Giovane. *Oratorio dei Crociferi:* J. Palma il Giovane. *S. Giobbe:* P. Bordone, P. Lombardo, Savoldo, L. Bregno. *S. Giovanni Grisostomo:* G. Bellini, S. del Piombo, P. Lombardo. *Madonna dell'Orto:* Cima da Conegliano, Tintoretto, G. Bellini. *S. Marcuola:* Tintoretto. *S. Geremia:* J. Palma il Giovane, M. Schiavoni, Scuola del Piazzetta. *S. Maria dei Miracoli:* P. Lombardo, A. Vittoria. *S. Sofia:* J. Palma il Giovane. *S. Marziale:* Tintoretto, Tizian. *Scalzi:* G. B. Tiepolo.

Giudecca:
S. Eufemia: F. Cappella, G. M. Morlaiter. *S. Maria della Presentazione (Zitelle):* J. Palma il Giovane, F. Bassano, A. Vassilacchi.

Redentore: Gerol. Campagna, P. Vecchio, Bassano, T. Ruer, Scuola di P. Veronese, C. Saraceni.

S. Giorgio Maggiore:
S. Giorgio: J. Bassano, S. Ricci, Tintoretto, V. Carpaccio.

S. Michele:
S. Michele: Bernini.

Murano:
S. Pietro Martire: G. Bellini, Licinio, Pennacchi, G. Agostino da Lodi, Veronese. *S. Donato:* P. Veneziano. *S. Maria degli Angeli:* P. M. Pennacchi, Pordenone.

Burano:
S. Martino: F. Fontebasso, G. B. Tiepolo.

Mazzorbo:
S. Caterina: G. Salviati

Torcello:
S. Maria Assunta: Zannino di Pietro, Tintoretto.

Lido:
S. Nicoló: Palma il G., Palma il V., P. Muttoni.

KÜNSTLER, DICHTER, MUSIKER

Die bedeutendsten in Venedig tätigen Künstler, Dichter und Musiker:
Aretino Pietro, *Schriftsteller,* 1492–1556
Bassano, richtig Jacopo da Ponte, *Maler,* 1510–1592
Bellini Gentile, *Maler,* 1429–1507
Bellini Giovanni, genannt Gianbellin, *Maler,* ca. 1430–1516
Bon Bartolomeo, *Architekt und Bildhauer,* ca. 1410–1470
Bordone Paris, *Maler,* 1500–1571
Buranello, richtig Baldassare Galuppi, *Komponist,* 1707–1785
Caliari Paolo, genannt Veronese, *Maler,* 1528–1588
Canal Antonio, genannt Canaletto, *Maler,* 1697–1768
Canaletto, richtig Antonio Canal, *Maler,* 1697–1768
Canova Antonio, *Bildhauer,* 1757–1822
Carriera Rosalba, *Malerin,* 1675–1757
Casanova Giacomo, *Schriftsteller,* 1725–1798
Cavalli Francesco, *Komponist,* 1602–1676
Cesti Marc Antonio, *Komponist,* 1623–1669
Carpaccio Vittore, *Maler,* ca. 1457–1526
Coducci Mauro, *Architekt,* ca. 1440–1504
Conegliano Cima da, *Maler,* 1460–1518
Da Ponte Lorenzo, *Mozart-Librettist,* 1749–1838
Gabrieli Andrea, *Komponist,* 1510–1586
Gabrieli Giovanni, *Komponist,* 1557–1613
Galuppi Baldassare, genannt Buranello, *Komponist,* 1706–1785
Gianbellin, richtig Giovanni Bellini, *Maler,* ca. 1430–1516
Giorgione da Castelfranco, *Maler,* 1477–1510
Goldoni Carlo, *Dichter,* 1707–1793
Guardi Francesco, *Maler,* 1712–1793
Lombardo Antonio, *Architekt,* ca. 1458–1516
Lombardo Pietro, richtig Solari, *Architekt,* ca. 1436–1515
Lombardo Tullio, *Architekt,* ca. 1455–1532
Longhena Baldassare, *Architekt,* 1598–1682
Longhi Alessandro, *Maler,* 1733–1813
Longhi Pietro, *Maler,* 1702–1785
Lotto Lorenzo, *Maler,* ca. 1480–1556

Mantegna Andrea, *Maler,* 1431–1506
Messina Antonello da, *Maler,* 1430–1479
Monteverdi Claudio, *Komponist,* 1567–1643
Palladio Andrea, *Architekt,* 1508–1580
Palma il Giovane, *Maler,* 1544–1628
Palma il Vecchio, *Maler,* ca. 1480–1528
Piazzetta Giambattista, *Maler,* 1682–1754
Ponte Jacopo da, genannt Bassano, *Maler,* 1510–1592
Pordenone Giovanni Antonio, *Maler,* 1484–1539
Robusti Jacopo, genannt Tintoretto, *Maler,* 1518–1594
San Micheli Michele, *Architekt,* 1484–1559
Sansovino Jacopo, *Architekt,* ca. 1486–1570
Scamozzi Vincenzo, *Architekt,* 1552–1616
Solari, genannt Pietro Lombardo, *Architekt,* ca. 1436–1515
Tiepolo Giambattista, *Maler,* 1696–1770
Tiepolo Giandomenico, *Maler,* 1727–1804
Tintoretto, richtig Jacopo Robusti, *Maler,* 1518–1594
Tiziano Vecellio, *Maler,* 1477–1576
Veronese, richtig Paolo Caliari, *Maler,* 1528–1588
Vittoria Alessandro, *Bildhauer,* 1525–1608
Vivaldi Antonio, *Komponist,* 1678–1741
Vivarini Alvise, *Maler,* 1446–1505
Vivarini Antonio, *Begründer der Malschule von Murano,* ca. 1415–1484
Vivarini Bartolomeo, *Maler,* ca. 1432–1499
Zuccarelli Francesco, *Maler,* 1702–1788

TAUSEND JAHRE GESCHICHTE

Noch einmal zur Erinnerung, sozusagen als Schnellinformation, einen Blick auf die Geschichte: Venedig entstand zwischen dem 4. und 7. Jahrhundert, als die Bevölkerung Landvenetiens längs der adriatischen Küste unter dem Druck der eindringenden Barbaren auf den Laguneninseln Zuflucht suchte. So entstanden die neuen Ortschaften Grado, Torcello, Malamocco und die Siedlung in der Gegend von Rialto, wo sich vom 9. Jahrhundert an die neue Stadt Venedig entwickelte. An der Spitze des Inselreiches standen zuerst Seetribunen, bis schließlich eine Adelsrepublik, deren aristokratisches Regime auf dem Maggior Consiglio beruhte, das Doganat schuf. 828 kamen die Gebeine des hl. Markus nach Venedig. Im Jahre 1000 schlug der Doge Pietro Orseolo II. die slawischen Piraten, an der Spitze eines Kreuzzuges eroberte 1204 der Doge Enrico Dandolo die Stadt Konstantinopel und konnte seinem Titel – Doge von Venedig, Fürst von Dalmatien – noch hinzusetzen: „Herrscher über viereinhalb Teile des ganzen Römischen Reiches". Im 13. Jahrhundert reiste Marco Polo nach Ostasien. Um die Mitte des 15. Jahrhunderts hatte Venedig unter dem 64. Dogen, Tomaso Mocenigo, den Höhepunkt seiner Herrschaft erreicht. Es besaß außer Venetien und der angrenzenden Terra Ferma einen Teil der Lombardei und Dalmatien bis zu den Ägäischen Inseln und hatte Kolonialbesitz und kaufmännische Niederlassungen in Griechenland und Kleinasien. Venedig besaß dank seiner gigantischen Flotte die Vorherrschaft im Mittelmeer und hatte ein internationales Handelsmonopol zwischen Abend- und Morgenland errungen. Der entscheidende Schlag gegen die Macht Venedigs fiel Ende des 15. Jahrhunderts mit der Entdeckung Amerikas und des Seeweges nach Ostindien, wodurch das Lagunenreich die kommerzielle Vorherrschaft in Europa verlor. Durch seine in den Jahrhunderten angehäuften Schätze konnte Venedig die folgenden Jahrhunderte gut überstehen, obwohl die Türken Konstantinopel eroberten. Bei Lepanto, 1571, zeigte sich in einer Seeschlacht noch einmal die Schlagkraft der venezianischen Flotte, die mitgeholfen hatte, Europa und die Christenheit vor der Herrschaft des Halbmondes zu bewahren. Das 18. Jahrhundert, ein Jahrhundert der Dekadenz, wurde gleichzeitig zum letzten Aufflackern des venezianischen Genius; tanzend und feiernd taumelte das Reich in einem unentwegten Karneval dem Ende zu. Nach der Französischen Revolution eroberte 1797 Napoleon die Republik, die nach einem österreichischen Zwischenspiel 1866 Teil des italienischen Nationalstaates wurde. Geblieben ist der Stadt der ewige Kampf mit dem Meer, die Behauptung gegen die Naturgewalten, auch heute noch das Hauptproblem. In aller Welt aber setzt sich die Auffassung durch, gemeinsam die Königin der Adria zu erhalten, eine Oase im Wirbel unseres heutigen Lebens. Im November 1968 hat der Generaldirektor der UNESCO, René Maheu, zu einer internationalen Rettungsaktion für Venedig aufgerufen. Die italienische Regierung erließ 1973 das Sondergesetz zur Rettung Venedigs; seither laufen eine Reihe von Restaurierungs- und Sanierungsprogrammen.

DIE DOGEN VENEDIGS

Das offizielle Verzeichnis zählt 120 Herrscher Venedigs. Hier nun die Liste jener Männer, die jeweils als primus inter pares, als Erste unter Gleichen, der Adelsrepublik vorstanden:

Paolo Lucio Anafesto, 697–717
Marcello Tegelliano, 717–726
Orso Ipato, 726–737
Vom Jahre 737–742 wurden „Maestri dei Militi“ mit dukalischer Würde gewählt.
Teodato Ipato, 742–755
Galla Gaulo, 755–756
Domenico Monegario, 756–764
Maurizio Galbajo, 764–787
Giovanni Galbajo, 787–804
Obelerio Antenoreo, 804–811
Agnello Partecipazio, 811–827
Giustiniano Partecipazio, 827–829
Giovanni Partecipazio I., 829–836
Pietro Tradonico, 836–864
Orso Partecipazio I., 864–881
Giovanni Partecipazio II., 881–887
Pietro Candiano I., 887–888
Pietro Tribuno, 888–912
Orso Partecipazio II., 912–932
Pietro Candiano II., 932–939
Pietro Partecipazio, 939–942
Pietro Candiano III., 942–959
Pietro Candiano IV., 959–976
Pietro Orseolo I., 976–978
Vitale Candiano, 978–979
Tribuno Memmo, 979–991
Pietro Orseolo II., 991–1008
Ottone Orseolo, 1008–1026
Pietro Centranico, 1026–1032
Domenico Flabanico, 1032–1043
Domenico Contarini, 1043–1071

Domenico Selvo, 1071–1085
Vitale Falier, 1085–1096
Vitale Michiel I., 1069–1102
Ordelaffio Falier, 1102–1118
Domenico Michiel, 1118–1130
Pietro Polani, 1130–1148
Domenico Morosini, 1148–1156
Vitale Michiel II., 1156–1172
Sebastiano Ziani, 1172–1178
Orio Malipiero, 1178–1192
Enrico Dandolo, 1192–1205 → + 93yr / blind
Pietro Ziani, 1205–1229
Jacopo Tiepolo, 1229–1249
Marino Morosini, 1249–1253
Reniero Zeno, 1253–1268
Lorenzo Tiepolo, 1268–1275
Jacopo Contarini, 1275–1280
Giovanni Dandalo, 1280–1289
Pietro Gradenigo, 1289–1311
Marino Zorzi, 1311–1312
Giovanni Soranzo, 1312–1328
Francesco Dandolo, 1329–1339
Bartolomeo Gradenigo, 1339–1342
Andrea Dandolo, 1343–1354
Marino Falier, 1354–1355 ← hingerichtet / schwarz in sede del Maggior Consiglio
Giovanni Gradenigo, 1355–1356
Giovanni Dolfin, 1356–1361
Lorenzo Celsi, 1361–1365
Marco Corner, 1365–1368
Andrea Contarini, 1368–1382
Michele Morosini, 1382
Antonio Venier, 1382–1400
Michele Steno, 1400–1413
Tomaso Mocenigo, 1414–1423
Francesco Foscari, 1423–1457
Pasquale Malipiero, 1457–1462
Cristoforo Moro, 1462–1471
Nicolò Tron, 1471–1473

Nicolò Marcello, 1473–1474
Pietro Mocenigo, 1474–1476
Andrea Vendramin, 1476–1478
Giovanni Mocenigo, 1478–1485
Marco Barbarigo, 1485–1486
Agostino Barbarigo, 1486–1501
Leonardo Loredan, 1501–1521
Antonio Grimani, 1521–1523
Andrea Gritti, 1523–1538
Pietro Lando, 1539–1545
Francesco Donato, 1545–1553
Marcantonio Trevisan, 1553–1554
Francesco Venier, 1554–1556
Loreno Priuli, 1556–1559
Girolamo Priuli, 1559–1567
Pietro Loredan, 1567–1570
Alvise Mocenigo I., 1570–1577
Sebastiano Venier, 1577–1578
Nicolò Da Ponte, 1578–1585
Pasquale Cicogna, 1585–1595
Marino Grimani, 1595–1605
Leonardo Donato, 1606–1612
Marcantonio Memmo, 1612–1615
Giovanni Bembo, 1615–1618
Nicolò Donato, 1618
Antonio Priuli, 1618–1623
Francesco Contarini, 1623–1624
Giovanni Corner I., 1625–1629
Nicolò Contarini, 1630–1631
Francesco Erizzo, 1631–1646
Francesco Molino, 1646–1655
Carlo Contarini, 1655–1656
Francesco Corner, 1656
Bertucci Valier, 1656–1658
Giovanni Pesaro, 1658–1659
Domenico Contarini, 1659–1675
Nicolò Sagredo, 1675–1676
Luigi Contarini, 1676–1684

Marcantonio Giustinian, 1684–1688
Francesco Morosini, 1688–1694
Silvestro Valier, 1694–1700
Alvise Mocenigo II., 1700–1709
Giovanni Corner II., 1709–1722
Alvise Mocenigo III., 1722–1732
Carlo Ruzzini, 1732–1735
Alvise Pisani, 1735–1741
Pietro Grimani, 1741–1752
Francesco Loredan, 1752–1762
Marco Foscarini, 1762–1763
Alvise Mocenigo IV., 1763–1778
Paolo Renier, 1779–1789
Lodovico Manin, 1789–1797

welcher war der, der wg. Verbrechen enthauptet wurde?
↳ im P. Ducale schwarz übermalt

Marino Falethri
= Marino Felier

S. 80

PERSONENREGISTER

SACHREGISTER

Danksagung

Geschichte und Geschichtchen, Legenden und Anekdoten, Erlebnisse und Begegnungen sind eingeflossen in dieses Buch. Eine jahrzehntelange Beschäftigung mit der Serenissima. So konnte ich schon 1969 erstmals in der Serie „Eine Stadt erzählt" des Paul Zsolnay-Verlages in Wien ein Buch über diese Stadt publizieren. Ich hatte gerade zwei Beiträge über Venedig in den „Salzburger Nachrichten" geschrieben, als mich der Verleger Hans W. Polak anrief, mir damals völlig fremd, und mir einen Vertrag vorlegte, weil er meinte, dies sei genau der Stoff eines Buches. Die Beschäftigung mit der „Königin der Adria" blieb ungebrochen. Nun haben der Otto Müller Verlag und sein Verleger Arno Kleibel es übernommen, eine neue Fassung meiner Arbeit zu veröffentlichen. Viele Fakten sind eingeflossen, Erkenntnisse, Gespräche und vor allem die Fragen nach der Zukunft dieser einmaligen Stadt.

Zu danken habe ich meiner Frau Gina, die mir sowohl unermüdlich bei Recherchen und der Niederschrift des Manuskriptes, so wie immer, geholfen hat. Mag. Karoline Neubauer, Lektorin des Otto Müller Verlages, hat akribisch Namen und Daten und Formulierungen des Textes hinterfragt – und ist auch fündig geworden. Dank also für das profunde Lektorat. Spezieller Dank geht an meinen Freund Dr. Lorenz Großrubatscher, der mir wertvolle Kontakte vermittelt und schwierige technische Gespräche, etwa beim Consorzio Venezia Nuova, gedolmetscht hat. Für die Besorgung diverser Statistiken und die Beantwortung vieler lästiger Fragen danke ich Herrn Cesare Battisti vom Fremdenverkehrsamt A.P.T. Ebenso den Damen und Herren vom Consorzio Venezia Nuova, dann der Direktorin der Glasschule in Murano, Dr. Rosa Barovier-Mentasti, sowie den Assessoraten für Kultur und Tourismus und für Öffentliche Arbeiten.

Karl Heinz Ritschel

ALOYSIO
MOCENICO
VENETIARUM
PRINCIPE
ANNO SALUTIS
MDCCXXVII.
Antonius Coradini
Sculp. Inven.